Gerson Wolf

Vom ersten bis zum zweiten Tempel

Geschichte der Israelitischen Kultusgemeinde in Wien (1820-1860)

Gerson Wolf

Vom ersten bis zum zweiten Tempel

Geschichte der Israelitischen Kultusgemeinde in Wien (1820-1860)

ISBN/EAN: 9783742866295

Hergestellt in Europa, USA, Kanada, Australien, Japan

Cover: Foto ©ninafisch / pixelio.de

Manufactured and distributed by brebook publishing software
(www.brebook.com)

Gerson Wolf

Vom ersten bis zum zweiten Tempel

VOM ERSTEN BIS ZUM ZWEITEN TEMPEL.

GESCHICHTE

DER

ISRAELITISCHEN CULTUSGEMEINDE

IN WIEN

(1 8 2 0 — 1 8 6 0).

VON

G. WOLF.

94.

GESCHICHTE

DER

ISRAELITISCHEN CULTUSGEMEINDE

IN WIEN

(1820 — 1860.)

~~~~~~~~

Vorwort.

Im Interesse der Geschichte des jüdischen Volkes und seines Gemeindewesens glaubte ich mich nicht unnütz zu bemühen, indem ich eine Geschichtsepoche einer der hervorragendsten und bedeutendsten jüdischen Gemeinden schilderte. So weit Geschichtsquellen vorhanden sind, ist die Periode, die wir dem Leser vorführen, in culturhistorischer Beziehung die bedeutendste im Wiener jüdischen Gemeindeleben. Die Institutionen, die während dieser Zeit in's Leben gerufen wurden, sind mass- und tonangebend geworden für die israel. Gemeinden des österr. Kaiserstaates und über denselben hinaus.

Ich habe den Tempel und seine Institutionen vorangestellt und ihm den grössten Raum gewidmet, weil in demselben das Gemeindeleben, welches sonst öffentlich nicht zum Durchbruche kömmt, sich kundgibt. Ich schliesse mit der Eröffnung des neuen Tempels in der Leopoldstadt 1858. Die Geschichte der wohlthätigen Stiftungen und andere statistische Notizen sind bis zum Jahre 1860 fortgeführt.

Der grösste Theil dieser Blätter ist bereits vor fünf Jahren geschrieben worden, und ich statte hiermit den hochgeehrten Herren Vertretern meinen besten Dank dafür ab, dass sie mir damals wohlwollendst die Documente, welche sich im Gemeindearchive befinden, zur Benützung überliessen. Verhältnisse und Umstände bestimmten mich, dieselben bis jetzt liegen zu lassen. Sie enthielten ursprünglich auch die politische Geschichte dieser Zeit. Nachdem es mir jedoch jetzt durch das Wohlwollen der k. k. Ministerien gegönnt ist, quellenmässig die Geschichte der Juden in Oesterreich zu behandeln — in nicht ferner Zeit wird es mir hoffentlich möglich sein, die Geschichte der Juden in Deutschland mit besonderer Berücksichtigung Oesterreichs im 16. und 17. Jahrhunderte zu veröffentlichen — so werde ich diese Partie ausführlicher zu erörtern in der Lage sein Bei der Revision dieser Schrift habe ich diese Quellen mannigfach benutzt.

Bei den Verhältnissen wie bei den Personen, die ich schilderte, schwebte mir stets das Wort des grossen Dichters vor: „Let us be sacrificers but no butchers".

Wien, am Geburtstage Moses Mendelsohn's, 1860.

Inhalt.

———

Einleitung.

„Wenn auch die Berge wanken, und die
Hügel weichen; meine Liebe zu dir
hört nicht auf, mein Friedensbündniss
wankt nicht, spricht dein Erbarmer,
Gott." —

Jesaia 57, 10.

So oft wir die Blätter der Geschichte der Menschheit oder einzelner
Individuen aufschlagen und nach ihrem Inhalte forschen, stellt sich
immer Eines heraus:

Kein blindes Geschick, kein launenhafter Zufall lässt die
Dinge werden; ein Plan zieht durch das Ganze, ein Grundton
klingt aus allen Saiten.

Freilich dürfen wir bei den Fortschritten der Menschheit nicht
nach Stunden und Tagen zählen.

Wir wollen hier die Zeit schildern, in welcher beiläufig die
Regungen begannen, den jetzt alten Tempel in der Stadt zu erbauen, wo der Flügelschlag des Geistes die Gemüther weckte und
neues Leben in das abgestorbene Gebein hauchte, im Jahre 1820,
bis zu der Zeit, wo neben dem alten Tempel ein neuer entstand.

Indem wir uns vorbehalten, die politischen Verhältnisse an einem
andern Orte zu schildern, bemerken wir: Die Israeliten, die durch
Toleranz oder „Regierungsschutz" in Wien bleiben konnten, durften
keine „Gemeinde" bilden. Es war ihnen sogar verboten, diesen Namen zu führen. (S. Barthenheim, §. 358.) Sie wurden „die Wiener
Judenschaft" genannt, später die israelitischen Einwohner Wiens *).

---

*) Dieser Ausdruck konnte als Fortschritt gelten, da sie kurz zuvor
„gemeine Jüdischheit" genannt wurden.

Wolf, Israel. Tempel.   1

Erst Se. Majestät, der jetzt regierende Kaiser F r a n z J o s e f, unter dessen Scepter die Verhältnisse der Israeliten überhaupt sich günstiger gestalteten, gebrauchte zuerst officiell den Ausdruck „Gemeinde", als die Vertreter und Repräsentanten der Israeliten in Wien demselben eine Adresse bei Gelegenheit der ertheilten Emancipation am 3. April 1849 zu überreichen die Ehre hatten.

„Es gereicht mir zum Vergnügen den Ausdruck der Gefühle treuer Ergebenheit und Anhänglichkeit entgegen zu nehmen, welche Sie mir im Namen der israelitischen G e - m e i n d e von Wien darbringen.

„Durch die Gleichberechtigung aller Völker und aller Stämme, welche die von mir verliehene Verfassung zu einem grossen, mächtigen Reiche vereinigt, wird, wie Ich fest vertraue die Wohlfahrt und das Glück des Ganzen wie des Einzelnen dauernd begründet und einer gedeihlichen Entwicklung zugeführt werden."

Hoffen wir, dass bald diese Verheissungen ihrem vollen Umfange nach in Erfüllung gehen werden.

Bevor wir jedoch die Geschichte des oben bezeichneten Zeitraumes erzählen, geben wir als Einleitung folgendes:

Am 14. Februar 1811 gestattete Kaiser F r a n z II. den Israeliten, ein Haus für die Wohlthätigkeitsanstalten anzukaufen. Da der Realbesitz den Juden in Wien verboten war, so musste diese Resolution als besondere Gnade betrachtet werden. Alle Behörden waren eifrig in der Ausführung dieser Angelegenheit und der damalige Kanzler, Freiherr v. S a u r a u, ertheilte unter dem 19. März 1814 dem k. k. Rath L a R o z e, „welcher sich rücksichtlich der Zustandebringung der besagten Fonds, dann des Hauskaufes durch seine unermüdete Verwendung und Anstrengung wesentlich verdienstlich gemacht hat", ein Belobungsdekret.

In einer Zuschrift des Polizei-Ober-Direktors v. S i b e r an die Vertreter heisst es:

„Die Herren Tolerirten werden demnach die allerhöchste Gnade, aus welcher Sr. k. k. apostolische Majestät zu so vielen, Ihrer Nation genehmigten Zwecken, ein Haus hier in der Stadt erkaufen zu dürfen, huldreichst bewilligt haben, und die gründlich durchdachte Gesinnung der hiernach gefassten Entschliessung der hochlöblichen k. k. Landesregierung der allerhöchsten Absicht entsprechen und das gegenwärtige, dann noch mehr das zukünftige Beste der hier tolerirten Judenschaft zu begünstigen und zu befestigen, in obiger hoher Verordnung nicht verkennen, diese durch Thathandlungen zu verehren wissen und sich bestreben, durch Gemeinsinn ein Werk vollends aufbauen zu helfen, welches in wenigen Jahren Früchte bringen und Ihnen und Ihren Nachkommen die angenehme Erinnerung aufstellen wird, dass Sie durch Zusammenschiessung eines Fonds von bisher 91.594 fl. W. W., welcher seine Vermehrung durch Sie noch zu hoffen hat, für sich und Ihre Nachkommenschaft im wahren Sinne des Wortes gesorgt haben.“

In derselben Weise wurde später der Bau des Tempels von sämmtlichen Behörden gefördert. Wir erlauben uns das betreffende Aktenstück vollständig mitzutheilen.

An die Herren Vertreter der hiesigen Israeliten.

Die hochlöbliche k. k. n. ö. Regierung eröffnete mit Dekret vom 15. d. M. anher:

Die Verhandlung hinsichtlich der Verbesserung des israelitischen, moralisch religiösen Cultus ist nun bereits beendigt und der hohen Hofkanzlei vorgelegt worden.

Hievon sind die Vertreter der hiesigen Israeliten vorläufig mit dem Bedeuten in Kenntniss zu setzen, dass die Regierung erwarte, sie werden das neu aufzulegende Gebet- und Gesangbuch sammt der Ordnung, wie der neue Gottesdienst gehalten werden soll, bestimmt bis Ende November, als der hiezu ihnen ausgemessenen Frist, der Regierung überreichen, wie auch gemäss ihrem in dieser Angelegenheit bisher bewährten rühmlichen Eifer alles aufbieten, um durch eine thätige Betreibung der zur Sicherstellung des Erforderlichen mit so gutem Erfolge bewerkstelligten Sammlung, die Auslagen sowol für den Etablirungsfond, als auch für den jährlichen Unterhalt baldmöglichst zu ergänzen und dadurch die vollkommene Consolidirung jener Anstalt zu realisiren.

Bei dieser Gelegenheit findet die Regierung sich veranlasst, die Polizei-Ober-Direktion zu beauftragen, ja selbst

1 *

schwer verantwortlich dafür zu machen, dass dieselbe auch ihres Ortes mit Eifer Alles beitrage, was immer auf dieselbe ankommen kann, damit der Ausführung dieser neuen Anstalt in Folge der Allerhöchsten bestimmt erklärten Willensmeinung aller möglicher Vorschub geleistet und jedes feindselige Hinderniss eiligst und unfehlbar beseitigt und überwältigt werde.

Der Gegenstand einer abgesonderten weitern Verhandlung ist aber übrigens noch die, über eine von den Israeliten voriges Jahr Sr. Majestät überreichten Vorstellung Allerhöchst angeordnete Revision der Toleranzvorschriften. Um zu dieser Verhandlung zu schreiten, gebricht es an einem Anhaltspunkte, weil jene Vorstellung nur in allgemeinen Ausdrücken abfasst, nichts weniger als die eigentlichen Beschwerdepunkte bezeichnet. Die Vertreter sind daher anzuweisen, dass sie diejenigen Toleranznormen, durch die sie eigentlich sich gekränkt und beschwert halten, namhaft machen, und denselben Punkt für Punkt, die von ihnen gewünschte Art der Abänderung beirücken, welche Eingabe die k. k. Polizei-Ober-Direktion mit ihrem wohlerwogenen Gutachten bis Ende Dezember der Regierung vorzulegen haben wird.

Diese hohe Entschliessung wird den Herren Vertretern zur Wissenschaft und Benehmung mit dem Beisatze bekannt gemacht, dass man hierorts nicht zweifelt, diese vorstehende, wahrhaft väterlich ausgesprochene Anordnung der hohen Landesstelle werde die Gemüther aller Herren Vertreter mit dankbarer Freude erfüllen, mit erneuertem Eifer beseelen und sie mächtig antreiben, zu gleichen Gefühlen auch die übrigen Tolerirten zu entflammen, damit ein gemeinschaftlich guter Geist auch die gemeinschaftliche Sache der Verbesserung des Cultus so bald als möglich in's Dasein rufe, um so mehr, als die hohen und höchsten Behörden, ja selbst Sr. Majestät allergnädigst derselben entgegensehen.

Nicht minder versieht sich die k. k. Polizei-Ober-Direktion, dass die Herren Vertreter mit gleichem Ernst und Eifer den 2. Punkt in Betreff der Toleranzgesetze in Erfüllung zu bringen, ihre Anliegen und ihre Wünsche nach der obigen hohen Weisung vorzubringen und dieselben bis 10. Dezember

hierorts zur weiteren Einbegleitung vorzulegen, so wie auch
das neue Gebet- und Gesangbuch sammt der Ordnung des
neuen Gottesdienstes bis Ende November der hohen Landesstelle richtig zu überreichen streben werden.

Wien am 31. Oktober 1821.

Frh. v. S i b e r.

Indem wir in dem nächsten Abschnitte noch in Betreff des
ersten Punktes — der innern Einrichtung des Tempels — zurück-
kommen werden, glauben wir dargethan zu haben, mit welchem
Eifer die Behörden das Werk förderten, wie sie alle Hebel in
Bewegung setzten, um das Gotteshaus ins Leben zu rufen. Die
Polizeibehörde selber zeigt an, dass sie für den raschen und guten
Erfolg verantwortlich gemacht sei.

Die Bewilligung zum Baue des neuen Tempels in der Leopoldstadt ist in einem gemessenen vollständig amtlichen Tone abgefasst.
Sie lautet:

Zl. $^{12365}/_{1943}$ C A II.

Mit hohem Statthaltereidekrete vom 16. d. M. Zl. 18233
ist bezüglich der von Ihnen am 22. Juli v. J. nachgesuchten
Bewilligung zur Gründung eines zweiten Bethauses in Wien
nachstehende Entscheidung herabgelangt, welche Ihnen nun-
mehr zur genauern Darnachachtung bekannt gemacht wird.

Se. k. k. apostolische Majestät haben laut Erlasses des
k. k. Ministeriums des Cultus und Unterrichtes vom 6. Mai
1854 Zl. 400 mit allerhöchster Entschliessung vom 2. Mai
1854 Allergnädigst zu bewilligen geruht, dass den Wiener
israelitischen Glaubensgenossen ein zweites Bethaus unter der
Bedingung zugestanden werde, dass das neue Bethaus nicht
zur Sektirerei Veranlassung gebe und dass, insofern damit noch
andere Anstalten verbunden werden wollen, die in dieser
Beziehung bestehenden Vorschriften gehörig beachtet werden.
Hiernach ist das neue Bethaus, wozu die israelitische Gemeinde das von ihr im Kaufwege erworbene in der Wällisch-
gasse in der Leopoldstadt gelegene Haus Nr. 569 durch
entsprechenden Umbau zu verwenden beabsichtigt, nur als ein
Filiale der bereits bestehenden Synagoge zu betrachten und
zu behandeln, daher auch demselben Vorstande unterzuordnen ;

nach vollendetem Baue in Eröffnung des neuen Bethauses zum gottesdienstlichen Gebrauche aber ist ohne Verzug auf die thunliche Beschränkung der bestehenden israelitischen Privatbethäuser hinzuwirken.

Es wird daher auch Ihre Sache sein, alsbald nach erfolgter Herstellung des neuen Bethauses sich von jeder Begünstigung der Beantragung solcher Privatbethäuser zu enthalten, jedem Versuche von Sektirerei mit Nachdruck entgegen zu treten, und die Thätigkeit der Behörde in dieser Richtung auf geeignete Weise, namentlich durch unverweilte Anzeige jedes sich einschleichenden Unfuges zu unterstützen. Uebrigens haben Sie vor Erbauung des neuen Bethauses die diessfälligen Baupläne zur Genehmigung des Baues der competenten Behörde vorzulegen und für den Fall des Entstehens neuer Anstalten im Bethausgebäude die auf solche Bezug habenden Vorschriften genau zu beobachten.

Wien am 22. Mai 1854.

Nischer.

An die Herren Vertreter der israelitischen Cultusgemeinde zu Wien."

Liest man diese drei Aktenstücke, so wird man in Betreff des Datums irre. Wir werden den Punkt bezüglich der Sektirerei Gelegenheit nehmen, eingänglich zu behandeln. Hier wollen wir nur bemerken, dass der Vorstand der Gemeinde bei verschiedenen Gelegenheiten, insbesondere an den hohen Festtagen, wo dem religiösen Bedürfnisse der israelitischen Bevölkerung Rechnung durch Filialbetstuben getragen wurde, von den Behörden auf die Nothwendigkeit des Baues eines neuen Tempels hingewiesen wurde, und als dann die Gemeinde ans Werk ging, ergaben sich Schwierigkeiten. Beinahe volle drei Jahre dauerte es seit dem Ankaufe des Hauses am 27. Juni 1851 bis zur Bewilligung des Baues dto. 22. Mai 1854.

Wenn wir sagten, dass der Ton der Erlässe den Leser bezüglich des Datums irre macht, so ist es anderseits unnöthig zu bemerken, wie gross der Umschwung der jüdischen Verhältnisse zum Bessern seit jener Zeit ist.

Der Jude ist zur Einsicht gekommen, welchen Schatz seine Religion in sich birgt, er ist zum Bewusstsein gelangt, welche Kraft, welcher Adel in seinem Volke liegen. „Wenn die Dauer der Schmerzen und die Geduld, mit welcher sie getragen, adeln, so nehmen es die Juden mit den Hochwohlgebornen aller Länder auf." (Zunz synagogal. Poesie.) Es ist Gottlob! die Zeit vorüber, wo man roth und blass wurde, wenn man sich als Juden erkannt sah. „Juda" tönt voll und markig, wie einst aus dem Munde des Patriarchen: „Juda, der Gepriesene unter den Brüdern."

Nach langem Kampfe sind auch Nichtjuden zu der Ueberzeugung gelangt, dass der Jude Mensch in der vollen Bedeutung des Wortes sei. Wer Menschenrechte anspricht, wer sie geltend machen will, muss das Recht der Juden vertheidigen, wenn auch sonst eingesogene Vorurtheile sich dagegen stemmen. Durch die verbreitete Kenntniss und Erkenntniss anderseits ist man zur Einsicht gelangt, dass das Judenthum den Schatz wahrhafter Menschenliebe in sich trage. In der neuesten Zeit wurde auch den Juden in unserm grossen schönen Vaterlande die wichtigsten und bedeutendsten Menschenrechte eingeräumt. Hoffen wir, dass eine nicht ferne Zukunft das vollenden wird, was die Gegenwart begonnen hat. —

Indem wir hier von den allgemeinen jüdischen Verhältnissen absehen und uns nur auf die Wiener Gemeinde zunächst beschränken, so betrachten wir es als grosse Errungenschaft, dass die Wiener Israeliten sich als Cultusgemeinde constituirten, die in Cultusangelegenheiten ihre autonome Verwaltung haben, denn von jeher lag der Schwerpunkt der Judenheit eben in der Autonomie der Gemeinde.

Im August 1850 nämlich reichten die Vertreter *) und Repräsentanten **) der israelitischen Religions- (der Ausdruck ist noch

---

*) Die Herren: Leopold v. Wertheimstein, Joseph Wertheimer, Bernhard Wertheim, Heinrich Sichrovsky und M. H. Weikersheim.

**) Die Herren: S. Auspitz, Jos. Biedermann, W. Boschan, Dr. M. Engel, Dr. L. A. Frankl, M. Goldschmid, J. Königswarter, J. Lieben, M. Löwenstein, C. Matzel, E. Porges und H. v. Wertheimstein.

schwankend, bald heisst es Religions-, bald Cultus-) Gemeinde den Entwurf eines Status für die israelitische Cultusgemeinde bei der k. k. n. ö. Statthalterschaft ein, welcher am 14. Jänner 1852 provisorisch genehmigt wurde.

Demgemäss besteht der Vorstand aus fünf Vertretern. Je ein Vertreter hat ein gewisses Fach zur Verwaltung und demselben sind Beiräthe zugetheilt. Im Jahre 1860 sind folgende Herren im Vorstande und ist er nach den angegebenen Sectionen eingetheilt: I. Für Bethaus und Wohlthätigkeitsanstalten: Vertreter: Herr Brandeis Jakob; Beiräthe: die Herren Götsch Hermann, Leitner Salomon, Lippmann Samuel, Strauss Albert, Wertheim Ernst. II. Unterrichtsanstalten: Vertreter: Herr Wertheimer Joseph; Beiräthe: die Herren Engel Maximilian Dr., Kuranda Ignaz, Landesmann Adolph, Schey v. Koromla, Friedrich. III. Spital und Leichenhof: Vertreter: Herr von Wertheimstein Leopold; Beiräthe: die Herren Engel Maximilian Dr., Frankl Wilhelm, Sichrovsky Heinrich. IV. Hausadministration, Bau, Fleischregie: Vertreter: die Herren Ritter v. Königswarter Jonas, Brandeis Jakob; Beiräthe: die Herren Frankl Wilhelm, Götsch Hermann, Leitner Salomon, Sichrovsky Heinrich. V. Finanzen: Vertreter: die Herren Goldschmidt Moriz, Ritter v. Königswarter Jonas; Beiräthe: die Herren Bauer Theodor, Boschan Wilhelm, Lieben Ignaz, Sichrovsky Heinrich, Todesco Eduard. Vorsitzender ist Herr Leopold v. Wertheimstein und dessen Stellvertreter Herr Joseph Wertheimer.

Wir brechen hier ab, um die innere Entwickelung darzustellen.

Der Tempel.

„In seinem Tempel spricht alles von seiner Ehre."

Psalm 29, 9.

I.

Um die Vorgänge unter den hiesigen Israeliten im Jahre 1820 zu verstehen, müssen wir eine kleine Umschau über die Stellung der Juden zu jener Zeit in Europa halten.

Die edelsten Denker hatten der Emanzipation der Juden das Wort geredet. Joseph II. verbesserte die Verhältnisse der österr. Juden und die französische Revolution gab den franz. Juden die volle Freiheit und sie bewährten sich als nützliche Mitglieder des Staates. Es war dadurch der Beweis hergestellt, dass es möglich sei, die Juden in den Staatsverband aufzunehmen, ohne dass der Staat, und setzen wir hinzu, der christliche Staat, gefährdet sei. Es konnte daher das in Frankreich gegebene Beispiel nicht ohne Folgen bleiben. Die Rheinbundstaaten hoben bereits 1807 den Leibzoll auf. 1808 wurden in Baden den Juden die Bürgerrechte gewährt. Sachsen, Würtemberg, Hessen-Darmstadt räumten den Juden grössere oder kleinere Rechte ein. 1811 ertheilte der Fürstprimas in Frankfurt den Juden das Bürgerrecht, 1812 wurde in Mecklenburg-Schwerin die landesherrliche Constitution gegeben und in Preussen erschien am 11. März 1812 das bekannte Edikt auf Veranlassung von Stein und Hardenberg. Ebenso verlieh Baiern 1813 den Juden grosse Rechte. Im Jahre 1814 emancipirte Dänemark die Juden.

Der Wiener Congress 1815 erregte in dieser Beziehung grosse Hoffnungen. Der Entwurf in Betreff der Juden lautete: „Den Bekennern des jüdischen Glaubens werden, insoferne sie sich der Leistung aller Bürgerpflichten unterziehen, die denselben entsprechenden Bürgerrechte eingeräumt, und wo dieser Reform Landesverfassungen entgegenstehen, erklären die Mitglieder des Bundes diese Hindernisse so viel als möglich wegräumen zu wollen." Doch dagegen erhob sich von Seite Sachsens Widerspruch und die Schlussfassung dieses Paragrafen lautete: „Die Bundesversammlung wird in Berathung ziehen, wie auf eine möglichst übereinstimmende Weise die bürgerliche Verbesserung der Bekenner des jüdischen Glaubens in Deutschland zu bewirken sei und wie insonderheit denselben der Genuss der bürgerlichen Rechte gegen die Uebernahme aller Bürgerpflichten in den Bundesstaaten verschafft und gesichert werden könne. Jedoch werden den Bekennern dieses Glaubens bis dahin die denselben von (es hiess ursprünglich in) den einzelnen Bundesstaaten bereits eingeräumten Rechte erhalten werden."

Diese Abfassung entsprach den Erwartungen nicht. Die Juden gaben ihr Blut für das Vaterland hin, man versprach ihnen dafür eine bessere Zukunft. Nun hiess es, man werde ihre Angelegenheiten in Berathung ziehen. So niederschlagend aber auch dieser Erfolg war, so liess er doch der Hoffnung Raum, dass die Verhältnisse besser werden, und wo die Hoffnung vorhanden ist, da entwickelt sich immer neue Spannkraft.

Nun stellten sich die Dinge folgendermassen: die Behörden hatten manchmal nicht den Willen, manchmal nicht die moralische Kraft das gegebene Wort in Erfüllung zu bringen. Man vertheidigte daher die Nichterfüllung des gegebenen Wortes damit, dass die Juden nicht genug für die Emancipation vorbereitet wären. Sie müssten zuerst den Talmud oder wenigstens den grössten Theil desselben mit noch mehrerem andern dazu, was nicht zu dem neuen staatlichen Leben der Juden passt, oder nach ihrer Ansicht nicht passte, über Bord werfen, und ein neuer Cultus die Juden für das neugewonnene Vaterland vorbereiten.

Dieser vorgebliche Liberalismus war ohne Gehalt und Kern und verschwand bald wieder. Wir führen beispielsweise an: In dem Anstellungsdekrete des Herrn Mannheimer als ersten Religionslehrer von Seite der k. k. Polizei-Ober-Direktion *) dto. 7. Juli 1826

---

*) Seitdem die Gemeinde autonom ist, werden ihre Beamten nicht mehr von der Behörde bestätigt. Der Vorstand allein ist massgebend.

heisst es . . . ., „dass Sie sich in Ihrem Religionsunterrichte, wie in Ihren Religionsvorträgen strenge an die für Israeliten in den k. k. Staaten allgemein bestehenden Vorschriften halten, und weder hierin, noch bei den gottesdienstlichen Uebungen in der Schule oder im Bethause oder sonst wo irgend eine wie immer geartete Neuerung oder Abweichung von der durch die gedachten allerhöchsten Vorschriften sanctionirten Form und Weise des israelitischen Religions-Cultus eigenmächtig sich erlauben, endlich auch, dass Sie als wahrer Israelite in dem Sinne, in welchem die Staatsverwaltung die Israeliten duldet, an dem Positiven des Mosaismus sich fest halten, und jede naturalistische religiöse Tendenz bei den Vorträgen in der Schule und im Bethause sorgfältigst vermeiden." — Dieselbe Formel ist auch bei den später angestellten Religionslehrern beibehalten. Und doch hat die Regierung selbst vor und nach diesem Dekrete zu wiederholten Malen darauf angetragen, „Neuerungen und Abweichungen" einzuführen. Wir wissen nicht, ob die Behörden diese Worte als Formel betrachteten; im praktischen Leben wurden sie eben so wenig berücksichtiget als die Reformvorschläge, die von Seite der Regierung ausgingen. Wir kommen auf diesen Punkt später zurück, wo wir ihn eines weitern entwickeln und nachweisen werden, dass dies nicht etwa aus Renitenz etc. hervorging. Hier sei nur noch angeführt, das die Polizei-Ober-Direktion die Vertreter im Jahre 1821 (24. Dezember) auffordert, der Lehrer Herz solle den Kindern empfehlen, am Samstag zu schreiben und am 12. September 1832 rügt sie es in Folge einer Denunciation, dass die Juden am Sabbathe die Verkaufsläden offen halten.

Wir wollten in diesen Beispielen das Schwankende der Ansichten zeigen. Jedenfalls aber war der Vorwand in Betreff der Reformen, die nicht über Nacht entstehen konnten, für das Temporisiren ein sehr gutes Mittel. Die Juden sollten früher sich vom Judenthume emancipiren, wenn sie bürgerlich emancipirt werden wollen, so lautete die Parole des Tages.

Man kam der Aufforderung, Reformen einzuführen, nichts destoweniger nach. Das Wort Riesser's war damals noch nicht erschollen. Er sagte im edlen Gefühle der angeborenen Menschenwürde: „Der Staat hat kein anderes Recht als die Erfüllung aller allgemeinen bürgerlichen Pflichten, das Tragen aller bürgerlichen Lasten als Bedingung an der Ertheilung bürgerlicher Rechte zu knüpfen. Jedes Einschreiten der Staatsgewalt in das Gewissen und in die religiöse Ueberzeugung seiner Unterthanen über jenes Ziel hinaus ist eine Thorheit, eine Ungerechtigkeit." Ferner: „Wir wollen keine Abgaben erlassen haben, als die der religiösen Lüge, wir wollen nichts, als dass man uns so behandle, wie man uns behandeln würde, wenn wir einen Schritt gethan hätten, gegen den sich unser Gewissen sträubt." — Mit eben solcher Schärfe stellt Riesser, der selber ein Gegner des ceremoniellen Judenthums ist, den Satz auf: „Keine Concessionen von unserer Seite." Wir haben unser Menschenrecht zu verlangen, so wie wir sind, das Uebrige bleibt eine innere Angelegenheit.

Ohne der Ehrenhaftigkeit der Männer jener Zeit irgend wie nahe treten zu wollen, so ist es nicht als bestimmt anzunehmen, dass sie diesem Rufe Folge geleistet, und sich nicht lieber auf Concessionen von ihrer Seite eingelassen hätten, um die Möglichkeit zu haben, zu dem Rechte als Mensch zu gelangen. Man kann und darf dem Menschen vieles zumuthen, aber man kann nie und nimmer verlangen, dass jeder ein Herkules sei. Wer es ist, den preiset die Mit- und Nachwelt, weil die Erscheinung eine höchst seltene ist. Es fragt sich auch, was heroischer ist, ob als Märtyrer binnen kurzer Frist vom Leben zum Tode geführt zu werden, oder ein Leben zu führen, das nichts als Jammer und Elend geistig und körperlich als Los und Antheil hat.

Unsere Väter führten ein solches Leben. Vom frühen Morgen bis am späten Abend ruheten nicht die Nadelstiche des Hohnes und des Spottes; des Hasses nicht zu gedenken, der tief den Zahn in das Fleisch legte. Wer wollte es da übel nehmen, wenn man, um sich eines solchen Zustandes zu entledigen, alle möglichen Mittel anwendete.

Ausserdem aber, dass die Behörden eine Reform im Judenthume wünschten und daran gleichsam die Bedingung bürgerlicher Rechte knüpften, waren auch andere Gründe vorhanden, die den Fortschritt begünstigten.

Mendelsohn brachte nach langer Ruhe Bewegung unter die Juden, die Geister wurden geweckt.

Anderseits fing auch die allgemeine Bewegung, die sich bereits im abgelaufenen Jahrhunderte auf andern Gebieten der Wissenschaft geltend machte, an, in der jüdischen Wissenschaft ihr Reich zu begründen. Die Juden, die stets die Wissenschaften pflegten, sind auch hier nicht zurück geblieben. Was aber im verflossenen Jahrhunderte bloss auf dem Felde der Theorie vorging, wurde in dem jetzigen Jahrhunderte auf das praktische Gebiet übertragen, und zwar, weil sich ein praktisches Bedürfniss ergab; denn das Leben gerieth in Zwiespalt mit dem Glauben. So lange der Jude in dem Ghetto eingepfercht war, wusste er nicht, was „draussen" vorging. Nun, da es ihm nicht verboten war, hinaus zu treten, übte das Leben einen mächtigen Einfluss auf ihn.

Die Folge war, dass die Einen den Glauben der Väter über Bord warfen; die anderen hingegen suchten sich gewisser Ceremonien zu entledigen, nichts destoweniger aber wollten sie eine Form für ihre religiöse Anschauungsweise haben.

So sehr übrigens die Gegensätze zwischen den verschiedenen Confessionen bestanden, so fanden dennoch im täglichen Verkehre, besonders in grossen Städten Annäherungen, ja häufig Befreundungen zwischen Juden und Christen statt. Der Hass hörte auf, man stand sich in der zuvorkommendsten Weise gegenüber. Trotzdem also die Zeiten noch trübe waren, hatten sie doch die Schauer und das Grauen des Mittelalters verloren, und manches Gebetstück, das in den Zeiten grauenhafter Verfolgung aus dem Herzen kam, war jetzt blos Lippenwerk.

Dazu kam noch, dass in verschiedenen jüdischen Gemeinden der reformatorischen Richtung bereits Rechnung getragen wurde, Der Jakobsohn'sche Tempel in Seesen, der von demselben später nach Berlin verpflanzt wurde, der Koppenhagen'sche Mittwochsgottesdienst, der Hamburger Tempel bestanden schon. Die Kaufleute Wiens lernten auf ihren Reisen das Eine oder das Andere kennen und überzeugten sich, dass diese Riten viel entsprechender zur Erbauung sind, als der Ritus im eigenen Gotteshause *).

---

*) Es fehlte auch hier nicht an zeitweiligen religiösen Vorträgen in deutscher Sprache, denn das Bedürfniss darnach war ein allgemeines, und der damalige Schreiblehrer an der Religionsschule, Herr A. Kohn.

So kamen die Häupter und Führer der Gemeinden den Behörden auf halbem Wege entgegen. Dazu ist allerdings auch zu rechnen, dass man den moralischen gelben Fleck, den die Juden sich selber aufgenähet, abschaffen wollte. Lange genug war Unordnung etc. identisch mit „Judenschule" gewesen. Das erwachte Selbstgefühl wollte, dass das Judenthum auch in seiner äusseren Erscheinung würdig auftrete. Man wollte nicht, dass die Religion der Väter, für die sie selbst Gut und Blut und Leben hingegeben haben, zum Gegenstande des Spottes und des Hohnes werde.'

Bei solcher Stimmung war es leicht möglich, dass das, was bisher in der Idee vorschwebte, zur Wirklichkeit würde, wenn energische Personen sich an die Spitze der Bewegung stellten. Und allerdings fehlte es an diesen nicht. Es waren Männer da, die den Willen hatten, einen würdigen Gottesdienst herzustellen, und Alles das, was mit dem gottesdienstlichen Leben zusammenhängt, in erhebender Weise einzurichten. Es bildete sich eine Gesellschaft: „Die Beförderer des Guten."

Die Resultate dieser Gesellschaft sind jedoch unbedeutend, denn die Männer, die an der Spitze standen, waren Laien, Kaufleute, welche sich wenig mit religiöser Erkenntniss beschäftigten. Er herrschte überall das Gefühl: „Es ist die Zeit etwas für Gott zu thun, denn Lehre und Wissenschaft sind in Verfall"; doch wie sollte dem Gefühle Rechnung getragen werden!

Die Herren M. L. Biedermann und J. L. Edl. v. Hofmannsthal, die nachher die Angelegenheit mit Energie betrieben, wollten hier einen Tempel nach Art des Hamburger Gotteshauses einrichten. Er sollte wie in Hamburg nur für einen Theil der Gemeinde sein und die dortigen Gebet- und Gesangbücher hier eingeführt werden. Als wissenschaftliche Autorität, die berathend zur Seite stehen sollte, befürwortete Herr Biedermann, dass die Regierung gestatte, Herrn Chorin, den damaligen Rabbiner in Arad zu wählen. Dieser hatte sich bereits durch ein Gutachten im Or Nogah nach dieser Richtung hin für die Reform und zu Gunsten des Hamburger Tempels erklärt.

---

hielt von Zeit zu Zeit Vorträge, im Stile jener Zeit, auch Trauerreden, von denen zwei gedruckt wurden.

Ueber die Ansichten in dieser Beziehung, wie sie damals hier herrschten, führen wir ein Commissionsprotokoll, aufgenommen am 5. Juni 1821, an, „in Folge einer an Sr. Excellenz den k. k. n. ö. Regierungspräsidenten Herrn R e i c h m a n n Freiherrn v. H o c h - k i r c h e n von Sr. Excellenz dem Herrn Minister des Innern und obersten Kanzler Grafen v. S a u r a u herabgelangten Note dto. 3. Febr. 1820 P. Zl. 2599, dann zufolge eines h. Hofkanzlei-dekretes v. 4. Februar 1820 II. Zl. 3237, und zwar über die Aus-führbarkeit des dritten Punktes des letzteren, welcher dahin lautet, dass die Gebete, Religionsübungen und Belehrungen in der Synagoge nach einer gleichfalls zu bestimmenden, angemessenen Zeitfrist (falls keine Anstände obwalten) in der deutschen oder in der Landessprache (?) abgehalten und die in dieser Hinsicht erforder-lichen Uebersetzungen der Religions- und Gebetbücher veranstaltet werden sollen.“

Den Vorsitz führte der Herr Regierungsrath d`A r a i l z a. Die Commission bestand aus Mitgliedern von der Landesregierung, von der Polizei-Ober-Direktion, von der Schuloberaufsicht, ferner waren anwesend der Vice-Direktor der philosophischen Studien und einige Vertreter und Repräsentanten.

Der Referent Herr Regierungsrath d`A r a i l z a hielt einen Vortrag, und hob hervor, dass es der Wille Sr. Majestät des Kaisers sei, „dass die israelitischen Andachtsübungen, nachdem der Ausschuss der Judenschaft in einer commissionellen Verhand-lung bei der k. k. Polizei-Ober-Direktion die Nothwendigkeit der liturgischen Reform anerkannt und zur Realisirung derselben sich bereitwilligst erklärt hatte, künftig in der Landessprache, nämlich in der deutschen gepflogen werden sollen.“

Wir theilen nun die Fragen und die darauf erfolgten Ant-worten im Auszuge mit:

1. Sollen bei der Andacht die hebräischen Gebettexte etc. ganz ausgeschlossen und auf die deutsche Sprache beschränkt werden?
2. Sind derartige Andachtsbücher bereits vorhanden, oder könn-ten solche mit Abänderungen benützt werden?
3. Soll der neue Cultus nicht auch die Belehrung mit ein-schliessen, und sich „insbesondere und vorzüglich“ auf die religiöse und moralische Bildung der Jugend erstrecken?

4. Da hier kein Rabbiner ist, wer soll die Leitung übernehmen, und wie ist für den Unterhalt gesorgt?

5. Soll die neue Anstalt ausschliesslich mit Beseitigung des bisherigen Cultus etablirt werden, oder soll der Zwang vermieden werden?

6. In letzterem Falle müsste für den neuen Cultus ein neues Bethaus ausfindig gemacht werden.

Es folgen dann noch drei Fragen, die die materielle Seite berühren.

Die Antwort von Seite der Repräsentanten in Betreff der ersten Frage lautete:

Die allsogleiche und gänzliche Beseitigung der hebräischen Sprache und rücksichtlich der in dieser Sprache verfassten Gebete, Texte etc., bei den Religionsübungen und Andachten sei schwer ausführbar, weil die hebräischen Bücher und Texte Spracheigenthümlichkeiten besitzen, die sich nicht füglich ins deutsche übersetzen lassen (?!) Es gibt mehrere Gebetsformeln, die vermöge der Religionsgrundsätze, in der Ursprache gebetet und gesprochen werden müssen (?!)*); zudem hängen auch die alten und minder gebildeten Religionsgenossen zu sehr an dem Althergebrachten, als dass man es ihnen auf einmal verwehren könnte. — Uebrigens sei es nicht nur thunlich, sondern seien sie auch bereit, gleich bei Einführung des neuen Cultus die Predigt, den Unterricht in der Moral und die meisten Gebete in der deutschen Sprache abhalten zu lassen. Eine Auswahl der Gebete, die noch hebräisch gebetet werden sollen, wollen sie nachträglich einbringen.

Der Regierungsrath gibt als Resumé dieser Auseinandersetzung: Es sei Wunsch und Wille der Repräsentanten den Gottesdienst sowohl als auch den Unterricht in der Sittenlehre anfangs deutsch und hebräisch abzuhalten, nach und nach aber die hebräische Sprache ganz verschwinden zu lassen, und die Repräsentanten erklärten sich mit dieser Auffassung einverstanden.

Nachdem der Schuloberaufscher die Meinung geltend machte, dass auch beim katholischen Gottesdienste die lateinische Sprache,

*) Nach der Mischna Sota gilt dies bei unseren jetzigen Gebeten blos von dem Segenspruche der Priester.

welche nicht die Ursprache der heiligen Schrift, beibehalten ist, so könnten auch hebräische Gebete mitten unter den deutschen bleiben; schlossen sich die anderen Commissionsglieder demselben an, mit der Bemerkung, dass kein Zwang einzuführen sei, und ein deutscher Gottesdienst neben dem hebräischen bestehen soll.

Der zweite Fragepunkt fand in dieser Beantwortung schon die Erledigung. Auf die Incidenzfrage, wann man mit dem deutschen Gottesdienste den Anfang machen solle; wurde geäussert: Sobald ein geeignetes Lokal ermittelt ist. Bezüglich der dritten Frage bemerkte der Vertreter, Ritter v. Eskeles, dass der neue Cultus wohl angegeben werden könne, aber er wisse unter den Wiener Juden keinen, der dem Amte eines Predigers und Lehrers vorzustehen im Stande wäre.

Hierauf wurde beschlossen, einen Concurs auszuschreiben, und für den Fall, dass sich kein Inländer fände, einen Ausländer zu berufen, wobei auch die Ansicht geltend gemacht wurde, dass, wenn man einen anständigen Gehalt anweisen möchte, so würde man in Böhmen, Mähren oder Galizien (?) eine geeignete Persönlichkeit finden.

Ferner wurde verlangt, dass ein Programm über den neuen Ritus ausgearbeitet werde, und die Forderung gestellt, dass die vornehme Judenschaft so wie die „gemeinere" daran Theil nehmen müsse.

Es wurde auch die Frage über den Unterricht der Jugend und die Anzahl der schulfähigen Kinder erörtert. Die Repräsentanten der „Judenschaft" wussten darüber wenig zu sagen.

Der 4. und 5. Punkt fanden in dem Vorhergehenden schon die Erledigung.

In Betreff des 6. Punktes erklärten die Repräsentanten, dass der neue mit dem alten Cultus nicht unter einem Dache ruhen können. Man fand diese Ansicht gegründet, jedoch mit dem Bemerken, dass, sobald das Lokale für den neuen Cultus ausfindig gemacht ist, die Jugend dahin gehen müsse.

Wir wollen keine Glossen zu diesem Commissionsprotokolle machen; wir wollen auch nicht den Ereignissen, die wir später erörtern werden, vorgreifen. So viel aber ist gewiss, wenn heute eine derartige Commissionssitzung abgehalten würde, möchte das zweite und das dritte Geschlecht jener Männer, die eben bloss die Sorge für ihre Nachkommen im Auge hatten, über den Fortschritt staunen, der sich in den geäusserten Ansichten kund gibt. Die Grundidee aber, die durch das Ganze geht, war nicht bloss eine Seifenblase, die bald verschwand, sie wurde Jahre lang gehegt und gepflegt. Selbst die Regierung kommt darauf in dem Erlasse vom 27. Jänner 1837 zurück *). Darin wird festgesetzt, dass die Vertreter dahin zu wirken haben, die deutsche Sprache allmälig auf alle Gebete im Bethause in Anwendung zu bringen. Mitten unter den Schwankungen, was zu halten, was wegzulassen sei, wie der Gottesdienst würdig herzustellen und endlich wie die Religionsschule zu regeneriren wäre, kam M a n n h e i m e r, auf einer Urlaubsreise in Deutschland begriffen, auf den man von Berlin aus schon vorbereitet hatte, hierher. Was bis jetzt als Ideal vorschwebte, stand nun in der Wirklichkeit da. M a n n h e i m e r predigte an drei Sabbaten im Laufe des Monates Juli 1821 in dem alten Dempfingerhofe, und das Publikum war für die Sache und für den Redner erwärmt und begeistert.

Bedenkt man, wie selten unter Juden damals der reine, deutsche Ausdruck gehört wurde, wie erglüht M a n n h e i m e r für seinen Beruf war, und man wird den Enthusiasmus begreiflich finden.

Es waren jetzt nicht bloss Laien, die den Aufbau des Tempels übernehmen sollten, sondern ein Mann, der bereits als Lehrer des göttlichen Wortes fungirte, betheiligte sich dabei. Während der Anwesenheit M a n n h e i m e r s hier, war er unablässig

---

*) Dieser Regierungserlass, die Errungenschaft jahrelanger Bemühungen, vielfacher Petitionen, die von Seite der Behörden provocirt wurden, enthält folgende Bestimmungen: Die Toleranz, die bis dahin eine zeitweilige war, sei von da an eine lebenslängliche; dieselbe gehe über auf die Witwen, Söhne und Töchter, wenn sich die Söhne nicht selbstständig machen. Bei der Verehelichung soll eine Rente für die Frau bestimmt werden, für den Fall, dass der Mann früher stirbt, den sie in dem Witwensitze, wohin der Mann zuständig war, zu geniessen hat.

thätig. Er arbeitete das Programm und das Rituale für den Gottesdienst aus, verfasste für die Gemeinde die nöthigen Eingaben an die Behörden. Er conferirte persönlich mit dem damaligen Minister Frh. v. S a u r a u, der eine besondere Theilnahme für M.'s Bestrebungen an den Tag legte, die er auch später bewährte, als die Regelung des Gottesdienstes zur Ausführung kam. Diesem neugeweckten Geiste war es auch zu verdanken, dass die Regierung den Wünschen der Israeliten rücksichtlich ihrer politischen Stellung sich geneigt zeigte. Eine günstigere Gesetzgebung wurde von der fortschreitenden Bildung und der Reform des Gottesdienstes abhängig gemacht. (S. Einleitung S. 3.) Der Minister v. S a u r a u war es auch, der bei der Grundsteinlegung des neuen Bethauses im December 1825 das Wort ergriff, und die Ansprache M's. in ausführlicher Rede auf's Freundlichste erwiederte.

M a n n h e i m e r zog bald weg, da sein Urlaub zu Ende ging; er blieb aber mit dem Vorstande in stetem Verkehre, und die reichen Erfahrungen, die er anderweitig gesammelt hatte, kamen der hiesigen Gemeinde zu gut.

Als ein besonderes Verdienst um die hiesige Gemeinde müssen wir hervorheben, dass Mannheimer in seiner Correspondenz stets darauf hinwies, dass die neuen Institutionen nicht für einen Theil der Gemeinde, sondern für die ganze Gemeinde sein sollen. Die Erfahrungen, die er in Koppenhagen, Berlin, Hamburg und Leipzig machte, bewiesen, dass die Wirksamkeit dieser Institutionen um so segensreicher sein könnte und müsste, wenn die g a n z e Gemeinde sich dabei betheiligte und sie nicht Fractionen anheimgegeben wären. Die getheilte Macht ist immer eine gebrochene Macht, und zu jener Zeit, wo es galt auf die Massen zu wirken, durfte man nicht das Bedürfniss Einzelner in den Vordergrund schieben. Da musste man die Gesammtheit im Auge haben, und ihr im Nothfalle Concessionen machen.

Doch kehren wir zurück. Die Gemeinde sollte ein deutsches Gebet- und Gesangbuch den Behörden vorlegen; aber was sollte das Buch enthalten, welche Gebete sollten ausgeschieden werden. Dem Einen war das, dem Andern jenes heilig. Was sollte mit den Gebeten, deren Inhalt die Rückkehr nach Jerusalem, die Messiaszeit etc. ist, geschehen? — Die Behörden drängten. So heisst es in einem Erlasse der n. ö. Landesregierung, wo die Frist zur Vorlegung eines Gebet- und Gesangbuches bis zum 1. März 1822 verlängert wird: „Die Regierung erwarte übrigens von ihrem, für die Sache bisher bewährten rühmlichen Eifer, dass sie bei der Auswahl der, für ihren neuen religiösen Cultus auszuscheidenden Gebete und Gesänge mit reifer Ueberlegung zu Werke gehen, und mit Beseitigung bisheriger ganz veralteter, mit den Zeitverhältnissen und jenen der Israeliten zum Staatsvereine ganz contrastirenden Andachtsformeln, nur solche auffassen und bezeichnen werde, welche die eigentliche wahre Andacht fördern, weil eine nicht in dieser Art geläuterte Darstellung von Seite der Staatsverwaltung nie gutgeheissen, und somit unverantwortlich die Realisirung der Anstalt selbst verzögert werden würde."

Die Repräsentanten fanden nun einen Ausweg, und reichten nach neuerlich erlangten Verlängerungsterminen am 14. August 1822 ein Gebetbuch im Manuscripte, das sich nicht mehr vorfindet, ein, und das Hamburger Gesangbuch.

Am 23. August folgten die Bücher bereits zurück, da im Gebetbuche nicht die vorzunehmenden Veränderungen angegeben waren. (Wahrscheinlich war es eine Uebersetzung des ganzen Gebetbuches, ohne etwas auszulassen), und das Hamburger Gesangbuch sollte zuvor der Approbation der Censur vorgelegt werden. (Sonderbare Verhältnisse : äusserste Reform und Censur.)

Während des langen Hin- und Herschickens kühlte sich der Eifer für das neue Gebet- und Gesangbuch ab. In der Gemeinde fasste die Idee immer mehr Wurzel, es müsse das neue Gotteshaus für a l l e sein, und daher alles vermieden werden, was der Gesammtheit als anstössig erscheint, die Behörden ihrerseits wurden gegen Neuerungen misstrauisch, und so verschwanden die Oscillationen der Reform einzelnweise. Sie tauchen wohl, wie erwähnt, wieder auf, aber verschwinden dann gänzlich.

Wenn es eines Beweises bedürfte, wie gering der Einfluss der Behörden auf die innere Entwicklung des Judenthumes sei, so ist er durch das gegebene Beispiel hergestellt.

In Wien, wo die Behörden im Jahre 1823 die äusserste Reform wünschten, ist man heute viel conservativer geworden. Wie anders in Berlin!

Die königlich preussische Cabinetsordre vom December 1823 verbietet, dass nach dem hebräischen Gottesdienste ein deutscher gehalten werde. Zwei Jahrzehnte vergingen, und die Reformgemeinde in Berlin entstand, die viel weiter ging; sie hat bloss einen deutschen Gottesdienst.

Die Behörden, die wirklich das Wohl des Judenthumes im Auge haben, thun daher am besten, die Lösung der innern Fragen den Juden allein zu überlassen *).

Wir knüpfen nun wieder den Faden der Geschichte an.

Noch mit dem Plane umgehend, ausser dem Dempfingerhofe ein Bethaus für den neuen Cultus, dem nur ein Theil der Gemeinde angehören sollte, anzukaufen, richtete man das Auge auf den Passauerhof. Der Ankauf geschah im Jahre 1821, wurde aber nicht genehmiget, weil er, wie es allgemein hiess, einer Kirche zu nahe liege. Nun musste man daran denken, einen geeigneteren Platz für das Gotteshaus aufzufinden.

Herr M. L. Biedermann fand einen Ausweg. Er erwirkte, dass der Dempfingerhof, worin sich seit 1811 das Bethaus befand, als baufällig erklärt wurde. Eines schönen Morgens wurde das Haus mit Balken von allen Seiten gestützt. Die Leute wussten nicht, was vorgehe und hörten, dass das Haus baufällig sei. Es musste daher ein neues gebaut werden. Herr Biedermann, als Administrator des Hauses kam sogleich um die Baubewilligung ein, die bereits am 7. März 1823 vom Magistrate herablangte. Die darauf veranschlagte Summe wurde durch ein Anlehen gedeckt, und während des Umbaues wurde der Gottesdienst in einem Privathause gehalten.

Für das Aeussere des Tempels war genügend gesorgt. Jetzt fragte es sich, die Form mit Geist und Inhalt zu füllen. Noch hatte man die Augen auf Mannheimer gerichtet. Im Jahre 1824, wo Mannheimer in Leipzig die Festpredigten am Neujahre, Ver-

---

*) Zum tiefen Bedauern jedes wahrhaften Israeliten kommen leider Fälle vor, dass Personen, die sich orthodox nennen, die Behörden auffordern in innere Angelegenheiten einzugreifen, und streben so ihren Ansichten, mit Hilfe des weltlichen Armes, Geltung zu verschaffen.

söhnungstage und Laubhüttenfeste bei dem Gottesdienste nach Hamburger Ritus hielt, war Herr B i e d e r m a n n zur Messe daselbst. Ohnediess seit dem Jahre 1821 im freundschaftlichen Verkehre mit M a n n h e i m e r stehend, war er auf's Neue von den mit allgemeinem Beifalle gehaltenen Predigten entzückt. Herr B i e d e r m a n n kehrte zurück und hatte keine Mühe, das Publikum für M a n n h e i m e r zu stimmen. Jedoch war die Frage, unter welcher Form, mit welchem Titel derselbe anzustellen wäre. Als Rabbiner oder Prediger durfte derselbe den Behörden gegenüber nicht gelten, da diese die Wiener Israeliten nicht als „Gemeinde" anerkannte. (Zur Entscheidung in rituellen Fragen wurde ein „Koscher Fleischaufseher" bestimmt.) Doch der Zufall, oder nennen wir es lieber die Vorsehung, bot einen Ausweg.

Der an der Religionsschule angestellte Lehrer, Herr H e r z, starb im November 1824, und bereits im December desselben Jahres schickten die Vertreter Herrn M a n n h e i m e r das Anstellungsdekret in der Form eines Protokolls als Religionslehrer mit dem Titel: „Direktor der hiesigen k. k. genehmigten öffentlichen israel. Religionsschule."

Der Behörde gegenüber wurde geltend gemacht, dass Herr M a n n h e i m e r nicht als Ausländer zu betrachten sei, da sein Vater ein geborener Oesterreicher, aus Ungarn, sein Unterthansrecht im österreichischen Kaiserstaate nicht aufgegeben hat.

Im Juni 1825 traf derselbe in Wien ein, nachdem ihn Graf Z i c h y im Jänner d. J. in die Judengemeinde Karlburg als Angehörigen aufgenommen hatte, wie es das damalige Gesetz forderte *), und am 7. Juli 1826 bestätigte die Polizei-Ober-Direktion im Namen der Regierung diese Wahl.

Die damaligen Vertreter waren die Herren: M. L. B i e d e r m a n n, J. L. H o f m a n n (später v. H o f m a n n s t h a l), Mark., Ritter v. N e u w a l l, Ign., Ritter von L i e b e n b e r g, Max, Edl.

---

*) Jeder Israelit, dem es gestattet war in Wien zu wohnen, durch Toleranz oder Regierungsschutz, musste einem jüdischen Gemeindeverbande angehören. In Ungarn, wo die Juden von dem pharaonischen Gesetze des „Familienwesens" befreit waren, konnten am leichtesten Fremde aufgenommen werden, wobei die Genehmigung der „Herrschaft" nöthig war.

v. Hönigsberg, Sal. Preisach, der aber bald austrat, und auch im Vorhinein bloss überzählig war. Die zwei ersten sind nicht bloss in alphabetischer Ordnung die ersten, sondern auch in Betreff ihrer Wirksamkeit. Sie sind die rastlosen Förderer, wie die eifrigsten Begründer des Unternehmens gewesen. Viele Theilnahme und Thätigkeit bewiesen und entwickelten sogleich bei dem Entstehen die Herren: Leop., Edler v. Wertheimstein und Heinrich Sichrovsky, die bei der Durchführung so mancher schwierigen Aufgabe, immer ihren Einfluss und ihren Eifer geltend zu machen verstanden. Beim Ableben des Herrn v. Hönigsberg trat Herr L. v. Wertheimstein als Vertreter au seine Stelle.

Die ersten Bethausvorsteher, die am 26. März 1826 ernannt wurden, waren die Herren: Jos. Biedermann sen., Jakob Löwy, Moritz Königswarter und Sigm., Edl. v. Wertheimstein.

In Verbindung mit diesen ausgezeichneten Männern entwickelte Mannheimer von dem Momente seiner Ankuuft an eine ausserordentliche Thätigkeit. Während der Bau des Tempels vor sich ging, führte dieser den innern geistigen Bau auf. Leib und Geist sollten in voller Pracht zugleich ins Leben treten. Rastlos wurde gearbeitet, und gestehen wir, es kostete viel Mühe, den Unfug, wie er damals in den Gotteshäusern Israels herrschte, abzuschaffen und den Tempel des Herrn würdig auszustatten.

Die Grundsätze, die bei der Organisation leitend waren, finden sich in den später, im Jahre 1829, niedergeschriebenen Statuten:

1. Dass der Gottesdienst nach allen bestehenden Formen, Regeln und Vorschriften, insoferne sie eine gesetzliche Autorität für sich haben, ohne alle Abänderung abgehalten werden sollen, — dass aber

2. die äussere Ausstattung des Gotteshauses, das Verhalten der Betenden im Gotteshause, der Vortrag der überkommenen Formeln von allem Störenden und Unwürdigen gereinigt, und

3. jedes Mittel zur Wiederbelebung der Andacht und des religiösen Sinnes, zur Aneiferung im Guten, zur Befestigung der Bande der Eintracht und der Anhänglichkeit auf's Sorgfältigste in Anwendung gebracht werden solle; zu welchem letzten Zwecke die Einführung der religiösen Vorträge und

Gebete in der Landessprache, die zu dem bestehenden hebräischen Gottesdienste hinzugefügt werden sollen, als besonders wirksam und wohlthuend anerkannt wurde. Am 12. December 1825 fand die Grundsteinlegung unter besonderer Feierlichkeit statt, und als die Zeit der Eröffnung des Tempels herannahete, waren auch alle Momente für die innere Einrichtung in's Leben gerufen. Sitzungen folgten auf Sitzungen, und wir geben hier im Auszuge das Protokoll einer Sitzung am 23. Jänner 1826.

a) Herstellung der Ordnung, Ruhe und feierlicher Stille während des Gottesdienstes.

Unreinlich und unanständig gekleideten Personen ist der Eintritt zu untersagen.

Allgemein ist alles Reden, Lachen oder anderes unanständige Betragen zu vermeiden.

Die Gebete, die die Gemeinde verrichtet, sollen durchaus in stiller Andacht, ohne lauten Vortrag gehalten werden. Besondere Stille hat bei Sch'mono essre belachasch zu herrschen, aber auch etwas lauter zu sprechende Stellen, wie Amen etc. sollen nicht zu laut ausgestossen oder geschrien, sondern mit mässiger Stimme gesprochen werden.

Alles Intoniren, Einhelfen oder Voreilen bei dem Vortrage des Vorbeters oder beim Vorlesen der Thora hat zu unterbleiben, so wie alles Aufstützen, Schaukeln, Hin- und Herwanken, das Auf- und Zuschlagen der Bänke, überhaupt jedes störende Benehmen.

Das Herabnehmen der Kerzen von den Leuchtern, oder das Mitbringen und Aufstellen an dem Pulte ; die Beschädigung oder Beschmutzung der Pulte, Bänke, Gitter und aller Theile des Bethauses ist verboten.

b) Abstellung der bisherigen Störungen.

Das Vorbeten von Fremden ausser den bestimmten Cantoren ist verboten.

Auf den Almemor ist mit Anstand zu gehen, und sich da mit Anstand zu benehmen.

Wenn mehrere Leute zugleich Kadisch zu sagen haben,

so haben sie gemeinschaftlich vor den Almemor zu treten, und das Kadisch zusammen, jedoch mit gemässigter Stimme zu beten. Der Vorbeter oder sonst ein Kundiger betet vor. Die Stunden bei Anfang des Gottesdienstes sind genau einzuhalten. Auf Niemanden darf gewartet werden. Das Haman- und das Hoschanosklopfen ist abzustellen. Die Processionen an Simchath-Thora sind zu regeln. Es wird abgestellt auf der Erde zu sitzen am Tage der Zerstörung Jerusalems.

c) Dauer des Gottesdienstes: an Sabbat und Festtagen ohne Rede höchstens zwei Stunden; mit der Rede höchstens drei Stunden.

d) Lithurgische Bestimmungen.

Vor jedem Gottesdienste ist von dem Vorbeter vor der Lade das „m a t o b u" im gehörigen, einfachen, doch feierlichen Tone vorzutragen.

Das Wochengebet bleibt unverändert, doch sind die Vorschriften wegen Ruhe, Stille und Ordnung jederzeit genau zu beobachten.

(Für den Sabbat findet sich ein bis in das Minutiöseste ausgearbeitete Ritual, bei jedem Stücke ist angegeben, wie es vorgetragen werden soll. Wir finden da noch יקום פורקן , במה מדליקין die langsam gebetet werden, hingegen ist אב הרחמים שיבן מרומים weggelassen.)

Das Mizwothausrufen wurde als etwas, das im Gotteshause lästerlich ist, abgeschafft; denn es entstehet während dieser „Licitation" Unruhe, besonders bei den Frauen. Das Ein- und Ausheben der Thora, das Auf- und Zurollen derselben, ist ersteres von den Tempelvorstehern, letzteres von den beim Chore Beschäftigten auszuführen. (Der portugisische Gebrauch, die „Hagbaha" vor dem Vorlesen aus der Thora zu halten, wurde eingeführt.) Das „Aufrufen" zur Thora ist beizubehalten. (Es sei gelegenheitlich bemerkt, dass man lange dabei reformirte. Man hatte zuerst die bei den polnisch-deutschen Juden gewöhnliche Form, dann wollte man die portugiesische Formel, und es sollte heissen: יעמוד הגביר (und der deutsche Name) bis man endlich auf die jetzige Formel kam כהן ' etc. Durch diese Reform fielen all die Missbräuche weg, dass dieser oder jener als 3. oder 4. etc. vorgerufen werden sollte.) Der Mischeberach ist kurz für den Vorgerufenen zu machen, höchstens mit dem Zusatze für Weib, Kind und Familie. Zur Haftora ist nur derjenige vorzurufen, von dem man überzeugt ist, dass er dieselbe in gehöriger Ordnung vortragen kann. (Später wurde eingerichtet, dass der Cantor oder der Prediger die Haftora liest, mit Ausnahme bei einem bar mizwah.) Der Segenswunsch für den Monarchen wird deutsch gebetet.

Wir haben einen kleinen Auszug der gefassten Beschlüsse zur Herstellung der Ordnung im Gotteshause gegeben. Wollten wir die Debatten geben, die den Beschlüssen vorangingen, wir müssten Bogen füllen.

Aus dem, was wir hier angeführt haben, wird der Leser, der einen jüdischen Gottesdienst, wie er früher zumeist abgehalten wurde, nicht aus eigener Anschauung kennt, beiläufig entnehmen, wie es früher mit dem jüdischen Gottesdienste bestellt war. Indem man Gott in aller Glorie verehren wollte, wurde alles göttliche entwürdigt.

Das kommende Geschlecht übernimmt die Erbschaft der vergangenen Zeit. Höchst selten weiss es, wie viel Schweiss, wie viel Kummer und Sorge nöthig waren, um den kleinsten und geringsten Besitz, den dasselbe kaum beachtet, zu erringen. Seine Aufgabe ist es eine segenreiche Erbschaft, dem ihm folgenden Geschlechte zu hinterlassen; diesem in gleicher Weise vorzuarbeiten.

Ein grösserer Kampf entspann sich um die Liturgie an den Festtagen. Jeder der berathenden Herren brachte Reminiscenzen aus der Jugend mit, dem Einen war dieses liturgische Stück, dem Andern jenes heilig. Speciell galt das bei der Feststellung des Ritus für Neujahrs- und Versöhnungstag, da diese „jomim noroim," die Tage der Furcht und des Schreckens genannt werden. Da waltete die

Aengstlichkeit bei jedem Stücke Piut, das weggelassen werden sollte. In solchen Momenten entschied das jugendliche Feuer Mannheimers, seine innige, wahrhafte Begeisterung für das gereinigte, geklärte Judenthum. Nach langen Debatten wurde endlich beschlossen, dass an den drei nationalgeschichtlichen Festen mit Ausnahme des „Tal," „Geschem" und „Hoschanoth" für das Laubhüttenfest und das Gebet während der Procession am Simchat Thora der ganze Piut (Jozer, Krowot, Máarowith etc.) wegzubleiben habe. Dasselbe galt auch von dem Piut, der an sonstigen Sabbaten gebetet ward. Mit einem Schnitte wurde den Piutauswüchsen ein Ende gemacht. Am Neujahre und Versöhnungstage wurde nur das Wichtigste beibehalten, alles Andere ausgeschlossen. Bloss das Neïlahgebet am Versöhnungstage blieb unverändert, da wollte die Pietät nichts weggelassen wissen. Hingegen wurde angeordnet, dass an diesen Tagen, mit Ausnahme des Vorbeters, Niemand einen „Kittel" (ein weisses Oberkleid) trage.

Für die nachmosaischen Fest- und Fasttage wurde bestimmt:

für Chanuka blos das Lichtzünden, dem am ersten Abende eine Predigt vorangeht;

für Purim das Vorlesen des Buches Esther;

für Tischo beab wurden ausser den Klageliedern Jeremias bloss einige Zioniden etc. beibehalten.

Es finden sich die Gebete, welche beibehalten wurden in „Festgebete der Israeliten nach der gottesdienstlichen Ordnung in ihrem Bethause zu Wien. Uebersetzt von I. N. Mannheimer, Wien. 1859 — dritte Auflage."

Da der Gottesdienst an Wochentagen nicht verändert wurde, so blieben auch die Selichoth, die Morgens während der Woche vor dem Neujahr so wie während der Busstage gebetet werden *).

Noch müssen wir einer Reform erwähnen, nämlich des „Seelengedächtnisses" an Feiertagen. Dieses wurde nach portugiesischem Ritus in Verbindung mit einem deutschen Gebete eingeführt.

In Betreff der Segenssprüche der Priester (Duchan) an Feiertagen wurde bestimmt, dieselben ohne alle Melodie abzuhalten.

---

*) Bei den Gebeten für den täglichen Gottesdienst blieb bei יהוא רחום (am Montag und Donnerstag) der Passus עד מתי עוך בשבי weg. eben so bei den אבינו מלכנו für die Busstage der Passus נקום.

Später führte man ein, dass die Melodie einfach sei; eben so würde des äusseren Anstandes wegen angeordnet, dass nur drei Priester vor die Lade treten, denen man für die Dauer der Function eine geistliche Amtstracht gab.

Noch war eine sehr schwierige Frage zu lösen, nämlich den Cantor zu finden, der würdig sein Amt versehe und dabei die Mittel besitze in musikalischer Hinsicht den Anforderungen eines geläuterten Geschmackes zu entsprechen. Diese Wahl war mit vielen Schwierigkeiten verbunden. Es gab zu jener Zeit nur Extreme; entweder Leute, die eben nur den alten Ritus kannten, öfters mit einer colossalen Stimme begabt, die aber ohne alle künstlerische Bildung war; oder solche, die eine gewisse musikalische Bildung hatten, die aber das Gotteshaus zum Concertsaal umgestalten wollten und beim „dreimal heilig" eine Arie aus irgend einer beliebten Oper sangen. Man unterhandelte da und dort. Der Weg des offenen Concurses war damals noch nicht so im Schwunge wie jetzt. Man scheuete es nicht, Reisen zu machen, um sich persönlich von der Wirksamkeit der betreffenden Persönlichkeit zu überzeugen. Endlich traf man die glücklichste Wahl, die man hätte treffen können. Sie fiel auf den noch jungen Cantor in Hohenems Herrn Salomon Sulzer.

Nun waren die nothwendigsten Kräfte beisammen, Alles geordnet und vorbereitet. So ward der Tempel am 9. April 1826 eingeweiht und eröffnet.

Jetzt nachdem das Werk vollendet da stand, nachdem man das mit eigenen Augen sah, worauf man so lange hoffte und harrte, wurde alles von einer wahrhaften Begeisterung ergriffen. Der Tempel selber war ein freundliches Gebäude. Das „Grauen" der alten jüdischen Bethhäuser, das den Eintretenden überfiel, war hier nicht vorhanden. Man fühlte sich gehoben, wenn man in diese Räume trat. Man fand sich wahrhaft heimisch in der Nähe des himmlischen Vaters. Die einfache, aber würdige äussere Ausstattung, die Ordnung und die feierliche Stille stimmten das Herz höher. Dazu kam noch, dass man auf Flügeln eines wahrhaft erhebenden Gesanges auf zum Schöpfer getragen wurde. Endlich die Predigt mit jugendlichem Feuer vorgetragen, die ihre Waffen aus der Schatzkammer der Bibel, aus der Rüstkammer der alten Weisen und der grossartigen jüdischen Geschichte holte, weckte die Geister, kräftigte die Gemüther.

Jetzt erst fing man an einzusehen, welche Bedeutung das Judenthum habe. Nun machte sich auch das Gefühl geltend, dass man sich nicht zu schämen habe, Jude zu sein. Das Judenthum wurde eine Ehrensache. Wir müssen auf diesen Satz besonderen Nachdruck legen. Viele, die sich früher von dem Judenthume abwendeten, weil sie es nicht kannten oder weil sie in dem früheren Gottesdienste keine Befriedigung fanden, kehrten wieder zu dem Glauben der Väter zurück, und so wurde den massenhaften Ueberläufern einzelnweise Ziel und Grenze gesetzt.

Es gehörte zur Ehre nicht blos Vertreter oder Repräsentant, sondern auch Bethausvorsteher oder Commissär, der über Ruhe und Ordnung im Tempel zu wachen hatte, zu werden. Wir finden auch die edelsten Männer, die dieses Amt übernahmen und es mit aller Gewissenhaftigkeit führten.

Das neue geläuterte Judenthum hielt sich aber nicht blos in den Räumen des Tempels eingesperrt, auf alle religiösen Angelegenheiten warf es sein stralendes, wohlthuendes Licht. Bei Beschneidungen, Trauungen, Leichenfeierlichkeiten, in späterer Zeit sogar bei Verlobungen, überall machte sich eine veredeltere Form geltend, die Herz und Gemüth erhob. Am 9. Mai 1829 war die erste Confirmation, wobei zehn Knaben und vierzehn Mädchen das Glaubensbekenntniss ablegten. Welche Wirkung diese Feier auf alle Anwesenden machte, als sie zum erstenmale gehalten wurde, lässt sich daraus ermessen, wenn man bedenkt, wie mächtig noch heute diese Feier die Gemüther ergreift.

Wir können es mit kurzen Worten sagen: Keiner, in dem nur irgendwie religiöses Gefühl lebte, der beim Gottesdienste im Tempel sich einfand; keiner, der irgend bei einer Ceremonie anwesend war, wie sie der neue Cultus geschaffen hatte, ging weg, ohne erbaut zu sein.

Der Tempel gehörte auch zu den Sehenswürdigkeiten der Residenz. Abgesehen von den Glaubensgenossen, ging kein Fremder vorüber, der nicht bloss nach Wien kam um die Thürme und . Häuser zu zählen, ohne den Tempel zu besuchen. Die freundliche Stätte, und die heilige Ruhe, die darin herrschten, stimmten die

Besucher andächtig; der meisterhafte, weihevolle, künstlerisch vollendete Gesang Sulzers entzückte, die sprühenden, begeisterten und begeisternden Reden Mannheimers fesselten. Jeder fand Befriedigung, und man kann noch jetzt häufig christliche Theologen im Tempel finden, um Mannheimer predigen zu hören, und Künstler und Kunstverehrer, die Sulzer bewundern wollen. Die höchsten Würdenträger des Staates besuchten den Tempel, sogar Mitglieder der kaiserlichen Familie wohnten mit lebhaftem Interesse dem Gottesdienste bei.

Wir sprachen hier von dem Enthusiasmus, mit dem der neue Cultus begrüsst wurde; wir dürfen es aber nicht verschweigen, dass auch gar manche Stimmen gegen denselben laut wurden. Es ist die Furcht vor Neuerungen nicht bloss Sache der Laune: sie ist tief im menschlichen Wesen begründet und immer wird das Alte gegen das Neue ankämpfen.

Heftiger ist der Kampf, wenn er auf dem Gebiete der Wissenschaft stattfindet. Es gibt da niemanden der einen neuen Weg gehet, dem die Hindernisse von der noch ungebahnten Strasse weggeräumt werden. Auf Schritt und Tritt werden ihm neue in den Weg gelegt. — Und nun gar auf dem Gebiete der Religion, das heiligste des Menschen.

Wundern wir uns daher nicht, wenn die Männer der vorangegangenen Zeit mit aller Kraft sich gegen das Neue stemmten, und wünschten, dass das Werk, das sie geschaffen, in aller Ewigkeit so fort bestehe, wie sie es geschaffen haben. Diejenigen, die jetzt die Angreifer sind, sie werden einst zu den Angegriffenen gehören. Die Zeit ist ein grosses Sieb; sie lässt Alles durchlaufen. Die Wahrheit, die bleibt, und „die Weisen, die strahlen wie des Himmels Licht und die das Recht gefördert haben, wie die Sterne ewiglich."

Der hiesige Tempel hatte bei seinem Entstehen das für sich, dass er dem religiösen Gefühle und Bewusstsein der vorangeschrittenen Männer der Zeit entsprach. Alles andere und alle anderen, die ihn nicht gefördert, hatte er gegen sich. Er hatte warme Freunde und eine grosse Reihe entschiedener Feinde.

Die Jahrhunderte lang dauernde Bedrückung, die Absperrung in den Ghettos verrückten und verwirrten die Ansichten.

Man hielt die Schale für den Kern, die Form für den Inhalt. Der Rost wurde heilig gehalten, weil er alt war. Der Umschlag und Umschwung, so gering wir ihn jetzt auch halten mögen, musste um so fürchterlicher sein. Zu einer Zeit, wo man das Judenthum in sich abschliessen wollte, weil man von aussen nichts Gutes gewärtigte . wie es die Jahrhunderte lange Erfahrung gezeigt hatte ; wo man die deutsche Sprache bloss als Köder ansah, um den Juden von dem Glauben der Väter abwendig zu machen, und Mendelsohn's deutsche Uebersetzung des Pentateuch als Ketzerei betrachtet wurde; zu einer Zeit, wo man die Fenster der Synagoge so klein als möglich machte, damit die fremden Augen, die so neidisch auf den kleinsten Besitz der Juden waren, nicht die Gottseligkeit mit ansehen, die in diesen Räumen waltete: da stimmte nichts in dem neuen Tempel mit den alten überkommenen Ansichten überein. Und welche Garantie boten die Männer, die an der Spitze standen? Die Laien lebten grösstentheils nicht nach dem Gesetze, wie es den Alten heilig war, und diejenigen, die das Judenthum vertreten sollten, hatten ihre Gelehrsamkeit zumeist aus Quellen geschöpft, die nicht jüdischen Ursprunges waren.

Man setzte daher alle Mittel in Bewegung, diese Institution zu untergraben. Bei vielen war es ein Kampf um das eigene Leben; denn so viel mussten die Herren bald herausfühlen, dass sie auf dem neuen Gebiete nicht als die Herren gelten können, wofür man sie bis jetzt gehalten hat. Es fehlte daher auch nicht sogar an Denunciationen. Ja, Rabbiner fremder Gemeinden haben bei den Behörden den Tempel und seine Träger verleumdet.

Nichts desto weniger hatte der Tempel sich schnell Anerkennung erworben. Bald wurde es klar, dass die Männer, die an der Spitze standen, ein Judenthum auf positiver Grundlage wollen, das nach innen stark und nach aussen in Ansehen und in Ehren stehet. Der Gottesdienst, der früher den Leuten fremd war, zeigte bald, wie sehr er die Andacht fördert.

Das praktische Leben andererseits wies darauf hin, dass man nicht Männer braucht, „die keine Münze kennen," und nicht die Zeit und die Welt verstehen, wie das früher der Ruhm eines Rabbiners war; sondern eben solche, die die Welt kennen und selbst „vor Königen und Fürsten das Wort zu führen im Stande sind."

Wir können auch ein anderes Moment nicht ausser Acht lassen, welches die Israeliten ausserhalb Wiens mit den Wiener Israeliten versöhnte. Es war der bekannte Wohlthätigkeitssinn der Wiener Juden. Wohlthätigkeit, werkthätige Menschenliebe, galt bei den Juden von jeher als das grösste und höchste menschliche und göttliche Gebot. Die armen, gedrückten Mitbrüder fanden hier stets offene Hände und offene Herzen. Wo da und dort dem Juden ein Unrecht geschah, wie das durch den rechtlosen Zustand des Juden im Staate vorkam, da wendete man sich an einen einflussreichen Mitbruder — einen Takif — in Wien. Dieser wusste durch seine Verbindung mit hohen Herren dem Rechte Geltung zu verschaffen. Es war nämlich zu allen Zeiten die Stellung der Juden hier keine ganz isolirte — wie dieses in den Verhältnissen einer Grossstadt liegt — und die hohen Herren sind zumeist viel humaner, viel herablassender, als die kleinen.

So befreundete man sich bald von Aussen mit den geistigen Trägern des Tempels und andere Gemeinden, bei denen sich der Umschwung der Zeit eben so wie hier geltend machte, strebten dem hiesigen Tempel nach. So finden wir Anfragen der Mainzer Gemeinde nach dem hiesigen Ritus; Pest folgte unmittelbar dem Beispiele Wiens, später auch Prag. In dieser Weise hat der Wiener Cultus massgebend für die Monarchie und über dieselbe hinaus gewirkt.

Dem Wiener Israeliten selber aber war der Tempel eine Institution, auf die er mit erhebendem Selbstbewusstsein sah. Er fand sich in dem Tempel, wie zu einem Feste der Gemeinde ein. Bedeutende Abschnitte in dem Leben einzelner hervorragender Personen, wurden da als Familienfeste gefeiert. Wir erinnern in dieser Beziehung an die Feier bei Gelegenheit der goldenen Hochzeit des seligen Herrn v. Hofmannsthal, an das Amtsjubiläum des greisen Gemeindedieners, des seligen Koppel Markbreiter. Es waren Familienfeste, die im Hause des Herrn gefeiert wurden, an welchen die ganze Gemeinde Theil nahm. So wurde nach Innen das Band geknüpft, das die Mitglieder der Gemeinde enger und inniger verband.

Einen Abschnitt in der religiösen Entwicklung der Gemeinde

bilden die „Statuten für das Bethaus der Israeliten in Wien," die am 20. April 1829 im Tempel der versammelten Gemeinde vorgelesen wurden. Wir heben hier das Wichtigste im Auszuge heraus.

In der Einleitung dieser Statuten, aus der wir bereits die 3 Punkte mittheilten, (S. 23) die als Grundlage dienten, heisst es: „Die Regeln, die bisher mit so gutem Erfolge angewendet worden sind, und deren Zweckmässigkeit die zeitherigen Erfahrungen bewiesen haben, so wie die in gleicher Absicht noch hinzuzufügenden Vorschriften sind in aller Ordnung und Bestimmtheit zu sammeln und niederzuschreiben, und sie für die Zukunft als giltige Norm anzuerkennen und zu befolgen, damit die Würde und Feierlichkeit des Gottesdienstes gegen jeden Angriff der Zeit gesichert sei, und das Gedeihen und Bestehen desselben nicht anheimgegeben werde den zufälligen Ansichten und Neigungen der daran Theilnehmenden, oder der eben so zufälligen Geschicklichkeit und Willensrichtung, der dabei mitwirkenden Individuen."

Capitel I.

Von der Verwaltung.

Das Bethaus stehet in allen seinen Beziehungen, nämlich hinsichtlich der lithurgischen Einrichtungen, der äusseren Ordnung, der Erträgnisse und Kosten desselben u. s. w. unter der Aufsicht und Verwaltung der jeweiligen Vertreter, denen die Repräsentanten mitbeigegeben sind.

Die specielle Leitung des Bethauses übernehmen vier von den Vertretern auf drei Jahre zu ernennenden Bethausvorsteher.

Diesen ist die Führung der gewöhnlichen Angelegenheiten überlassen. Wichtigere Gegenstände: Aufnahme von Beamten, Vermehrung der Auslagen etc. sind den Vertretern vorzulegen.

Die Functionen der Vorsteher sind abwechselnd.

Jeden Monat ist eine Sitzung zu halten, um über die laufenden Dinge Bericht zu erstatten. Bei wichtigen Angelegenheiten kann der Monatsvorsteher eine besondere Sitzung anberaumen. Sollte eine aussergewöhnliche Feierlichkeit eine angemessene Einrichtung der Lithurgie erforderlich machen, so ist der Religionslehrer zur

Berathung beizuziehen. Die Vorsteher sind auch verpflichtet, über jede Verhandlung ein geordnetes Protokoll zu führen, das zugleich als Chronik der Anstalt, als Regulativ für die Folge in ähnlichen Fällen dienen kann.

Die Funktionen der Vorsteher bestehen in der Aufsicht im Bethause, in der speciellen Verwaltung der Empfänge und Auslagen, und in der Anordnung und Leitung der gottesdienstlichen Angelegenheiten überhaupt. Daher hat der im Dienste befindliche Vorsteher darauf zu sehen:

Dass die Funktionen gehörig geordnet, dass das Bethaus bis auf die kleinsten einzelnen Theile in dem reinlichsten und anständigsten Zustande erhalten werde, dass die Requisiten in Bereitschaft seien, und dass diese im guten Zustande erhalten werden. Zur Sicherheit überhaupt, gegen Diebstahl, Feuersgefahr etc., sind die nöthigen Vorkehrungen zu treffen.

Die Vorsteher haben die Aufsicht über die angestellten Individuen, und jede Vernachlässigung zu rügen;

Die Anfangsstunden und die Dauer jedes Gottesdienstes zu bestimmen.

Im Innern des Bethauses haben sie auf Ordnung, Ruhe und Stille zu sehen, wozu ihnen Aufseher als Gehilfen beigegeben sind.

Sie sollen dafür sorgen, dass kein Zank und Streit entstehe, und ist ein solcher entstanden, so ist er ausserhalb des Tempels so viel als möglich gütlich zu schlichten.

Dem monatlichen Vorsteher im Amte darf kein anderer Vorsteher ins Amt greifen.

Im Krankheitsfalle ist derselbe durch freundschaftliche Uebereinkunft oder durch das Loos durch einen andern Vorsteher zu vertreten.

Die Vorsteher fungiren bei allen gottesdienstlichen Handlungen. Bei feierlichen Gelegenheiten haben sie den Ehrenplatz nach den Vertretern und Repräsentanten.

Wir übergehen nun einige Paragraphe in Betreff finanzieller Gebahrung, und geben noch den letzten im Auszuge.

Bei dem Umstande, dass der kostspielige Bau des Wohn- und Bethauses durchaus nur mit aufgenommenen Geldern bestritten wurde, wird es den Bethausvorstehern zur Pflicht gemacht, sich die möglichste Vermehrung des Ertrages und die Verminderung des Kostenaufwandes angelegen sein zu lassen.

Capitel II.

Von den zu dem Gottesdienste angestellten Individuen.

a) Von dem Religionslehrer.

Der Religionslehrer muss als Lehrer und Seelsorger, in der Lehre wie im Leben, die Würde seines Standes aufrecht halten, die Lehren der Religion gewissenhaft befolgen, seiner Gemeinde als Beispiel und Muster im Sittlichen, wie im Gottesdienstlichen vorangehen, und in allen öffentlichen Dingen alles Anstössige und jedes Aergerniss gewissenhaft vermeiden.

Der Religionslehrer ist von den Vertretern zu wählen. Die erforderlichen Eigenschaften sind: Wissenschaftliche Bildung, philosophisches Studium, umfassende theologische Kenntnisse, sowohl der Bibel als deren Erklärer, eine ausgebildete, gewandte Sprache, und ein bewährter, sittlicher Charakter.

Als Lehrer hat derselbe in seinen öffentlichen Vorträgen das reine ursprüngliche Judenthum zu lehren, in fasslicher und verständlicher Sprache und Darstellung, wie sie der Zeit, der wissenschaftlichen Bildung und den Bedürfnissen der Jugend und des grössern Theiles der Religionsgemeinde angemessen ist.

So wenig es auf gelehrte Abhandlungen über religiöse Dinge oder auf Auseinandersetzung der Ceremonial- und Rechtslehre abgesehen ist, so sehr hat er sich dagegen angelegentlich zur Pflicht zu machen, in seinen Vorträgen Frömmigkeit, Sittlichkeit, Menschenliebe, Vaterlandsliebe und häusliche Tugenden zu empfehlen und einzuschärfen. Alles Fremdartige, was dem Geiste des Judenthums zuwider ist, hat er zu vermeiden.

In den Sabbatvorträgen halte er sich an den Wochenabschnitt und in den Festreden an das Fest und seine Bedeutung.

In den Vorträgen sind die israelitischen Schriftgelehrten und Schrifterklärer (Mephorschim) zu benützen, damit wenigstens aus

3 *

seiner Behandlungsweise hervorgehe, dass er das Studium und die Anwendung derselben nicht verabsäume.

Persönlichkeiten, so wie Verletzendes oder Beleidigendes ist sorgfältig zu vermeiden, und soll er sich von dem Tone des Sittenrichters, besonders in casuellen Fällen ferne halten.

Wenn auch überhaupt die Vorträge ganz der Einsicht, Klugheit etc. des Religionslehrers überlassen sind, so hat er sie doch so einzurichten, dass er jeder Censur nicht nur für das Ganze, sondern auch für jeden einzelnen Ausdruck verantwortlich ist.

Vorläufig ist die Ordnung, dass an jedem zweiten Sabbate und immer am ersten Festtage Vorträge gehalten werden, noch beizubehalten. Bei einer bevorstehenden Erweiterung und Ausdehnung der Anstalt soll indessen darauf Bedacht genommen werden, dass die religiösen Vorträge ein integrirender Theil des Gottesdienstes seien, der nicht nur in Rücksicht seiner Wirksamkeit und seines Einflusses, sondern auch in Rücksicht des Zusammenhanges mit den übrigen Bestandtheilen des Gottesdienstes unerlässlich ist.

Die Vorträge sollen eine Stunde, wo möglich nur drei Viertelstunden dauern.

Da es Zweck und Bestimmung der Anstalt ist, so wie es auch im Geiste des Judenthums liegt, das häusliche und Familienleben so viel als möglich mit dem gottesdienstlichen Leben zu vereinigen, und die feierlichen Epochen des Lebens durch die Weihe der Religion zu heiligen, so wird dem Religionslehrer die Pflicht auferlegt — und der Gemeinde ihrerseits diese Verfügung als Norm mitgetheilt, — auch alle im häuslichen Leben vorkommenden Fälle, die zu religiösen Feierlichkeiten geeignet sind, mit geziemender Feier zu begehen.

Dahin gehören: Trauungen, Beschneidungen, Namengeben bei Mädchen, Glaubensbekenntnisse der Jünglinge und Mädchen, Fürbitten für Kranke und Wöchnerinnen, Dank- und Bittgebete in besonderen Fällen, Todtenfeier und Leichenreden.

Bei all diesen Fällen hat der Religionslehrer auf den Stand und die Verhältnisse des Hausvaters Rücksicht zu nehmen, ohne Anspruch auf Honorar.

Die Formulare für diese Amtsverrichtungen dürfen nicht willkührlich geändert werden.

Jedoch ist es gestattet ausser den Formularen je nach den Umständen das freie Wort in Anwendung zu bringen.

Leichenreden aber können nur auf Veranlassung der Vertreter gehalten werden, die den Ruf, die Verdienste des Verstorbenen zu berücksichtigen haben.

Ueber alle unter den Israeliten vorkommenden Geburten, Trauungen und Sterbefälle hat der Religionslehrer Protokolle zu führen.

b) Von dem Vorbeter.

Der Vorbeter hat den herkömmlichen hebräischen Theil des Gottesdienstes auf eine dem Sinne entsprechende, würdevolle, zur Erbauung geeignete Weise vorzutragen.

Es ist derselbe jedoch nur zum Vortrage der Gebete an Sabbat und Festtagen und bei feierlichen Handlungen verpflichtet. Es muss derselbe, abgesehen von den zu einem erbauenden Vortrage gewöhnlich erforderlichen Eigenschaften, der hebräischen Sprache und deren correcten Aussprache vollkommen mächtig sein, so wie er auch der deutschen Sprache und Schrift kundig sein soll. Er muss in seinem Leben die Würde seines Amtes aufrecht zu halten wissen, und kein Vergehen sich zu Schulden kommen lassen. Er darf auch kein anderweitiges Geschäft betreiben.

Jeder Gottesdienst hat in der Regel dieselbe Würde und dieselbe Feierlichkeit. Aeussere Umstände, stärkerer Besuch oder die Willkür des Vorbeters dürfen in dieser Rücksicht nie eine Abänderung motiviren, dass etwa ein Theil ungewöhnlicher Weise hervorgehoben, ein anderer vernachlässiget, dass etwa an einem Tage alle Feierlichkeit beseitiget und eine gewisse Eilfertigkeit sichtbar werde, und an einem andern Tage ohne weitere besondere festliche Veranlassung ein grösserer Aufwand von Kunst, Kraft und Zeit eintrete.

Zur Erreichung dieses Zweckes ist:

1. eine bestimmte Ordnung festzusetzen;
2. ist für die Sabbate eine besondere Weise und für die Festtage eine feierlichere zu bestimmen;
3. bei neu einzuführenden grösseren Tonstücken haben die Vor-

steher der Probe beizuwohnen, damit die Gesangsweise sich nicht von dem würdevollen Stile entferne.

4. Der Vorbeter hat dafür zu sorgen, dass die für den Gottesdienst bestimmte Zeit nicht überschritten werde.

Der Vorbeter ist verpflichtet, die Melodien mit den Gehilfen und dem Chore einzustudiren.

Ferner hat er darüber zu wachen, dass die Gehilfen und der Chor ein sittliches und religiöses Leben führen, und während des Gottesdienstes mit gehörigem äusseren Anstande sich betragen.

Die eingeführten und noch einzuführenden Gesänge und Musikalien sind in correcten Abschriften in das Archiv abzuliefern.

Bei ämtlichen Handlungen, Beschneidungen, Trauungen etc. ist der Vorbeter wie der Religionslehrer verpflichtet, sich einzufinden.

c) Von den Gehilfen des Vorbeters und dem Chore.

Die Gehilfen und der Chor sind dem Vorbeter untergeordnet.

Capitel III.

Von der Gemeinde.

Alle Anwesenden im Bethause haben die bestehende Ordnung und die bekannt gemachten Vorschriften zu befolgen. (S. 24.)

Es gibt keinen Unterschied der Person, und die mit der Aufsicht Beauftragten werden auf das Bestimmteste angewiesen, im Uebertretungsfalle jeden auf seine Pflicht aufmerksam zu machen.

Bei Vermietung der Betplätze haben die Tolerirten den Vorzug vor ansässigen Dienstindividuen, und diese wieder vor Fremden *). Jeder Inhaber eines Betplatzes hat auf die Benützung der gottesdienstlichen Einrichtungen und auf den Beistand der beim Gottesdienste fungirenden Personen bei vorkommenden Ereignissen in seinem Familienleben Anspruch zu machen.

*) Die Behörde veranlasste diesen Passus in Folge einer Beschwerde eines „Tolerirten."

Jede gottesdienstliche Function im Tempel oder im Hause hat auf gleiche Weise statt zu finden, ohne Unterschied des Standes und der Person.

Kein Mitglied der Gemeinde kann ein Vorrecht geltend machen, wenn es die bestehende Ordnung nicht erlaubt.

Es wird so manches, was wir da anführten, heute sonderbar klingen. Hier sei blos bemerkt, zur Ehre M a n n h e i m e r s und der Gemeinde sei es gesagt, dass er es wagte, die Sache seines Volkes stets sehr warm zu vertreten, unbekümmert um die damals bestehende Censur. Ehre aber auch den Behörden, denen diese Sprache gewiss kein Geheimniss war, die nie die leisesten Anstände dagegen erhoben.

Es war keine leichte Arbeit dieses Elaborat zu schaffen und den Grundsatz durchzuführen, dass kein Vorrecht der Person gelte. Eben so scharf und strenge ist der Grundsatz durchgeführt, dass der Beamte seine Pflicht, aus keinem anderen Interesse erfülle, als, weil es seine Pflicht ist. Wer da weiss, welche unwürdige Dinge bei manchen Beamten wegen pecuniärer Vortheile vorkommen, wird dem Schöpfer dieser Statuten gewiss Dank wissen, dass er die Wiener Gemeinde so weit als möglich davor bewahrt hat. — Manches endlich wartet noch heute der Lösung.

Wir gaben die Paragraphe ohne alle Kritik. Der Geist, der darin waltet, ist, die damaligen Verhältnisse in Anschlag gebracht, ein freier, und es ist kein Zweifel, dass diese Würde nach Innen wie nach Aussen die Wiener Gemeinde zu einer der geachtetsten im Kaiserstaate wie ausserhalb desselben gemacht hat.

Der geehrte Leser dürfte vielleicht neugierig sein, zu erfahren, wie die Gemeinde-Statuten lauteten. Doch es bestand zu jener Zeit, wie schon bemerkt, keine Gemeinde, die als solche officiell anerkannt gewesen wäre; es konnte daher auch von ihren Statuten nicht die Rede sein.

Wir finden unter den Acten bloss ein Protokoll, aufgenommen am 31. October 1827 in Betreff der Festsetzung und vollständigen Ordnung in den Geschäften der Vertreter.

Die Vertreter kommen ordnungsmässig jede Woche wenigstens einmal zusammen, um über die gemeinschaftlichen Angelegenheiten das Nöthigste zu verhandeln; das in vorhergegangener Woche regulirte nochmals zu revidiren und das weiter zu veranlassende vorzubereiten; daher diese wöchentlichen Zusammenkünfte auch nicht zu unterbrechen sind, wenn auch Gegenstände von minderer Erheblichkeit vorkommen sollten.

Wird dem Aktuar V e i t h aufgetragen, einen Schrank zur Unterbringung aller Registraturen anzuschaffen. Diese Registratur und respective das gemeinschaftliche Archiv bleibt unter Aufsicht des Aktuars, der für die stete Ordnung etc. zu haften hat.

Ueber die Einnahmen und Auslagen soll Rechnung gelegt werden und die letzteren müssen sich nach den ersteren richten, damit keine Stockung eintrete.

Die Urkunden in Betreff des zweiten Anlehens sollen ausgefertigt werden.

Sollen zur Erhaltung der strengen Ordnung und Pünktlichkeit in allen Zweigen Statuten entworfen werden.

Weitere Gegenstände zur Berathung werden im Laufe der im 1. Punkte bestimmten Zusammenkünfte successive zur Sprache kommen.

Die Einnahmen der Gemeinde waren*):

1. D a s B ü c h e l g e l d, die direkte Steuer, welche nur die Tolerirten oder die unter Regierungsschutz zu bezahlen hatten. Bis zum Jahre 1843 war dieses je nach Verhältniss der Persönlichkeit 6, 10, 12, 15, 18 oder 24 fl. jährlich. Im Jahre 1843 wurde diese Steuer erhöhet und zwar sie bestand in vier Klassen zu 10, 20, 30 und 40 fl. C. M. jährlich. Das Büchelgeld betrug um diese Zeit beiläufig 4000 fl. jährlich.

---

*) In früherer Zeit mussten die Vertreter alljährlich Rechnung über das finanzielle Gebahren ablegen. Als die barmherzigen Schwestern durch ein Hofkanzleidekret ddo. 23. März 1826 von der Rechnungslegung enthoben wurden, weil Vereine etc. die keine Unterstützung von Seite des Staates erhalten, auch nicht gehalten sind, demselben über ihr Gebahren Rechenschaft abzulegen; baten auch die Vertreter um die Enthebung von der Rechnungsablegung, da die Wiener Israeliten ebenfalls vom Staate keinen Beitrag zur Erhaltung ihrer Anstalten erhalten. Mit Rescript vom 20. Mai 1827 wurde diese Bitte gewährt und diese Förmlichkeit, welche die Behörden belästigte und der Gemeinde keinen Vortheil brachte, hörte auf.

Im Jahre 1853 hörte dieses auf und es trat die directe Besteuerung ein.

2. D e r F l e i s c h k r e u z e r. Es musste nämlich in der jüdischen Fleischbank für das Pfund Fleisch 1 kr. C. M. mehr als die Taxe war, gezahlt werden. Dieses machte jährlich beiläufig 20.000 fl. aus, die zunächst zur Erhaltung des Spitals etc. bestimmt waren. Mit einem Erlasse der Statthalterei v. 14. April 1850 hörte das bisher bestandene Privilegium der Gemeinde, Koscherfleisch auszuschroten, auf. Es wurde dieses jedem gestattet und damit erlosch auch der Fleischkreuzer.

Die Kosten des Spitals werden nun von der im Jahre 1852 statt des Büchelgeldes eingeführten Cultussteuer zu 10, 20, 40, 60, 80 und 100 fl. jährlich gedeckt *).

3. Die Sitze im Tempel wurden nicht verkauft, sondern vermietet und bieten so eine stete Einnahmsquelle, die beiläufig genügte, um in Verbindung mit den andern Cultussteuern das Haus schuldenfrei zu machen, und hinreichend die Gehalte der darin fungirenden Beamten deckt.

4. D a s S c h u l g e l d i n d e r R e l i g i o n s s c h u l e. Anfänglich betrug das Schulgeld jährlich 12 fl., später wurde es auf 10 fl. C. M. herabgesetzt. Endlich

5. W o h l t h ä t i g e S p e n d e n.

Sämmtliche Einnahmen flossen in eine Cassa, und diese hatte wieder Alles zu bestreiten. Dieser Zustand bestehet unseres Wissens heute noch und wird wohl so lange dauern, bis die Institute der Gemeinde jedes für sich genug gekräftigt ist, um auf eigene Faust sein Budget zu bestreiten.

Wir haben die Verkündigung der Statuten im Bethause als einen Schlusspunkt in der Entwicklungsgeschichte der Gemeinde bezeichnet.

Es dauerte nun eine Zeit lang, bis man sich ganz in die Verhältnisse hineinlebte. Wir halten hier einen Moment an, um der Männer zu gedenken, die sich an dem Werke mit allem Eifer

---

*) Im Interesse der Wahrheit können wir es nicht übergehen, dass früher die Armen verhältnissmässig den grössten Beitrag durch den „Fleischkreuzer" zur Erhaltung des Spitales leisteten.

betheiligten und Jahre lang dabei ausharrten. Wir verkennen dabei nicht die Verdienste der Herren Freiherr v. E s k e l e s, Ritter v. N e u w a l l und Edl. v. H ö n i g s b e r g. Doch dauerte ihre Wirksamkeit nur kurze Zeit; denn der Herr rief sie bald von dem Schauplatze des Schaffens und Wirkens ab. (Die segenreiche Wirksamkeit des Herrn Leop. Edl. v. W e r t h e i m s t e i n werden wir am geeigneten Orte angeben.) Wir lassen den Männern, durch die bis auf den heutigen Tag die Räume des Tempels gefüllt werden, den Vortritt.

Die Natur hat launenhafte Einfälle oder wenigstens scheint es manchmal so. Auf Vulcanen lässt sie die üppigste Vegetation entstehen; im Innern ist die vernichtende Glut und nach Aussen spriesst das frische Leben. In dem furchtbaren Jahre 1793, in welchem so viele edle Seelen ihr Leben aushauchten, wurde am 17. Oktober

Isak Noa Mannheimer

in Koppenhagen geboren, der berufen ward, eine Saat des Heiles für sein Volk zu streuen, durch sein Wort „die vertrockneten Gebeine" zu beleben.

Frühzeitig wurde derselbe, wie üblich, zum Lernen angehalten. Mit 3½ Jahren kam er schon in eine Schule, und 8 bis 9 Jahre alt, lag er bereits dem Studium des Talmuds ob. Dabei vergassen auch die Eltern nicht, (der Vater war Vorbeter der Gemeinde) dem vielbegabten Kinde Unterricht im Schreiben, Lesen, Rechnen und der französischen Sprache ertheilen zu lassen. Später kam er in ein eben neu begründetes Institut, wo nebst Bibel und hebräischer Sprache auch die Schulbildung in umfassender Weise betrieben wurde. Es gingen so die Thora und die Wissenschaft Hand in Hand. Als Bar - Mizwahknabe war er bereits in der Gemeinde als sehr befähigt bekannt.

In sein 14. Lebensjahr, 1807, fällt die Belagerung und Beschiessung Koppenhagens durch die Engländer. Das Bombardement war eines der fürchterlichsten, das die Geschichte zu erwähnen hat. Das Haus der Eltern des jungen Mannheimer ging in Flammen auf; über ihn aber wachte die Vorsehung. In der dritten Nacht des Bombardements legte er sich ermüdet auf den Boden nieder und schlief ein. Eine Kugel sauste durch's Fenster und ging — über das Haupt des sorglosen Schläfers weg.

1808 trat derselbe ins Gymnasium, (Kathedralschule zu Koppenhagen) wo er mit vielem Fleisse studierte und trat 1814 mit sehr guten Zeugnissen, nach abgelegter Maturitätsprüfung (examen artium) aus und ging zur Universität über. Er studierte Philosophie, Philologie, oriental. Sprachen, und hörte theolog. Vorlesungen.

Zugleich aber widmete er sich unter Anleitung eines sehr befähigten Lehrers dem Studium des Talmuds und der jüdischen Wissenschaften überhaupt. Wie bereits erwähnt, wurden die Juden in Dänemark im Jahre 1814 emancipirt. Die Staatsverwaltung autorisirte ein Religionsbuch, dessen Verfasser der rühmlichst bekannte hebräische Schriftsteller Sal. Cohn war, ordnete vorschriftmässig den Religionsunterricht an, führte gesetzlich die Confirmation ein und befahl die Anstellung eines Katecheten als königlichen Beamten.

Auf Mannheimer, der die Aufmerksamkeit der Gemeinde trotz seiner Jugend auf sich gezogen hatte, richtete man den Blick. Im Jahre 1816 erfolgte seine Anstellung als Katechet. Im Mai 1817 wurde die erste Confirmation gehalten, eine Feierlichkeit, die die allgemeine Aufmerksamkeit im vollsten Masse in Anspruch nahm.

Der Erfolg war ein glänzender. Der Gemeindevorstand wollte diesen mächtigen Eindruck für weitere Fortschritte benützen und so wurde bald hernach ein Gottesdienst unter dem Namen „Erbauungsstunden" oder „Andachtsübungen" eingeführt, die am Mittwoch abgehalten wurden, bei welchen Mannheimer als Prediger fungirte. Eine kleine Sammlung Predigten, die Mannheimer in dänischer Sprache gehalten, aus dieser Zeit ist im Jahre 1819 im Drucke erschienen. Die Confirmation wurde seitdem halbjährig oder jährlich mit Predigt und Gesang in ursprünglicher Form und Weise abgehalten und bestehet noch heutigen Tages. Die Andachtsübungen aber dauerten bloss bis zum Jahre 1821, wo sie eingetretener Spaltungen halber aufgehoben wurden.

In diesem Jahre machte Mannheimer eine Reise nach Deutschland und kam nach Berlin, wo D. J. Ries und andere die neueren Bestrebungen sehr förderten. Mannheimer wurde aufgefordert zu predigen, und der Mann, dem die deutsche Sprache nicht von Kindheit auf geläufig war, entzückte die Stadt der Intelligenz, den Sitz der deutschen Wissenschaft.

Von Berlin ging er nach Wien und auf der Rückreise predigte er mit vielem Beifalle in Leipzig. Nach Ablauf des Urlaubes trat er seine ämtliche Stellung im Dezember 1821 in seiner Vaterstadt wieder an.

Er suchte die Gemeinde zum Bau einer Synagoge anzueifern, (seitdem die Synagoge im Jahre 1795 abgebrannt war, bestanden 13 Minjanim oder Privatsynagogen) wo dem neuen Geist Raum gegönnt sein sollte. Pecuniäre Verhältnisse und Parteistreit liessen kein gedeihliches Aufkommen dieser Bestrebungen erwarten. In Folge einer Aufforderung von Seite der Berliner Gemeinde, wo die Predigerstelle durch den Abgang des Herrn Dr. Z u n z erledigt war, verliess er zum zweiten Male seine Vaterstadt, nachdem er um seine Entlassung beim Könige eingekommen war. Dieselbe lautet in deutscher Uebersetzung:

„Indem die Kanzlei dienstlich Ihnen die eingeschlossene durch dieses Collegium ausgefertigte Expedition zustellt, mittelst welcher Sie über Ihr darüber eingereichtes Gesuch in Gnade von Ihrem bisher innegehabten Amte als Katechet der mosaischen Glaubensgenossen zu Koppenhagen entlassen werden, kann die Kanzlei nicht unterlassen, Ihnen die besondere Zufriedenheit dieses Collegiums mit dem Fleisse, den Kenntnissen und der Tüchtigkeit, mit welcher Sie diesem Amte vorgestanden sind, zu erkennen zu geben."

Als M a n n h e i m e r nach Berlin kam, waren die Zustände verändert. Der deutsche Gottesdienst wurde untersagt und der sogenannte B e e r'sche Tempel in der Spandauerstrasse geschlossen. Noch gab er die Hoffnung nicht auf. Er bestimmte die Gemeinde dahin, die Predigten in der Hauptsynagoge abhalten zu lassen und die neuen Formen an den alten bestehenden Gottesdienst anzuschliessen, was auch zu Stande kam. Es wurde also nach dem bestehenden hebräischen Gottesdienste ein deutscher, wobei gepredigt wurde, abgehalten. Das Ministerium bewilligte diesen Vorgang. Doch die „alte" Partei, die sich in ihrem innersten Leben bedroht sah, setzte alle Mittel in Bewegung, die Sache rückgängig zu machen. In Folge dieser Bestrebungen kam am 26. Dezember 1823 die königliche Cabinetsordre, in welcher es heisst:

„In Folge dieses Allerhöchsten Befehles der königl. Majestät und Anweisung des königl. Ministeriums des Innern und der Polizei wird die den Aeltesten unter dem 30. Sept. und 22. Oktober 1823 ertheilte Erlaubniss zur Veranstaltung deutscher Andachtsübungen und Abhaltung deutscher Reden

hierdurch zurückgenommen und es werden die Herren Aeltesten dafür verantwortlich gemacht, dass diese Andachtsübungen nicht weiter stattfinden, so wie dass dem Willen Sr.
Majestät des Königs gemäss der Gottesdienst der Juden nur in der
hiesigen grossen Synagoge nur nach dem hergebrachten Ritus ohne die geringste Neuerung in der Sprache, in den
Ceremonien, Gebeten und Gesängen, ganz nach dem alten
Herkommen gehalten werde.

Berlin, 26. Dezember 1823.

v. E s e b e c k."

Weitere Gesuche und Vorstellungen wurden neuerdings mittelst Cabinetsordre abgewiesen. Sie lautete:

Auf die Vorstellung der hiesigen Judenschaft vom 18.
d. M. behält es bei der Verfügung, welche am 26. Dezemb.
v. J. von dem Polizei-Präsidium wegen des jüdischen Gottesdienstes erlassen worden ist, unabänderlich sein Bewenden.

Berlin, 28. Februar 1824.

F r i e d r i c h W i l h e l m.

Somit war der letzte Hoffnungsstrahl verschwunden. Während
des Lebens des verstorbenen Königs durfte auch nicht weiter eine
Reform aufkommen. Wir können uns nicht versagen, folgendes
als ein Omen bei dieser Gelegenheit mitzutheilen. Es wurde der
Wochen-Abschnitt Waëra gelesen, als M a n n h e i m e r zum letzten
Male in der Synagoge als Prediger fungirt hatte. Er las die Haf-
torah, Ezechiel 28. und 29. Capitel, und der Schluss ist: „Dir
aber will ich das freie Wort geben unter ihnen."

Die Weissagung ging neuerdings bald in Erfüllung. M a n n-
h e i m e r wurde das freie Wort gestattet.

Bei dieser Gelegenheit wollen wir ein Schreiben von dem
damals 82jährigen David F r i e d l ä n d e r an M a n n h e i m e r
mittheilen. Es zeigt am besten, welchen Eindruck M a n n h e i-
m e r durch seine Predigten zurückgelassen hat. Der Brief lautet:

„Beide Reden, die Sie mein verehrenswerther Herr mir
zuzuschicken die Güte hatten, erfolgen anbei mit gebühren-
dem Danke zurück. Ich habe sie mit wahrem Wohlgefallen
gelesen und erkenne hieraus mit Vergnügen Ihren Beruf als
Redner und Lehrer. Es sind wahre Kunstwerke, und ich

wundere mich keinen Augenblick des allgemeinen Beifalles, den Sie sich selbst bei Unkennern erworben haben. Wenn Reden in einer allgemein fasslichen Sprache, voll reiner Wahrheit, obendrein mit Innigkeit und Wärme vorgetragen einen angenehmen und dauernden Eindruck auf Gemüth und Herz hervorbringen, so ist das der Natur unserer Empfindungen so gemäss und ihre Wirkung so unausbleiblich, dass jeder Tadel unmöglich wird. Sie können so wenig Ihr Ziel verfehlen, wie jedes sichtbare, wohldurchdachte, schön geordnete Werk der bildenden Kunst, das in seinem rechten Lichte dargestellt wird; es vergnügt den Liebhaber und befriedigt den verweilenden Kenner. Es wäre anmassend, Ihnen darüber gewöhnliche Lobsprüche zu ertheilen, aber ich kann aufrichtig sagen, dass mich beide Reden, besonders die zweite Hälfte der ersten vorzüglich er baut haben.

Ich bin überzeugt, dass Ihre wahren Freunde Ihnen so wie ich rathen müssen, haushälterisch mit Ihren, wenn auch nur mit Rücksicht der körperlichen Kräfte umzugehen, besonders da Inhalt und Ton einen innig bewegten Mann verkünden, dem die heiligen Wahrheiten aus dem Herzen strömen und sich dann in feurigen Worten über die Lippen ergiessen. Möge nie der scharf geschliffene Stahl die schwächere Schneide verletzen."

Nachdem M a n n h e i m e r Berlin verlassen hatte, privatisirte er in Hamburg, predigte während der Messen in einem nach Muster des Hamburger Tempels errichteten Bethause in Leipzig, versah auch im Hamburger Tempel den Predigerdienst durch einige Wochen regelmässig, während Dr. S a l o m o n auf Reisen war.

Mit Vergnügen und mit vieler Anerkennung erinnert sich M a n n h e i m e r des freundlichen Umgangs und Verkehrs mit den vielen aufgeweckten und strebsamen Männern, an denen eben jene Zeit so ergiebig war. So lebte er in Berlin im vertraulichsten Verkehre mit dem greisen David F r i e d l ä n d e r, der als Greis noch die volle Frische hatte, mit B e n d a v i d, besonders aber mit den jugendlich kräftigen und gleichgesinnten Ed. G a n s, M o s e r, J o s t und Z u n z. Sie fanden sich gewöhnlich in den angesehensten Häusern Berlins zusammen, namentlich in dem Hause des damals sehr bejahrten aber sehr anzichenden Finanzrathes und ehemaligen Consistorialpräsidenten Jakobson, wo sie zu jeder Zeit eine freundliche Aufnahme fanden. Es hatte überhaupt zu jener Zeit das Judenthum und das bewegte Leben auf dem Gebiete viel Interesse, und Männer, die in dieser Richtung sich bemerklich machten, konnten auf Anklang rechnen. Ein Gebrechen der neuesten Zeit ist es, dass in dieser Beziehung keine Verbindung, kein lebendiger Gedankenaustausch statt findet und jeder seinen eigenen Weg geht.

Der Aufenthalt Mannheimers in Berlin war für seine wissenschaftliche Richtung und Bildung von besonderem Einflusse. In Hamburg waren Kley, Salomon, Maimon-Frankel, Haarbleicher und der noch jugendliche, aber schon damals viel versprechende Gabriel Riesser seine steten und vertrauten Freunde und Umgangsgenossen.

Im November 1824 wurde er, wie bereits erwähnt, in Wien angestellt und traf im Juni 1825 ein. Im Oktober desselben Jahres übernahm Mannheimer den Religionsunterricht. Während dieser Zeit schon drängte ihn sein eigentlicher Schwerpunkt aus den engen Räumen der Schule hinaus. Seine Thätigkeit war nach allen Richtungen hin ausserordentlich.

Der Entwurf zu den Statuten des Bethauses, wie der andern Wohlthätigkeitsanstalten, des Begräbnisswesens u. s. w., wurde von ihm angeregt und zumeist ausgeführt. Eben so führte er aus eigenem Antriebe im Jahre 1826 die Geburts-, Trauungs- und Sterbebücher ein, die zu führen ihm erst im Jahre 1831 von Seite der Landesregierung und später 1837 durch die Allerhöchste Anordnung aufgetragen wurde.

Wir geben hier einen Auszug aus dem Rescripte der Landesstelle vom Jahre 1831, weil dieses die Stellung Mannheimers den Behörden gegenüber bestimmt.

Mannheimer wurde nämlich unter dem Titel „Religionslehrer" bei der Gemeinde angestellt, seit dem Jahre 1829 war er es faktisch aber nicht mehr. Den Behörden gegenüber stand er nun ohne Boden. Doch seine segensreiche Thätigkeit hat sich auch nach Aussen Anerkennung errungen. Wenn die Gemeinde in

Mannheimer den ausgezeichneten Prediger verehrte, so achtete ihn die Behörde wegen seiner Wirksamkeit als tüchtigen Beamten und daher heisst es in jenem Rescripte:

„In Berücksichtigung, dass die Geburts-, Trauungs-, und Sterbebücher vom israelitischen Religionslehrer sowohl, als auch von der k. k. Polizei - Oberdirektion als Controlle geführt werden, hat künftig der erste Religionslehrer, welcher sämmtliche religiösen und alle darauf Bezug habenden Geschäfte beim israelitischen Bethause versieht und die Stelle des Rabbiners vertritt, alle Geburts-, Trauungs- und Todtenscheine .... auszustellen."

Somit schuf sich Mannheimer eine Stellung, an die man anfänglich nicht gedacht hatte. Die Gemeinde erkannte auch im vollen Masse die wahre Hingebung dieses Mannes für seinen Beruf an. Alt und Jung war begeistert und einer wollte es dem andern in der Anerkennung zuvorthun. In Poesie und in Prosa gab sich dieser Enthusiasmus kund, und es stünde uns eine grosse Auswahl zu Gebote. Wir führen ausser den Belobungsdekreten von Seite der Behörde eine Zuschrift der Vertreter vom 25. Februar 1838 an, worin ihm eine Pension für seine Frau zugesichert wird:

„Längst schon nähren wir den Wunsch, Ihnen unsere aufrichtige Anerkennung des vielen Guten und Grossartigen, das Sie für unsere Gemeinde erwirkt und angestrebt haben, zu bezeugen, und das, unabhängig vom begleitenden Erfolg, schon durch die Lauterkeit der Gesinnung, welche es hervorrief, Ihnen ein bleibendes Denkmal sichern würde.

Dabei können wir nicht umhin, mit Rührung und Verehrung auch jenes edlen Selbstgefühles zu gedenken, welches Sie bewog, während einer zwölfjährigen Anstellung und des steten Zuwachses Ihrer Familie ungeachtet, nicht einmal unsere Aufmerksamkeit auf Ihre persönlichen Verhältnisse zu lenken, wiewohl Sie jeder Zeit voraussetzen durften, dass uns dieselben nahe am Herzen lägen.

Um Ihnen hievon einen sprechenden Beweis zu geben, und von dem Wunsche beseelt, dass niemals eine drückende Sorge, das Loos der Ihrigen betreffend, Ihnen einen Augenblick den Seelenfrieden rauben möge, den wir Ihnen so herzlich gönnen, sichern wir durch Gegenwärtiges Ihrer Gattin für den — hoffentlich lange nicht zu erlebenden und — nach unseren Wünschen stets zu früh eintretenden Fall der Verwitwung eine jährliche lebenslängliche Pension zu." Diesem Schreiben fügen wir eines aus der neuesten Zeit an: „Sehr verehrter Herr M a n n h e i m e r!

Mit dem heute anbrechenden Feste *) schliesst sich ein dreissigjähriger Zeitraum Ihres umfassenden Wirkens als Prediger und Seelsorger dieser Gemeinde ab. Wir bringen Ihnen hiezu unsern Glückwunsch und unsern Dank dar: unsern Glückwunsch, dass Sie am Abende Ihres Lebens als derselbe rüstige Gotteskämpfer da stehen, der Sie an Ihrem Lebensmorgen erstanden; unsern Dank nicht nur im Namen der von uns repräsentirten Gemeinde, sondern Aller im Vaterlande und weit über dessen Marken hinaus, wohin Ihr beredetes Wort, Ihr heilbringender Vorgang die Wirkung entsendete. Ein treuer Hirt, wie es der fromme Patriarch gewesen, können Sie, wie er sagen: „War ich am Tage, verzehrte mich Hitze und Frost in der Nacht, und es entfloh der Schlaf aus meinen Augen" — können aber gleich ihm auf den wohlerhaltenen Stand der Ihnen anvertrauten Heerde mit Selbstgefühl hinweisen. Vordem! — wie viele unter den Wenigen sind da nicht abwendig geworden, aber seitdem Ihr gewaltiges Wort unter uns erscholl, wie nur wenige von den Vielen! Vordem! — wie viele unter den wenigen Institutionen der Gemeinde waren da nicht armselig und verfallen —; aber heute fehlt den zahlreichen Anstalten, die wir unter Ihrer umsichtigen und eifrigen Waltung erlangten, nur ein Geringes, um sie zu vollendeten und musterhaften zu erheben. Haben Sie Dank dafür, verehrter Mann! vor allem aber dafür Dank, dass Sie den Dämon der Zwietracht von dieser unserer Gemeinde fern zu halten wussten, und dass wir, wenn auch „aus einem Häuflein zu zwei Lagern angewachsen," dennoch nur eine Heerde bilden, die treu und redlich ihrem Seelenhirten anhängt."

---

*) Pessach 5616 (1856).

Ehre dem Manne, dem man dieses nachrühmen kann, Ehre der Gemeinde, die in solcher Weise die Verdienste ihrer Beamten anerkennt. Fassen wir das Wirken Mannheimers kurz zusammen. Viele Momente vereinigen sich, die ihn zu einer der bedeutendsten Celebritäten als Prediger machen. Vor allem seine vorzügliche Exegese. Bekannt und vertraut mit der Bibel und ihren Auslegern nach allen Richtungen, weist er nach, welche Fülle von göttlicher Weisheit jeder Abschnitt der heiligen Schrift enthält. Mit seltener Meisterschaft versteht er es die Erhabenheit der Bibel zur Anschauung zu bringen. Stoffe, die sonst ganz brach lagen, hat er wahrhaft poetisch ausgeschmückt. Wir erinnern nur an Predigten, wie die über den „Aussatz" etc. Wir müssen dabei besonders hervorheben: die Predigt der Neuzeit unter den Juden entwickelte sich aus der protestantischen. Man suchte daher durch salbungsreiche Moral, oft ohne alle confessionelle Färbung das Publicum zu belehren. Mannheimer gehörte zu den ersten, die Talmud und Midrasch auf die Kanzel brachten, und die Schätze, die diese enthalten, mit vollen Händen unter das Publicum streute. Wir können auch die Form der Predigten nicht übergehen. Ohne nach vorgeschriebener Schablone zu arbeiten, bahnte er sich seinen eigenen Weg. — Das Sprachorgan ist in den Mitteltönen noch heute vorzüglich. Selber erglüht von der Sache, die er vertritt, weiss er die Glut in den Herzen seiner Zuhörer anzufachen. — Von ausserordentlicher Kraft ist sein Vortrag, wenn er erzählt, da herrscht eine künstlerische Plastik. Bekannte Erzählungen aus der Bibel, die jedem geläufig sind, weiss er so vorzutragen, dass sie wie neu klingen. Scharf und ätzend wird der Vortrag, wenn es gilt, die Thorheiten und Schwächen des Lebens zu geisseln. Eben so wie er zu den Zeiten der strengsten Censur das Recht seines Volkes wahrte, unbekümmert um die Folgen, die ihm daraus hätten entstehen können; so scharf tritt er gegen die Schwächen seines Volkes auf, um dessen grosse Tugenden zu wahren.

Was unsere alten Weisen den Lehrern in Israel zur Pflicht machen: „Stellet viele Schüler aus", hat er erfüllt, trotzdem er keine Schüler im eigentlichen Sinne des Wortes hat. Es gibt in

4 *

Oesterreich selten einen jungen Rabbiner, der sich nicht bestrebt hätte, M a n n h e i m e r 'predigen zu hören, und so praktisch zu lernen, wie man predigen müsse. Freilich gilt es bei manchen, „wie er sich räuspert" etc.

Wer es weiss, wie in manchen jüdischen Gemeinden der Beamte in moralischer Beziehung gestellt ist, wo er „Meschubod", Knecht, heisst, der wird es zu würdigen wissen, dass M a n n h e i m e r hier dem Beamten eine gewissermassen unabhängige Stellung verschaffte. Freilich können wir auch dabei des Vorstandes nicht vergessen, der stets einen Adel der Gesinnung in sich trug und dem Beamten der Gemeinde, der für sie seine beste Kraft hergab, nicht zum Diener herabwürdigen wollte.

M a n n h e i m e r hat diese Stellung begründet, indem er in seiner Amtswirksamkeit ferne von jedem selbstsüchtigen Interesse ist und war. Er hat auch das Beispiel gegeben, unverdrossen Tag und Nacht zu arbeiten und das Wohl der Gemeinde zu fördern.

Voll heiteren Gemütes nimmt er Theil an jedem menschlichen Leide. Wer wollte all die Leidenden und Armen zählen, die durch seine Beihilfe getröstet, denen durch ihn oft nachhaltig geholfen wurde.

Der geehrte Leser wird vielleicht nach den Schattenseiten fragen. Von ihm gilt das Wort des Propheten: „Gott, der Herr, machte meine Zunge zu einem zweischneidigen Schwerte" und das Schwert soll nicht in der Scheide verrosten. „Es ist gewetzt und geglättet, nicht bloss, dass es blitze und blinke; er gab es in die Hand, um damit zu schlagen." Wollt ihr euch wundern, dass die scharfe Klinge manchmal auch zu tief einschneidet? Ihr wollt den Sonnenstrahl, da müsst ihr auch manchmal den Sonnenstich mitnehmen. Ihr seid erstaunt über den Mut des Löwen; verlanget daher nicht, dass er wie die Katze den Rücken krümme und schmiege.

 ‘ Wie sehr Mannheimers Wirken im allgemeinen anerkannt wurde, geht auch daraus hervor, dass er im Jahre 1848 als Abgeordneter in den österreichischen Reichstag gewählt wurde. Wir wollen nicht unerwähnt lassen die Reden, die er bei der Frage der Judensteuer*) und der Todesstrafe gehalten hat.

---

*) Der Antrag zur Aufhebung der Judensteuer ging von dem damaligen Finanzminister, jetzigem Reichsrathe, Freiherrn von K r a u s

Indem wir wohl noch auf den Mann zurückkommen werden, führen wir einige seiner Schriften an. Ausser den einzelnen Reden, Predigten und Gelegenheitsschriften, die vom nachhaltigen Eindruck waren, sind erschienen:

Sechs Festpredigten, Wien 1833.

Ein Band Predigten über Genesis und Exodus, Wien 1834. (Wir glauben im Interesse Vieler den Wunsch aussprechen zu sollen dass der damals versprochene 2. Theil bald folgen möge.)

Im Jahre 1840 erschien die Uebersetzung des Gebetbuches, die seitdem viele Auflagen erlebt hat. Die Uebersetzung ist nicht ganz wortgetreu, aber sie gibt den Inhalt in solcher Form, wie sie am meisten zur Erbauung beitragen kann. In demselben Jahre erschien auch die erste Ausgabe der „Festgebete" mit deutscher Uebersetzung nach hiesigem Ritus. Im Jahre 1853 folgte die 2., 1859 die 3. Auflage.

Die Gedächtnissrede beim Tode des sel. Kaiser Franz erschien in mehreren Auflagen. Von grossem Erfolge war auch die Gedächtnissrede zur Seelenfeier des verstorbenen Erzherzogs Carl, gehalten zu Teschen im Jahre 1847*).

Von besonderem Werthe sind ferner: Das Gutachten für den Tempel in Hamburg im Jahre 1841, das Gutachten gegen die Re-

---

aus. Er hat dadurch eine grosse Schmach von den Juden und von dem Vaterlande abgewälzt und sich ein freundliches Gedächtniss für alle Zeiten gestiftet. Unsere alten Weisen sagen: „Mancher Mensch erkauft sich das ewige Leben in einer Stunde," und wir glauben, dass eine Stunde, wo einem ganzen Volke die materiellen und moralischen Ketten abgenommen werden, gewiss zu den schönsten Stunden gehört. Mit einem Male hörten die Lichterzünd-, Koscherfleischsteuer, Bolletentaxen etc. auf.

*) Es kam sehr häufig vor, dass Mannheimer in fremde Gemeinden berufen wurde, um das Wort Gottes zu lehren. Er hielt die Rede bei der Einweihung der vom sel. Todesco gegründeten Schule in Pressburg im Jahre 1844. Er weihete die neuerbaute Synagoge zu Mieslitz in Mähren am 5. Juni 1845 ein und ebenso den Tempel in Brünn am 17. September 1854. Er installirte auch den ehemaligen mährischen Landesrabbiner Herrn S. R. Hirsch in Nikolsburg am 30. Mai 1847.

formpartei in Frankfurt a. M. in Angelegenheit der Beschneidungs-
frage im Jahre 1843 und ein Aufsatz gegen Professor R o s a s,
als dieser befürwortete, dass man das Studium der Medicin unter
den Juden beschränke.

Wir gehen nun zur zweiten Säule, die den Tempel trägt
über, zum Ober-Cantor

Salomon Sulzer.

„Es bildet ein Talent sich aus im Stillen." Wer kann aber
sagen, wie? wo? Wer kann die Bedingungen angeben, unter welchen Talente keimen und gross werden und Genialitäten als leuch-
tende Sonnen vom Himmel fallen. Die Griechen meinten, der Dichter müsse in heiligen Hainen geboren werden, die ganze Natur
um ihn müsse von poetischem Dufte umflossen sein. Und doch,
wie viele werden mitten unter der grössten Ueppigkeit der Natur
gross gezogen, und sind selber kaum ein Feldblümchen; wie viele
wieder wachsen auf dem kahlen Felsen als Tannen gewaltig empor. Dreimal glücklich derjenige, auf den Gott in seiner Gnade
einen Strahl hat fallen lassen, und zu diesen gehört auch S u l z e r.

Von einer altehrwürdigen Familie abstammend, wurde er zu
Hohenems am 30. März 1804 geboren. Der Vater Fabriks-
besitzer, widmete dem Knaben weniger Aufmerksamkeit als die
Mutter, die sich bestrebte, demselben eine vorwiegend religiöse
Richtung zu geben.

Da das Kind Anlagen zur Musik hatte, so wurde auf dieselben Rücksicht genommen. Die Fortschritte in der Musik waren
der Art, dass der junge S u l z e r bereits im vierzehnten Jahre mit
Regierungsdecret als Kantor in Hohenems angestellt wurde. Das
Talent war in vollem Masse ausgesprochen, jedoch die Theorie
war noch sehr mangelhaft. Das Talent baut sich aber um so höher und kann desto mächtiger heranwachsen, je sicherer die
theoretische Grundlage ist. S u l z e r machte daher Studien in der
Schweiz und in Karlsruhe und reiste deshalb ins südliche Frankreich. Nach drei Jahren kehrte er zurück und trat, 17 Jahre alt,
in würdiger Weise sein Amt in Hohenems an. Er führte Musik

und Chor ein, und versah daselbst sein Amt, bis er im Jahre 1826 nach Wien berufen wurde. Er glänzte in der ersten Zeit nicht durch eigene Compositionen. Er liess in wahrhaft künstlerischer Bescheidenheit den bereits bewährten Meistern den Vortritt. Die musikalische Begleitung zur Einweihung des Tempels war von Capellmeister Drechsler, von dem auch die ersten Compositionen für die „Jamim noraim" waren; ein grosser Theil anderer Gebete, die während des Gottesdienstes gesungen wurden, componirten Fischhof, Seyfried, Volkert etc. Was aber vom ersten Augenblicke an sich zeigte, war, dass Sulzer eine Stimme besitze, die das Herz entzückt und erquickt.

So glücklich diese Acquisition für den Tempel war, so kam sie in künstlerischer Beziehung auch Sulzer zu Statten, indem er hier unter Leitung der berühmtesten Meister seine musikalischen Studien fortsetzte. Zugleich liess er es sich angelegen sein, die Studien im hebräischen Gebiete ernstlich zu betreiben, um so im vollständigsten Sinne des Wortes „Chasan" zu sein.

Es dürfte selten eine solche Mischung der vollendeten Künstlerschaft als Sänger und als Vorbeter zu treffen sein.

Diese vorzügliche Stimme blieb auch dem kunstliebenden Wien kein Geheimniss. Bald wurde S. aufgefordert in Privatcirkeln zu singen. Der Kirchenverein wollte ihm sogar eine Pension für die Betheiligung beim Gesange in der Kirche bestimmen. Doch hielt S. dieses seinem Amte nicht angemessen. Hingegen sang er mit vielem Beifalle in Hofconcerten bei Ihrer kais. Hoheit der Erzherzogin Sophie und bei Sr. kais. Hoheit dem verstorbenen Erzherzog Karl. Es fehlte auch nicht an Anerkennung von Aussen. So erhielt er aus Klagenfurt das Diplom als Mitglied des Gesangvereins und einen silbernen Pokal; eben so ernannte ihn der Gesangverein zu Oedenburg als Mitglied und im Jahre 1846 wurde er zum Professor am Wiener Conservatorium ernannt. Im Jahre 1837 fanden die Verteter es nicht für passend, dass S. in Privatzirkeln singe, und seitdem ist seine Wirksamkeit bloss im Tempel.

Bei Gelegenheit eines Wohlthätigkeitconcertes zu Gunsten einer Anstalt, die unter dem Protektorate I. M. der Kaiserin Mutter stand, schickte Höchstdieselbe zum sel. Biedermann, dass dieser Herrn Sulzer gestatte, mitzuwirken. Doch Herr Biederm a n n gab zur Antwort: Die Gemeinde wird ihr Möglichstes thun, um den Zweck des Concertes in Erfüllung zu bringen. Herr S u l - z e r aber ist Sänger in der Synagoge und gehört nicht in den Concertsaal.

Im Jahre 1839 erschien sein „Schir Zion"; es enthält den betreffenden Theil der Lithurgie, der im Tempel gesungen wird. Es finden sich darin noch Beiträge von den Meistern, die wir oben genannt haben.

Dieses Werk hat ihm besondere Anerkennung von Seite des musikalisch gebildeten Publikums gebracht und hat es sich fast in allen Synagogen, wo Chorgesang eingeführt ist, heimisch gemacht. Es fehlte auch nicht an anderweitigen Auszeichnungen. Von Sr. Majestät dem Kaiser F e r d i n a n d erhielt er einen Brillantenring, von Sr. Majestät dem Kaiser von Russland und dem Grossherzog von Baden die goldene Medaille.

Wenn es uns als Laie gestattet ist, eine Bemerkung zu machen: so würden wir Meister S u l z e r rathen, die Gesänge in einem leichteren Stile abzufassen, damit auch die Betheiligung der Gemeinde in grösserem Masse möglich sei.

Ausser diesem grossen Werke sind von demselben Hymnen, Cantaten, Lieder componirt, von denen manche auch im Druck erschienen sind.

Wir schliessen diese Skizze mit einem Schreiben der Vertreter nach der dreissigjährigen Amtswirksamkeit S's. (Pessach 5616 — 1856.)

Sehr geehrter Herr S u l z e r!

„Mit dem diessjährigen Osterfeste sind dreissig Jahre vollbracht, innerhalb welcher Sie unausgesetzt Ihr eminentes Talent der Verkündigung des göttlichen Namens in unserer Gemeinde geweihet haben. Allen jetzigen und künftigen Sängern in Israel ein Vorbild, wird es unter uns stets gewürdiget bleiben, dass Sie den Dienst Gottes demjenigen der Welt vorzogen. Empfangen Sie unsern Glückwunsch, dass Sie der Versuchung dazu standhaft widerstanden haben und mögen Sie dafür reichen Segen an Kindern und Kindeskindern erschauen. Repräsentant Israels am Altare des Herrn stellt sich in Ihnen selbst auch die weite Verbreitung seines Geschlechtes dar. Zerstreut leben die Ihrigen im Süden und Norden, im fernen Ost wie im entlegensten Westen unseres Erdballes; aber sie alle bringen Ihnen Ehre und Freude, so wie Ihr gefeierter Name ihnen zu Glück und Segen verhalf; — heute wie vor dreissig Jahren dringt Ihre, klangvolle Stimme mit ungeschwächtem Zauber in die Herzenstiefen und noch lange nach uns werden die erhebenden Melodien Ihres Schir Zion die Gemüther zur Andacht stimmen. Wir freuen uns dessen aufrichtig und wünschen, dass Sie dieses Bewusstsein noch lange in ungeschwächtem Wirken erhalten möge.

Bemerken wollen wir noch, dass das künstlerische Feuer, das den Vater beseelt, auch auf den grössten Theil seiner Kinder übergegangen ist.

Ein ewiges Andenken haben sich aber auch die Männer gegründet, die für dieses Wirken den Boden geschaffen, und mit solcher Thatkraft den Aufbau und die Erhaltung wie die fortdauernde Entwickelung betrieben, und ihrerseits kein Opfer scheuten. Möge darum ihr Name zum ewigen Gedächtnisse genannt werden. Wir nennen sie in alphabetischer Ordnung:

Michael Lazar Biedermann.

Biedermann wurde zu Pressburg am 13. August 1769 geboren. Seine Eltern waren mittellos. In der Ueberzeugung, dass der Trödel nicht zum Heile führe, widmete er sich dem Handwerke. Fünfzehn Jahre alt, im Jahre 1784, kam er nach Wien, um die Graveurkunst zu erlernen. Fleiss und Ausdauer blieben nicht ohne Erfolg. Im Jahre 1787 erhielt er den zweiten Preis im Wachspoussiren und im Jahre 1789 den zweiten Preis in der Graveurkunst.

Biedermann lebte nun als „Petschierstecher", bis ein günstiger Moment sein Geschick verbesserte. Er gravirte nämlich Siegel für den Hof und die Arbeit fand höchsten Ortes besonderen Beifall, so dass er im Jahre 1792 die Bewilligung zur Ausübung seiner Kunst in Wien und die Toleranz erhielt. Nun konnte er ungestört seinem Berufe nachgehen und der Segen Gottes waltete vom ersten Augenblicke an in Allem, was er unternahm. Im Jahre 1800 hatte sich sein Geschäft schon weit ausgedehnt und aus dem „Petschierstecher" wurde ein Juwelenhändler. Doch sein regsamer Geist zog immer weitere Grenzen. 1801 besuchte er die Leipziger Messe und begann das Wollgeschäft. Als im Jahre 1805 der Werth der Banko-Zettel sank, kam er auf den Gedanken, österreichische Wolle nach dem Auslande zu verkaufen und so den Geldstrom zurück nach Oesterreich zu leiten. 1806 befand sich bereits auf der Leipziger Messe österreichische Wolle und im Jahre 1807 kaufte ein englisches Haus von Biedermann Wolle im Werthe von 60.000 Pfund Str. Dem an Produkten reichen Oesterreich öffnete sich dadurch ein neuer Weg. Durch seine kaufmännische Klugheit wie durch seine patriotische Hingebung leistete er dem Staate manchen wichtigen Dienst. Bei Gelegenheit einer Banknotenfälschung im nördlichen Deutschland wurde Biedermann von dem damaligen Finanzminister Grafen Zichy zum Commissär gewählt. Er löste die Bankozettel für eigenes Geld ein, trotzdem er an den Grafen Wallis in Prag gewiesen war. — Im Jahre 1808 erhielt er das Grosshändler-Befugniss. 1817 zur Zeit der Hungersnoth lieh er Geld her zum Ankaufe von Getreide und verzichtete auf die Interessen. Eben so borgte er Sr. Majestät dem Kaiser Franz 300.000 fl. zu Staatszwecken und verzichtete auf die Interessen. Im Jahre 1830 endlich ward ihm die Auszeichnung zu Theil, dass er Hofjuwelier wurde.

Im Betreff seiner Wirksamkeit in der Gemeinde hat er selber im Jahre 1842, kurz bevor er von der Stätte seines Wirkens schied, eine „kurze Geschichte der israel. Gemeinde in Wien in den letzten 58 Jahren" abfassen lassen, die im Archive der Gemeinde niedergelegt ist *). Alles was seit jener Zeit geschehen ist, ist durch ihn oder mit ihm geschehen. Er gehörte zu denjenigen Persönlichkeiten, die einen Gedanken mit aller Lebendigkeit erfassen, und ihre ganze Kraft daran setzen, ihn zur That zu machen. Rastlos im Schaffen und Gestalten, im Bewusstsein, dass sie das Beste wollen, schreiten sie rücksichtslos über jedes Hinder-

---

*) Dr. J. Auerbach, jetzt in Frankfurt a/M., gab eine Skizze daraus im Jahrbuche von Busch.

niss hinweg, das ihnen durch die That, oder auch nur durch das Wort des Widerspruches in den Weg gelegt wird.

Seit dem Jahre 1806 war er beinahe ununterbrochen Vertreter, dabei auch Jahre lang Repräsentant der Gemeinde. Im Jahre 1820 wurde derselbe zum Administrator des Gemeindehauses gewählt. Die Landesregierung übertrug ihm die strenge Verpflichtung zur gewissenhaften Verwaltung, die Führung der gesammten Gemeindekasse. — Er ist dieser Verpflichtung auf's eifrigste und strengste nachgekommen. In derselben Weise, wie sich der Wohlstand und der Reichthum seines Hauses mehrte; so wollte er auch, dass das Gemeindevermögen sich häufe. Insbesondere lag ihm später daran, dass der Tempel sein *enfant - cheri*, dessen Entstehen er in der energischesten Weise gefördert hat, sammt dem Hause schuldenfrei gestellt werden, damit die bestehenden Anstalten auf sich selbst basirt und hinlänglich dotirt seien.

Aus seiner Wirksamkeit auf dem Gebiete der Humanität heben wir hervor: Im Jahre 1807 begründete er den Siechenfond. Er legte ein Capital an, dessen Zinsen als Stipendien für arme Schüler der Religionsschule verwendet werden sollten. Er begründete den Pensionsfond für die höhern Beamten der Gemeinde und zu seinem 70jährigen Geburtstag begründete er den Waisenfond mit 7000 fl. (für jedes Lebensjahr 100 fl.), zu dem seine Kinder noch 4000 fl. gaben. — Er war strenge gegen sich und gegen Andere. In seinem Hause führte er ein patriarchalisches Leben, voll sittlicher Strenge und aufopfernder Liebe.

Er beschloss sein thatenreiches Leben, tief betrauert von der Gemeinde am 24. August 1843.

Das Gegenbild von B i e d e r m a n n war Herr

Isak Löw Hofmann nachher Edler von Hofmannsthal.

Während jener öfters geneigt war, mit der S c h ä r f e des Schwertes den Knoten zu durchschneiden, war es dieser wieder, der durch Sanfmuth die Gegensätze zu versöhnen strebte. An ihm ging das Wort der Schrift in Erfüllung: „die da gepflanzt sind im Hause des Herrn, die aufspriessen in den Vorhöfen Gottes, sind noch im Alter frisch und saftvoll", und der Herr hat ihm ein Alter beschieden, wie er es nur wenigen seiner Lieblinge gönnt und gibt. Doch greifen wir nicht vor.

Isak Löw Hofmann wurde am 10. Juni 1759 in Prostiebor bei Kladrau im Pilsner Kreise in Böhmen geboren.

Seine Eltern wohnten früher in Pretzendorf bei Bayreut in Baiern, wanderten aber wegen der damals herrschenden Theuerung und Hungersnoth aus und zogen in der Hälfte des 18. Jahrhunderts nach Böhmen.

Die Eltern waren arm und fromm. Sie hingen mit aller Innigkeit an ihrem Kinde, insbesondere die Mutter.

Als der Knabe 13 Jahre alt war, Barmizwa wurde, sollte er selbständig werden, doch, was thun? — Die Frage war bald gelöst; bei frommen Eltern machte die Lösung dieser Frage zu jener Zeit um so weniger Schwierigkeit. Die schöne grosse Welt bot dem Juden wenig Spielraum zur Entfaltung seiner Kräfte; die „Thora" hingegen war das Mittel, sich die Anerkennung seiner Glaubensgenossen zu verschaffen. (Auf die Anerkennung von Aussen konnte man doch bei den vorzüglichsten Eigenschaften nicht oder nur selten rechnen.) Es wurde daher beschlossen, den Knaben nach Prag, wo jüdische Wissenschaft blühete, zu schicken, damit er dort bei einem Rabbiner Talmud studiere.

Noch am Vorabende der Abreise war die gute Mutter bis in die späte Nacht beschäftiget, für das geliebte Kind aus dem Manchesterrock des Vaters ein passendes Kleid zu verfertigen und nun war die Garderobe beisammen. Der kleine Isak trat die Reise zu Fusse nach Prag an, begleitet von der Mutter, da die Mittel fehlten, die Kosten einer Fahrt zu bestreiten. Um die Schuhe zu schonen, wurden dieselben ausgezogen. „Dass den Fuss kein Stein verletze", dafür sorgte der Herr.

In Prag angelangt, hatte die Mutter nichts wichtigeres zu thun, als den Knaben dem renomirten Rabbiner Herrn Abraham Plohn vorzustellen, bei dem derselbe den Studien obliegen sollte. Doch Zentnerschwer fiel es ihr auf's Herz, als sie hörte, dass sie eine gewisse Summe für den Unterricht zu bezahlen hätte. Sollte die Reise ganz fruchtlos gewesen sein?

Weinend ging sie weg, auf ein Mittel sinnend, wie den Rabbiner zu befriedigen. Die hölzerne Stiege herabsteigend ging ihr ein freudiger Hoffnungsstrahl auf. Zum Knaben sich wendend, sprach sie: „Kehr um mein Kind" und ging neuerdings zum Rabbiner. Am Halse trug sie nämlich an einem schwarzen Bande einen Dukaten, an den sie nicht dachte. Sie trug dieses Angedenken vielleicht aus der „schönen Zeit der jungen Liebe." — Im Zimmer eingetreten, nahm sie eine Scheere, schnitt den Dukaten herab und reichte diesen als Bezahlung hin und der Knabe ward vom Rabbi als Schüler angenommen.

Dieser für das Leben des Knaben entscheidende Moment blieb noch dem Greise fest eingeprägt. Immer klang es ihm in den Ohren: Kehr um mein Kind. Noch immer sah er vor sich das Zimmer des Rabbiners mit den unverschalten Deckbalken, an welchen die siebenzackige Lampe hing. Wenn die Verlockungen der Welt ihm entgegentraten, hörte er: Kehr um mein Kind.

Der junge Mann entwickelte einen ausserordentlichen Fleiss, für die leiblichen Bedürfnisse war jedoch sehr schlecht gesorgt. Die spärlichste Kost musste genügen, bis auf diejenigen Tage, wo der Jüngling einen Freitisch (Kosttag) an der Tafel eines reichen Mannes hatte. Einen solchen „Tag" hatte er auf besondere Anempfehlung des Rabbiners bei dem reichen berühmten Primator Frankel, der seiner Zeit bei grossen feierlichen Aufzügen der Gemeinde auf einem Schimmel voraus ritt.

Es gehörte zur Sitte jener Zeit, dass man die Tischzeit gern mit geistigen Gesprächen, mit Abhandlungen aus dem Gebiete des Talmuds würzte. Insbesondere war dieses der Fall Freitag Nachts, wo die himmlische „Braut", die Sabbatruhe, in die Häuser Israels einzieht. Da galt es, sich als vorzüglicher Schiffer auf dem Meere des Talmuds zu bewähren. Nach langen Debatten pflegte in solchen Fällen der Herr Primator sich an den jungen Hofmann, der am Ende des Tisches sass, zu wenden, und fragte: Und was sagt Ihr dazu, Bochur, (Talmudjünger)? was der Jüngling als Ehrenbezeugung aufnahm.

So geehrt sich aber auch der junge Mann fühlte, am Tische eines reichen Mannes zu sitzen und Anerkennung zu finden, so bereitete ihm diess so manche Verlegenheit. Einfach auf dem Lande erzogen, kannte er nicht die Sitten der grossen Stadt, wie sie in reichen Häusern walten. So liess er sich manche Ungeschicklichkeit zu Schulden kommen, die ihm Verlegenheiten bereitete. In Böhmen war das Abendbrot Freitag Nachts gekochte gedörrte Zwetschken. In seiner Befangenheit wusste der Knabe nicht, was mit den Kernen anzufangen; ob es sich auch schicken würde, dieselben auf den Teller zu legen. Er hielt es für das beste sie in den Sack zu stecken. Später, im Verlaufe des Gespräches daran vergessend, wurden die Kerne beim Herausziehen des Sacktuches, zur Belustigung aller Anwesenden im Zimmer herumgestreut. Dieses unbedeutende Ereigniss trug wesentlich dazu bei, strenge auf äussere Sitte, Ordnung und Reinlichkeit zu sehen, die er auch bis in das späteste Alter beobachtete.

Als tieffühlendes frommes Kind war ihm jeder Uebermuth, jede Unmässigkeit verhasst. So war er auch nicht zu bewegen, dem kleinen Lotteriespiele zu huldigen, wie es damals unter seinen Mitschülern gang und gäbe war. Um sich den sprechendsten Beweis zu verschaffen, wie unvernünftig es sei, den Sparpfennig der blinden Göttin zu opfern, merkte er sich drei Nummern 77, 10, 5 und beim Vorbeigehen an Collekturen schaute er sich um, ob diese Nummern gezogen wurden. Noch im hohen Alter behauptete er, sich nicht erinnern zu können, dass diese Nummern je heraus kamen; und wies so auf die Schädlichkeit des Lotteriespieles hin.

Als förmlich absolvirter „Bochur" kam er als Lehrer in das Haus des reichen J o e l B a r u c h, gebürtig in Königswart, wesshalb er auch nach damaliger Sitte, wo man noch keine Familiennamen hatte, Rabbi Baruch Königswart genannt wurde. Da dieser nur wenig deutsch lesen und schreiben konnte, so führte I s a k L ö w die bisher nur aus einfachen Notizen bestehenden Vormerkungen über bedeutende Geschäfts-Gebahrungen in ordentlichen Büchern auf strengst geregelte kaufmännische Art. Die gediegene feste und schöne Handschrift kam ihm dabei besonders zu Statten. Sein Mitschüler im Schreibunterricht bei dem damals bekannten Schreiblehrer U n g a r war der nachmals bekannte Ritter v. L ö w e n t h a l, der ebenfalls durch eine schöne Handschrift sein Glück und Fortkommen gründete.

Wir können es dabei nicht übergehen, dass zu jener Zeit jüdische Kaufleute in solcher Weise gerne einen „Bochur" verwendeten, wenn er sonst nur tauglich war, um ihn gewissermassen für das Studium jüdischer Wissenschaft zu belohnen.

Baruch Königswart war einer der wenigen Theilnehmer jener Gesellschaft, welche damals das noch in seiner Kindheit liegende Tabaksgeschäft vom Aerar gepachtet hatte und welche Gesellschaft eigentlich diesem Regiezweige die erste Vervollkommnung gab. Damals wurde fast mehr geschnupft als geraucht, und die von dieser Gesellschaft angewandten Beitzen wurden so beliebt, dass sich der Consum bedeutend hob, so dass das Aerar später Schnupftabak in eigene Regie nahm, welcher jetzt 17 Millionen Gewinn abwirft. Die Compagnons dieses Geschäftes waren die nachmaligen Edl. v. Hönigsberg, v. Hönigstein, und Edl. v. Hönigshof, dann Borkenstein; die ersteren Verwandte Baruch's.

Als Baruch Königswart später nach Wien zog und dort im Jahre 1792 die Grosshandlung unter der Firma Joel Baruch errichtete, leitete J. L. Hofmann das ganze Geschäft.

Am 28. Dezember 1788, im Alter von 26 Jahren heirathete er die Enkelin des Joel Baruch, eine geborne Schefteles aus Prag. Diese Familie zeichnete sich bereits während der Schwedenkriege in Prag aus. Im Jahre 1788 erhielt Herr Hofmann die Toleranz in Wien, und nach dem Tode des Herrn Baruch wurde er öffentlicher Gesellschafter der Grosshandlung Joel Baruch sel. Witwe & Comp., welche er nach dem Tode derselben 1794 auf seinen eigenen Namen, in Folge seiner Verdienste um die Industrie erhielt, und welche er unter der Firma Hofmann und Löwinger führte.

Bei der Thronbesteigung Kaiser Leopolds im Jahre 1790 war er einer jener Ausschüsse, welche an der Triumpfpforte Namens der Kaufmannschaft aufwarteten. Wie mannigfaltig und vielfach sein Wirkungskreis war, geht aus folgendem Schema hervor:

Seit 1794 k. k. privil. Grosshändler,
    „ 1804 Inventurs- und Schätzungskommissär,
    „ 1806 Vorsteher der israelitischen Gemeinde,
    „ 1812 Repräsentant derselben,

64

Seit 1820 Armenbezirksdirektor bei der Pfarre zu den neun Chören der Engel am Hof,

„ 1822 Schulaufseher an der Religionsschule,

„ „ Administrator mehrerer Stiftungen.

Alle diese Aemter und dieser mannigfaltige Wirkungskreis gaben ihm Veranlassung sich auszuzeichnen. Wir erlauben uns aus jeder dieser Richtungen einiges mitzutheilen, um so, wenn auch nur in den äussersten Umrissen, ein Bild von dem Leben dieses Mannes zu geben.

Als G r o s s h ä n d l e r brachte er besonders die Seidenkultur durch Unterstützung der Fabrikanten in Wien empor. Er kaufte von dem Hofkriegsrathe die in der Militärgränze erzeugte Seide von den Jahren 1796—1798 im Gesammtgewichte von 67.020 Wiener Pfund um dieses ansehnliche Seidenquantum zum Theil in Wien durch Filirung zu veredeln. — In Folge davon erhielt er im Jahre 1798 die ausnahmsweise Erlaubniss, den Freihof in Perchtoldsdorf (bei Wien) genannt der „Knappenhof" trotz der Beschränkung des Realitätenbesitzthums der Israeliten auf eigenen Namen zu kaufen und ein Filatoir zu errichten. Die damals schwunghafte Fabrikation von Seidenstrümpfen und Zopfbändern wurde dadurch von der italienischen Seide emancipirt.

In Folge einer Aufforderung des Aerars übernahm er im Jahre 1802 die ersten Pachtungen der Aerarseidenfilanden in Ungarn und der Mililärgränze und setzte solche mit wenigen Unterbrechungen bis zu seinem Tode, fast ein halbes Jahrhundert, fort. Diese Fabrikation erreichte dadurch eine Vollkommenheit und Ausdehnung, wie sie früher nie bestanden hatte; trotz dem so manche Hindernisse sich dem Unternehmen entgegenstemmten.

So war Herr v. H o f m a n n s t h a l im Jahre 1809 genöthigt, die zur Einlösung der Cocons nothwendigen Gelder mitten durch das feindliche Lager der Franzosen nach der Militärgränze zu führen. Eben so wurde in den Wirren des Jahres 1848 und in den Kämpfen des Jahres 1849 die Einlösung der Cocons in der Militärgrenze und in Ungarn ununterbrochen zum grössten Wohle der so vielfach leidenden Bevölkerung durchgeführt. Buchstäblich unter dem Donner der Kanonen von Esseg und Peterwardein, wo auch Seide kriegsgefangen genommen wurde, gingen diese Expeditionen vor sich.

Er setzte auch den Hebel der Presse in Bewegung, um die Seidenkultur in Oesterreich immer blühender zu machen. So liess er eine Anleitung zur Seidenkultur, verfasst von seinem Sohne, dem Herrn Emanuel von Hofmannsthal, in fünf Landessprachen drucken. Beiläufig 16.000 Exemplare dieser Anleitung wurden unentgeltlich unter dem Landvolke Ungarns und der Militärgränze vertheilt.

Bei verschiedenen Gewerbeausstellungen zu Wien und Pesth erhielt er dreimal die goldene und zweimal die silberne Medaille. Eine grosse Anzahl von Belobungsdekreten von der untersten bis zur höchsten Behörde, mehrere Male von Sr. Majestät dem Kaiser selbst, bekräftigen diese Thatsachen und ermuthigten Herrn v. H. in seiner beschwerlichen Aufgabe nicht zu ermüden.

Noch einem andern Industriezweige widmete er seine besondere Aufmerksamkeit. Im wallachisch-illirischen Regimentsbezirke erzeugte er innerhalb 12 Jahren aus den unbenützten Urwäldern beiläufig 50,000 Zentner der schönsten illirischen Pottasche, die meist exportirt wurde, wodurch der active Handel Oesterreichs sich stärkte.

Als Inventurs- und Schätzungscommissär des Grosshandlungsgremiums hatte er Gelegenheit, eine grosse Anzahl Privatausgleichungen zum Vortheile beider Parteien durchzuführen. Die Regierung anerkannte auch dieses Wirken durch besondere Belobungsdecrete.

Bei Gelegenheit der Concurse der adeligen Häuser von Schienern & Klinger und des Freiherrn von Fellner konnte deren moralische Ehre nur durch die anhaltendste, aufopferndste Arbeit während mehrerer Nächte zur Evidenz des Criminalgerichtes gebracht werden.

In jener Zeit kam ein unbekannter Mann zu Herrn Hofmann, umarmte ihn, ohne vor Weinen sprechen zu können. Auf die Frage, wer er sei und was er wolle, antwortete der Mann: „Als ich reich und angesehen war, hatte ich viele Freunde und Tafelgenossen. Nun muss ich Ihnen, dem ich unbekannt bin, die Rettung meiner Ehre danken. Ich bin der Ihnen bisher persönlich unbekannte Freiherr von Fellner."

Als Vorsteher und Vertreter der Israeliten, als Aufseher der Religionsschule durch beinahe fünfzig Jahre erschien er fast täglich bei Magistrat, Polizei, Criminale, Regierung etc. und vertrat theils die Gemeinde, theils die Individuen in ihren allgemeinen wie einzelnen Interessen und erleichterte durch Aufschlüsse, Vorerhebungen etc. den Behörden die schwierige Aufgabe. — Bei den Berathungen des Vorstandes, wusste sein milder Charakter die entgegengesetzten Ansichten auszugleichen und zu vereinigen. Zu seiner goldenen Hochzeit, die wir bereits erwähnten, überreichten ihm die Herren Vertreter einen grossen silbernen Pokal mit darauf gravirten Worten der Anerkennung. Die Sitzungen des Vorstandes fanden in seinem vorgerückten Alter stets in seiner Wohnung statt, trotzdem er öfters aus Schwäche ganz theilnahmslos dabei sass. Acht Tage vor seinem Tode war er noch bei der letzten Sitzung anwesend.

Ihm ist es gelungen den Tempelbau und den neuen Cultus zu fördern, die Religionsschule zu begründen, den Armenverein ins Leben zu rufen.

Als Armenbezirksdirektor in der geistlichen Pfarre am Hofe hatte er Gelegenheit seinen wohlthätigen Sinn und seine Toleranz auch bei seinen christlichen Mitbürgern zu bethätigen. Er überlebte vier Pfarrer daselbst und machte sich alle, obgleich von den verschiedensten religiösen Prinzipien, zu seinen ihn hochachtenden Freunden. Im Alter noch pflegte er sich zu rühmen, dass er auch nicht Eine von den Sitzungen, die alle 14 Tage statt fanden, während dreissig Jahre versäumt habe. Viel Eindruck machte es bei den christlichen Mitbürgern, als bei dem Begräbnisse eines der Herren Pfarrer Herr v. Hofmannsthal, der als religiös, aber nicht als intolerant bekannt war, dem Allerheiligsten zunächst, der ganzen Ceremonie in der Kirche beiwohnte.

Als Mensch wissen ihn die Armen, die Leidenden heute noch zu rühmen. Unbekannte Leute kommen jetzt noch zu den Kindern und erzählen, wie ihr Vater ihnen beigestanden sei, wie sie durch ihn aus Untersuchungen etc. befreit wurden. Er war nicht so reich wie seine Collegen, aber seinen bedeutenden persönlichen Einfluss verwendete er, um das Recht zur Geltung zu bringen.

Als der Kaiser ihm den österreichischen Adel verlieh, wählte er zu seinem Wappen Sinnbilder je nach den Verdiensten, durch die er sich den Adelstitel erworben hatte. Eine Seidenraupe und ein Maulbeerblatt sind je auf einem Felde. Auf dem dritten Felde befindet sich eine Armenbüchse, da er Armenvater war, endlich auf dem vierten Felde sind die Mosestafeln als Wahr- und Erinnerungszeichen für seine Nachkommen, damit sie ihres Ursprunges nicht vergessen.

Nächst der Verleihung des Adelsdiploms erhielt Herr von Hofmannsthal auch von Sr. Majestät dem Kaiser Ferdinand einen Brillantenring mit der kaiserlichen Namenschiffre. Herr von Hofmansthal überliess nämlich ein mehrere tausend Gulden werthvolles Unicum, die auf Pergament geschriebenen Werke des Rabbi Moses ben Maimon (Maimonides), der k. k. Hofbibliothek.

Hervorragende Rabbiner bestrebten sich ebenfalls Herrn von Hofmannsthal auszuzeichnen. So erhielt er von dem berühmten Ezechiel Landau in Prag den „Chaber" Titel und der mährisch-schlesische Landesrabbiner, der vielfach geehrte Markus Benedikt gab ihm die „Morenu".

Wir lassen zum Schlusse noch einige Streiflichter auf sein langes, vielbewegtes Leben fallen.

Er war Vater von dreizehn Kindern. Sein Streben ging dahin, sie nach den strengsten Gesetzen der Rechtlichkeit und Redlichkeit zu erziehen. Er war durch 62 Jahre verheirathet und wohnte 51 Jahre in einem und demselben Hause zur Miethe, während dasselbe an vier Besitzer überging. Bis im späten Alter war er höchst mässig in Speise und Trank. Er war ein grosser Naturfreund, eben so liebte er die Kunst und besuchte gerne das Theater und nahm den wärmsten Antheil an allen Weltereignissen.

Im Alter von nahe achtzig Jahren ging er noch zu Fusse nach Döbling, das ihm sehr lieb war und versäumte nichts desto weniger nur höchst selten den Gottesdienst Freitag Abends und Samstag Morgens in der Stadt.

Bekannt mit Bibel und Talmud lebte er im Geiste derselben. Der Geist der Pflicht und der Menschenliebe durchströmte sein Herz. Er trug Lieblingssprüchwörter im Munde: Schlach lachm'cha al pne hamajim (Prediger 11, 1). (Der Mensch muss Vieles thun, was auch keinen augenblicklichen Nutzen bringt; jedes Streben findet seinen Lohn) „Alles wird man gewahr" endlich: „Nur gehen." Er meinte das nicht bloss in diätetischer Beziehung, sondern auch, dass, um einen Gegenstand zum Ziele zu führen, man keine Mühe, heinen Gang sparen und scheuen dürfe.

Er lebte unter sechs Regenten. Unter der Kaiserin Maria Theresia und den Kaisern Josef II., Leopold I., Franz, Ferdinand und dem jetzt regierenden Kaiser Se. Majestät Franz Josef I.

Er erblickte das Licht der Welt, als seine Glaubensbrüder in tiefster Schmach waren. Er trug das Zeichen der Schmach, der tiefsten Erniedrigung, den „gelben Fleck*)" an seiner Brust, (erst am 12. Dezember 1781 wurde der gelbe Fleck abgeschafft); und ging aus der Welt am 2. Dezember 1849 im 90. Jahre, nachdem seine Glaubensbrüder die volle Freiheit durch die Verfassung vom 4. März desselben Jahres erhalten hatten. Er nahm den vollen Lichtblick in Betreff des Geschickes seiner Glaubensgenossen, für die er so thätig war, noch mit ins Grab.

Er entschlief fast ohne allen Kampf. Bis zum letzten Augenblick beseelte ihn der Drang nach Thaten. Kónnte ich nur gehen, sprach er öfters, ich würde noch Vieles thun können.

Die theure Gattin folgte ihm vier Monate nachher ins Grab. Sie entschlummerte ohne alle Vorahnung des Todes.

Ein Grab vereinigt beide auf dem Währinger Gottesacker.

Es ist ein altjüdisches Sprüchlein, wenn man von Todten gesprochen hat und dann von Lebenden spricht, zu sagen: So lange jene werden dort sein (im Himmel) mögen diese hier sein. Wir hegen auch diesen Wunsch aus vollem Herzen, indem wir uns von den Verstorbenen zu dem Lebenden wenden. Und so schliessen wir mit

---

*) Der Passus in Betreff des gelben Fleckes lautet: „an seinen obern Rock oder Kleyd auff der linken Seiten der Brust einen gelben Ring hiebei verzeichneter Runde und Breite des Zirkels und nicht schmäller oder kleiner von einem gelben Tuch gemacht, offentlich und unverborgen gebraucht und tragen sollen." Der Durchmesser des Ringes war beiläufig vier Zoll; die Breite des Tuches ein Zoll.

Heinrich Sichrovsky,

Generalsekretär der k. k. auschl. priv. Kaiser Ferdinands Nordbahn, Ritter des Franz Josef Ordens, Besitzer des kaiserl. österreichischen Civil-Verdienstkreuzes und Ritter des königlichen Preussischen rothen Adlerordens 4. Classe, geboren am 12. Juni 1794 in Wien.

Man rühmt gewöhnlich den Soldaten, der von der untern Charge sich zu einer hohen Stellung durch Talent und Befähigung emporschwingt. Derartige Charaktere besitzen eine gewisse Spannkraft, wie sie nicht vielen zu Theil wird. Was in physischer Beziehung ein seltener Fall ist, dass das Auge eben so klar und genau die Dinge in der Nähe, wie in der Ferne sieht, das trifft bei solchen Persönlichkeiten in geistiger Beziehung ein. Sie haben den Blick auf das Ganze und Grosse gerichtet, dabei entgehet ihnen nichts in der Nähe und das Kleinste bleibt nicht unberücksichtigt. Sie sind durch das praktische Leben mit Allem vertraut. Der rege, bewegliche Geist findet sich überall ein, dringt überall hin, wo es etwas zu schaffen giebt. Zu diesen Charakteren gehört auch Heinrich Sichrovsky.

In seiner Jugend schon verrieth er den regen, beweglichen Geist. Wie es die Eigenthümlichkeit aller derartigen Naturen ist, hatte er überall hin den Sinn gerichtet, nur nicht auf das, wohin man ihn gerichtet wissen wollte. Es ist nicht unsere Absicht bei dieser Gelegenheit pädagogische Vorlesungen zu halten, aber eines können wir doch dabei nicht unberührt lassen.

Wir legen einen besonders grossen Werth auf die Erziehung und es gehört zu den Vorzügen unseres Volkes, dass in dieser Beziehung das mögliche geschieht. In manchen Fällen wird sogar damit ein Luxus getrieben, der nur verderblich wirken kann. Wir verfehlen es jedoch zumeist in einem Punkte, dass wir, wenn wir erwachsen sind, uns nicht mehr in die Jugend finden können. Wir halten alles für Uebermuth, für tolles Treiben, was uns zu bunt scheint.

Wir verlangen von der Jugend, dass sie sich geberde, als wenn sie schon alt wäre. Und doch gibt es nichts hässlicheres, als dieses. Lasset den Most gähren, lasset die Jugend austoben und traget nur Sorge dafür, dass das Gefäss nicht gesprengt werde.

Die modernen Anschauungen, wo dem Kinde von frühester Jugend das Schnürmieder der Etiquette und Convenienz etc. angelegt wird, die führen nicht zum Heile.

Doch kehren wir zurück. Der Knabe war wild und ungestüm. Er verband die Liebenswürdigkeiten solcher begabter Naturen mit den damit verbundenen Unzukömmlichkeiten. Er lernte oft zum grössten Aerger seiner Lehrer Tage lang nichts; erwachte aber wieder die Lust zum Studium, so war in einer Stunde das eingeholt, was während mehrerer Tage versäumt wurde. Eltern und Lehrer versöhnten sich so wieder mit dem etwas zu lebhaften Knaben.

Die Eltern gaben demselben eine praktische Richtung und er studierte die beiden Jahrgänge der 4. Klasse, jetzt Unterrealschule, und frequentirte später die damalige Real-Akademie zu St. Anna, welche das polytechnische Institut vertrat. Als er die nothwendigsten Kenntnisse sich eigen gemacht hatte, trat er in das praktische Leben, und wurde, nachdem er in verschiedenen Häusern thätig war, Prokuraführer im Grosshandlungshause H. Biedermann's Söhne.

Doch der rege lebendige Geist dieses Mannes fand sich in diesem verhältnissmässig kleinen Kreise sehr beengt. Er möchte in Begleitung des Herr S. Biedermann Reisen durch ganz Europa, mit Ausnahme von Spanien und der Türkei. Er sah die weite Welt vor sich und er hatte nicht bloss Sinn für das Aeussere, er warf einen tiefen Blick in das grosse Triebrad, das die Staaten treibt und lenkt. Er führte ein regelmässiges Tagebuch, um die empfangenen Eindrücke nicht ausser Acht zu lassen. Die Befahrung der damals eben eröffneten ersten Eisenbahn von Liverpool nach Manchester erregte mächtig den Drang in ihm, dieses grossartige Verkehrsmittel seinem Vaterlande zugänglich zu machen. — Durch die bald darauf eingetretene Bekanntschaft mit Professor Riepl wurde der Gedanke zur Errichtung einer Eisenbahn in Oesterreich neuerdings auf's lebhafteste angeregt und es gelang diesen beiden Männern in Verbindung mit Herrn Leop. v. Wertheimstein den für alle grossartige Ideen empfänglichen Salomon Freiherrn v. Rothschild für die Ausführung dieses Unternehmens zu gewinnen, das in der damaligen Zeit als ganz abentheuerlich erschien.

Nun machte S i c h r o v s k y ernste Studien. Ohne eigentlich theoretische Vorbereitung für dieses Fach machte er sich mit allen Details des praktischen Theiles dieser Wissenschaft vertraut. Tag und Nacht studierte, schrieb er in dieser Angelegenheit. Dann reiste er wiederholentlich nach England, um durch nochmalige Anschauung die Sache aufs Neue und besser kennen zu lernen.

Als Grundlage und Ausgangspunkt dieses Unternehmens wurde die Pachtung des Witkowitzer Steinkohlenbergbaues und Eisenwerkes ins Leben gerufen. Dadurch sollten die Hauptelemente des Betriebes: Schienen und Brennstoff sicher gestellt sein. Die Arbeiter hierzu wurden zum Theil und manchmal unter persönlicher Gefahr in England engagirt. Aber noch immer thürmten sich Schwierigkeiten in Massen auf. Ein grosser Theil des Publikums hatte keine Ahnung davon, dass es möglich sei, es könne ein Wagen sich bewegen, der nicht von Pferden gezogen wird.

Aber auch die Regierung wollte auf diese Idee lange Zeit nicht eingehen; da man damals allen neuen Ideen abhold war.

Die Erfahrungen und Fortschritte in England und Belgien veranlassten dann Sr. Majestät den Kaiser F e r d i n a n d dem Unternehmen seinen Schutz angedeihen zu lassen; ja er gestattete, dass die anzulegende Eisenbahn seinen Namen tragen dürfe.

Wir sind enthoben, weiter die Verdienste des Herrn S i c h r o v s k y in dieser Beziehung hervorzuheben. Wer die Geschichte unserer socialen, industriellen und merkantilischen Verhältnisse schreiben wird, muss des Mannes gedenken, der durch sein rastloses Streben und Wirken dieses grosse Werk mit ins Leben rufen half.

Wenn auch nicht so weitgreifend, so hatte Herr S i c h r o v s k y doch eben so nachhaltig im Kreise der Gemeinde gewirkt. Der scharfe durchdringende Geist, der ihn auf anderweitigem Gebiete auszeichnet, hat auch auf diesem Gebiete seine Kraft erprobt und bewiesen.

Wie S a m u e l im Hause des Herrn erzogen wurde, so wuchs Herr S i c h r o v s k y gleichsam im Tempel und mit den Gemeindeinstitutionen heran. Schon im Jahre 1819 war er Vorsteher der Chebra-Kadischa, im Jahre 1825 betheiligte er sich lebhaft bei den Berathungen über den Tempel und über die neuen Einrichtungen in demselben. Im Jahre 1830 wurde er Bethausvorsteher. Wenn man bedenkt, mit welchen Schwierigkeiten es verbunden war, die Ordnung, die auf dem Papiere entworfen war, praktisch zur Geltung zu bringen, zu jener Zeit, wo alle Formen noch neu waren, so wird man dieses Verdienst im vollen Masse zu würdigen wissen. Nach dem Tode Biedermanns im Jahre 1843 wurde er Vertreter, welches Amt er bis zum Jahre 1860 trotz der anderweitigen Geschäfte und Beschäftigungen, die seine Thätigkeit ausserordentlich in Anspruch nahmen, bekleidete. Wie er genau Schraube und Nagel am Dampfwagen kennt, so kennt er das ganze Trieb- und Räderwerk der Gemeinde. Es gibt nichts in der grossen Gemeinde, das ihm nicht bis in die kleinsten Details bekannt wäre.

Wir können nicht die einzelnen Fächer, in denen Herr Sichrovsky in Angelegenheit der Gemeinde thätig ist, weit auseinandersetzen. Er übt seinen wohlthätigen Einfluss, hervorgehend aus jahrelanger, praktischer Erfahrung überall aus. Insbesondere wollen wir noch hervorheben: Die Thätigkeit bei den neuen Statuten für die „fromme Bruderschaft" und bei der Einrichtung des Leichenhofamtes. Viele Sorgfalt wendete er dem Cassawesen der Gemeinde zu, wie es in neuerer Zeit besteht. Endlich war er rastlos für den Bau des neuen Tempels bemüht. In das Ressort des Herrn Sichrovsky, als Vertreter, fiel das Bauwesen, und wenn auch nicht materiell, so war er doch geistig stets dabei, wo Stein an Stein sich fügte.

Sein Charakter ist energisch, öfters in Folge der Energie jähzornig und auffahrend, und doch unsäglich weich, voll Innigkeit und Herzlichkeit. Ehrgefühl und Pflicht sind die leitenden Kräfte seines Lebens. Diese Eigenschaften sind es auch, die ihm die Achtung der Hohen und die Liebe und Anhänglichkeit seiner Untergebenen erwarben. Wenn die Orden der Monarchen seine Brust schmücken, so ist gewiss die Aufmersamkeit, die ihm die Nordbahnbeamten bei seinem fünfzigsten Geburtstage erwiesen haben, von besonderem Werthe. An diesem Tage wurde ihm ein silbernes Lokomotiv überreicht. Bei der Vertreterwahl im Jahre 1852, da zeigte sich die ungetheilte Achtung, die ihm seine

Glaubensbrüder zollen, das Vertrauen, das sie in ihn setzen, indem er einstimmig zum Vertreter gewählt wurde. Als Calamität wurde es betrachtet, als S. die Stelle als Vertreter zurücklegte und freudig begrüsste es die Gemeinde, dass er wenigstens als Beirath im Vorstande verblieb.

Wenn wir oben die Pflicht als den Leitstern seines Lebens bezeichneten, so müssen wir zur Vervollständigung der Charakteristik dieses vielbegabten Mannes hinzufügen, dass, mit demselben Eifer, wie er seinem Berufe nachgeht, weiss er auch das Leben von seiner schönen, edlen Seite zu fassen. Hat er das Bureau verlassen, ist er vom Aktentische aufgestanden, dann ist er Mensch in der edelsten Bedeutung des Wortes. Er verkehrt in Mussestunden lieber mit Poeten, Künstlern, Schauspielern etc. als mit der hausbackenen Prosa, mit den Einmaleinsgesichtern.

———————

Wir schliessen diese biografischen Skizzen mit dem Wunsche, es möge die Glaubenstreue, der Eifer für die Religion, für das Erbe der Väter, die Liebe zu dem Volke, dem wir entsprossen sind, bei der heranwachsenden und kommenden Generation in dem Masse walten wie bisher; und Wien wird nicht nur in politischer Beziehung, wie es von Historikern bereits verkündigt wurde, der Mittelpunkt des europäischen staatlichen Lebens sein; es wird auch stets für unser Volk einen Centralpunkt bilden, wo die Saaten des Herrn immer üppiger und schöner sich entfalten werden.

———————

Der Tempel.

„Ein Geschlecht vergeht, ein Geschlecht
entsteht, — die Erde bleibet immer-
während."

Prediger I, 4.

II.

Wer kennt nicht die Täuschung, der jedes Kind sich hingibt, indem es glaubt, dass der Himmel, der auf dem nächsten Berge zu ruhen scheint, da leicht zu fassen und zu greifen sei. Nur die Hand ausstrecken! und man hat den Himmel mit allen Seligkeiten. Welche Mühe setzt ein Kind daran, den Berg zu besteigen; ist es aber oben, dann erst sieht es sich getäuscht, nun setzt es seine Hoffnung auf den nächsten Berg. Doch aufs Neue ist die Täuschung, bis endlich der junge Mensch zur Einsicht kommt, dass die Dinge sich anders verhalten, als er anfänglich geglaubt hatte. Es gehet den grossen Kindern oft auch nicht besser. Wir streben und ringen mit dem grössten Fleisse, um ein gewisses Ziel zu erlangen; doch indem wir den Berg hinansteigen und ihn erklimmen, der Himmel rückt uns nicht näher. Was wir gewonnen haben, ist, dass wir von der Höhe aus uns an den Anblick des Gebietes, das wir bereits zurückgelegt, erfreuen können. Die Thäler, die Triften, die Ströme und Bäche, die malerisch zu unseren Füssen liegen, ergötzen und erfrischen und ermuntern uns, weiter zu ziehen, höher zu steigen. Die Griechen haben auch dafür das richtige Bild. Apollo verfolgt Daphne und endlich erlangt er den Lorbeerkranz. Wir streben alle nach einem Ideale, das uns vorschwebt, wir wollen das himmlisch verklärte Bild erfassen; — heil dem, der den Lorbeerkranz erhält.

So grossartig auch die Schöpfung des Tempels war, so konnte doch die Befriedigung, nachdem er einmal dastand, nicht in demselben Masse für alle Zeiten bleiben. Anderseits hat jede Zeit ihre Aufgabe zu lösen und jede Zeit hat ihre Männer und diese Männer wollen in ihrem Wirkungskreise Neues schaffen. Nach einer Reihe von Jahren gewährte das bereits Errungene keine Befriedigung mehr. Man strebte weiter.

Der Vorstand der Gemeinde, wie er bestand, als der Tempel erbaut war, wurde lückenhaft. Der Herr rief einige derselben in seinen Tempel, wo die Engel das „dreimal heilig" singen. Es kamen neue, jüngere Kräfte daran, denen ebenfalls das Heil ihres Volkes am Herzen lag. Diese betrachteten die Dinge anders. Sie wollten das erringen, wonach die Alten bereits gestrebt hatten, es aber nicht zu erringen vermochten.

Von Aussen war so ziemlich Alles stille. Man hoffte und gewärtigte immer, dass die Verhältnisse besser werden. Die Verbandlungen mit der Polizei, die wohl häufig vorkommen, bestanden zumeist darin, dass die Vertreter von Fall zu Fall gefragt wurden, ob dem und jenem, der um die Toleranz oder um Regierungsschutz einkam, das Gesuch zu bewilligen und die Bitte zu gewähren sei.

Wir können dabei nicht den Unterschied ausser Acht lassen, der sich zwischen damals und heute herausstellt.

Es liegt in der Natur eines Privilegiuminhabers, dass er neidisch auf jeden sieht, der ihm das Privilegium streitig machen, oder der dasselbe Vorrecht geniessen will. Während damals manchmal auf privatem Wege Mittel in Anwendung gebracht wurden, um die möglich günstige Meinung der Behörden in Betreff der Ertheilung dieser Privilegien, Toleranz und Regierungsschutz, zu hintertreiben; sieht heute jeder einen Ehrenpunkt darin, einem Glaubensgenossen das Bürgerrecht oder die Zuständigkeit zur hiesigen Commune, wenn er sonst nur dazu würdig ist, zu verschaffen. Mag auch das ceremonielle Judenthum da und dort etwas eingebüsst haben, jüdisches Gefühl und Bewusstsein haben zugenommen.

Ausserdem gibt es wenig aus dieser Zeit zu berichten. In einer Zuschrift vom Dezember 1837 an Dr. Philippson, Rab-

biner in Magdeburg, der zur Errichtung eines Seminars für israelitische Theologen und Lehrer aufgefordert hatte, bemerken die
Vertreter:

„Wir wünschen vom Herzen, dass dem anerkannten
und tiefgefühlten Bedürfnisse auf eine würdige Weise entsprochen werden möge und werden wir, obschon die Erhaltung und Vervollkommnung so vieler lokaler Anstalten uns
mehr als hinreichend beschäftigt, uns dennoch diesem Gegenstande freundlich zuwenden, sobald wir durch die nothwendigen Präliminarien einer das Unternehmen sichernden Organisation und Leitung einerseits, dann des Beitrittes mehrerer
der zahlreichen Gemeinden Deutschlands anderseits über die
Realisirung unserer Wünsche und Hoffnungen befriedigt sein
können."

Als später die Polizei-Ober-Direktion, durch einen Bericht
des Consistoriums der Wiener Universität angeregt die Frage
wegen Errichtung einer israelitischen theologischen Lehranstalt an
der Wiener Hochschule stellte, antworteten die Vertreter am
2. August 1838, dass eine derartige Aufforderung bereits von
Herrn Dr. Philippson an sie ergangen wäre, die sie abgelehnt
hätten, „sie können jedoch nicht umhin zu bemerken, dass die
Errichtung einer israelitischen theologischen Lehranstalt an einer
deutsch-erbländischen Universität allerdings sehr wünschenswerth
erscheinen würde."

Somit war auch diese wichtige Frage abgethan, und der löblichen Initiative der Behörde die Spitze abgebrochen. Es mögen
vielleicht viele Gründe geltend gemacht worden sein, um sich gegen
die Begründung eines Seminars in Wien auszusprechen. Vor allem
wollte man nicht Wien, als den Ort, wo die Bildungsanstalt für
Rabbinats- und Lehramtscandidaten sich befinde. „Versengend ist
dein Hauch, du Capua der Geister!" sang ein noch lebender Dichter
von Wien.

Daran mag sich das Bedenken geknüpft haben, dass man
dadurch den Wiener Israeliten eine zu grosse Last auflegen möchte,
wenn sich das Seminar hier befinden würde *) etc.

---

*) In jüngster Zeit hat die Regierung wieder die Initiative ergriffen
und es ist in Aussicht gestellt, dass ein Theil der unter Feldzeug-

So still es aber auch war, so fing es nichts desto weniger an sich zu regen. Einer der Vertreter, der das Beste der Gemeinde wollte, schoss manchmal über das Ziel hinaus und fand — Widerspruch. Er suchte den Grund in einer Coalition der jüngern Kräfte gegen sich, die aber nicht vorhanden war. Es trat nun eine gewisse Missstimmung ein, wie das gewöhnlich der Fall ist, wo eine Verkennung der An- und Absichten statt findet. Er suchte dieser vermeintlichen Coalition entgegenzutreten, indem er den Vorstand durch Repräsentanten verstärken wollte.

Im Jahre 1806 nämlich ordnete die Regierung an, dass nebst den Vertretern auch Repräsentanten gewählt werden sollen. Ihr Beruf war es, den Vertretern bei wichtigen Angelegenheiten beizustehen und die Gemeinde gewissermassen zu repräsentiren. Es gibt eine derartige Einrichtung in beinahe allen jüdischen Gemeinden, wo der engere Ausschuss bei wichtigen Gemeindeangelegenheiten sich durch den weitern Ausschuss verstärkt. Jedoch trat hier die Anomalie ein, dass ein und dieselbe Person Vertreter und Repräsentant war. Die Repräsentanten bestanden daher bloss dem Namen nach. Von den früher ernannten zwölf Repräsentanten blieben um diese Zeit beiläufig sechs, deren Wirksamkeit darin bestand, dass zwei derselben am Schlusse des Jahres die Rechnungen der Gemeinde vidirten. Jetzt sollte dieses Institut zu neuem Leben geweckt werden; doch es gelang nicht. Zumeist mag wohl die Ursache gewesen sein, dass das öffentliche Leben noch keine Gewalt hatte. Wir wissen aus andern Kreisen, mit welcher Lauheit noch heut zu Tage Wahlen vor sich gehen, und zwar da, wo es sich um das Wohl und Wehe eines ganzen Staates handelt.

Ohne dass dem eigentlichen Wohle der Gemeinde irgend wie Abbruch geschah, zogen sich die Dinge unter kleinen Plänkeleien fort, bis Herr B i e d e r m a n n starb. Nun war ein ganz neues Geschlecht. Von den Alten sass bloss noch der 83jährige Herr v. H o f m a n n s t h a l im Rathe.

---

meister H a y n a u eingegangenen Contributionsgelder in Ungarn zu einem jüdisch-theologischen Seminar verwendet werden. Jüdische Schulen sind durch Mittel dieses Fonds bereits ins Leben getreten.

Noch ein Moment trat hinzu, um die Geister, die Interesse für das Judenthum hatten, in Bewegung zu setzen. Im Jahre 1844 war die erste Rabbinerversammlung, die bereits früher von Dr. A. Geiger befürwortet wurde, auf Anregung des Herrn Dr. Philippson, in Braunschweig. Man sass da zu Rathe, „was Israel thun soll." Wir haben uns nicht die Aufgabe gestellt, die Bedeutung dieser Versammlungen zu beleuchten. Soviel jedoch müssen wir bemerken, der Zwiespalt zwischen jüdischer Lehre und Leben wurde da zum ersten Male aufs Lebhafteste debattirt. Was so viele fühlten, wurde hier von den geistlichen Führern der Gemeinde ausgesprochen. Es konnte dieses in Wien nicht ohne Wirkung bleiben. Man berieth, was zu thun sei. Wir geben hier die Abschrift eines Briefes aus jener Zeit, der Herrn Mannheimer überschickt werden sollte.

Wien, 5. Mai 1845.

In Beziehung auf bereits mündlich Angeregtes und Ihre diessfällige Zustimmung haben wir die Ehre Sie hiemit aufzufordern, ein schriftliches Gutachten wegen zeitgemässer Abstellung des „Kolnidregebetes" an uns gelangen zu lassen und jenen Psalm, der in Fürth und andern grösseren Gemeinden substituirt wurde, der alten, schönen Melodie anzubequemen, damit das an ihre Rhythmen gläubig gewöhnte Ohr und Gemüth am Vorabende des Versöhnungstages nicht aus seiner Andacht heraus gestört werde.

Wir werden sodann die Repräsentanten der Gemeinde versammeln, uns Ihre Anwesenheit erbitten und so in Gemeinschaft der zeitgemässen Forderung ihr Recht wiederfahren lassen.

Wir knüpfen an diesen Anlass die Betrachtung, dass der Schritt vom verworrenen unanständigen Gottesdienste, wie er noch vor wenigen Jahrzehnten in Wien üblich war bis zur heitern auferbaulichen Würde unseres Gotteshauses, die wir Ihren Bestrebungen mit zu danken haben, ein mächtiger Schritt geistiger und somit auch äusserer Emanzipation gewesen ist. Der Segen wohlthätiger Folgen einer solchen Errungenschaft heftete sich an unser gemeinschaftliches Werk ; wohlthätig nach Innen: in unserem Herzen, in unserer Gemeinde; wohlthätig nach Aussen: als Manifestation geklärter Gesinnung, als Beispiel für hunderttausende unserer Glaubensgenossen, die sich mit uns eines gemeinschaftlichen Vaterlandes erfreuen.

Zwei Jahrzehnte sind seit diesem, im angedeuteten Sinne auch geistigen Tempelbaue verflossen und bei lebendigem Fortbestehen desselben, beim Gedeihen der altherbegründeten und der neu aufblühenden humanen Anstalten müssen wir das Unerbittliche der Thatsache anerkennen, dass seit jener Zeit kein gleicher Schritt so mächtig fördernd, so beispiel- und segensreich geschehen ist. Der Genius, den sich die Alten als Schlange dachten, häutet sich wieder, das jüngere Geschlecht beginnt sein Recht auch mithelfen zu dürfen am Baue, in Anspruch zu nehmen und da meinen wir, dass es, um nicht überflügelt zu werden, auch an uns sei, die vor Allen dem Heerde der Intelligenz geografisch näher stehen und den Gemeinden in den Provinzen voranzuschreiten berufen scheinen, jenem Ziele der Entwickelung entgegenzustreben, das wir erreichen müssen, in wie weiter Ferne es auch noch dämmert.

Die Zukunft soll es uns nicht nachsagen, dass uns die Zeit, imperatorisch wie Besiegten, Fortschritte als Gesetze aufgedrungen habe. Es ist zu Demüthigendes in einer solchen Erfahrung, und zu Lohnendes in dem Bewusstsein, die Zukunft angebahnt und sich nicht der Strömung, unbekümmert ob sie uns vielleicht am unwillkommenen Ufer landen lässt, überlassen, vielmehr ihr geboten zu haben. Es scheint uns Beruf und Pflicht, wie wir auf einer Anhöhe der Erkenntniss, des Wissens und der moralischen Kräftigung, einen weiteren Horizont beherrschen, auch in weiteren Kreisen voranschreitend zu wirken.

Wir wissen Sie von gleichem Wunsche beseelt, von gleichem Bewusstsein ergriffen und freuen uns, dass wir das Schlagwort der mahnenden Zeit nur aussprechen dürfen, um der lebendigsten Sympathie in Ihnen vergewissert zu sein.

Wir wollen keine modern stürmenden Reformationen, vielmehr sei unser Streben dahin gerichtet, ungleich jenen, die demoliren, wie vor Jahrzehnten ein Gotteshaus, in bewegter Ruhe, im selbstbewussten Wirken wieder ein architektonisch Festes hinzustellen; wohl auch da und dort vergessenen Schuttüberrest z. B. in der Lithurgie, die ausgesprochene Sehnsucht nach der Heimkehr ins gelobte Land u. dgl. wegzuräumen. Wichtiger scheint uns, für die bürgerliche Emancipation die Abstellung der Doppelfesttage bei längst erkannter astronomischer Unfehlbarkeit: vor Allem aber, wie unser Gottesdienst conciser, inniger und auferbaulicher; wie der Sinn und Glaube unserer Jugend — dieser Mannheit der Zukunft — gediegen zu leiten, zu läutern und fest zu begründen sei. Die Schule und das an die noch weichsten Gemüther gerichtete Wort wölbt die Pforte zu künftiger Erkenntniss, führt das Licht herauf, das schon am Horizonte aufdämmert, in ihr werden die Waffen geschmiedet zum gestählten Kampfe und das Vertrauen erzogen, zu dem einstigen Siege in sich, wie im Leben.

Was wir in lapidarischer Kürze hier angedeutet, Sie werden darin zum Theil einen Wiederhall Ihrer oft zu uns gesprochenen, begeisterten Worte erkennen und die Aufforderung, in den angedeuteten Richtungen uns mit praktisch unwiderlegbaren Vorschlägen entgegen zu kommen, ist Ihr eigenes wachgerufenes Werk.

Unterstützen Sie uns mit der Kraft ihres Geistes, mit der Energie Ihres frommen Willens, wir sind bereit und der Herr wird uns seinen Segen nicht versagen.

Die Vertreter
der hiesigen israel. Einwohner.

Wir gaben dieses Aktenstück als Zeichen der damaligen Stimmung. Die Verhandlungen jedoch wurden mündlich mit Herrn Mannheimer gepflogen. Dieser aber glaubte, nicht auf alle diese Wünsche eingehen zu sollen. Die Ursachen beiläufig mögen gewesen sein:

Durch die Rabbinerversammlungen sonderten sich die Parteien. Bis dahin handelte es sich zumeist darum, den Gottesdienst in würdiger Weise hinzustellen, das deutsche Wort im Gotteshause heimisch zu machen etc. Nun wurden Fragen erörtert, die sich nicht blos auf dem Gebiete der Synagoge bewegten, die ins Leben des Judenthums eingriffen.

Mannheimer gehört nicht zu den Charakteren, die sich drängen lassen. Sein Streben ging vom Anfang an dahin für sein Volk, für seinen Glauben im vollen Masse einzustehen, den Gottesdienst in der würdigsten Weise zu gestalten. Es hatten sich aber die Verhältnisse in der Gemeinde hier verändert. Wir hatten · Gelegenheit in dem Protokolle vom 5. Juni 1821 die Bemerkung anzuführen, „dass der neue Cultus von der hiesigen Gemeinde besucht werden müsse." Derselben Mahnung hätte es auch später bedurft. Freilich wissen wir nicht, ob ihr entsprochen worden wäre und zwar aus folgendem Grunde:

Der grösste Theil der Gemeinde besteht aus Kaufleuten. Es ist ihnen nicht die Glaubenswärme abzusprechen, aber sie sind Kaufleute, denen das „*time is money*" als Richtschnur gilt. Wir dürfen auch nicht die Verhältnisse einer grossen Stadt ausser Acht lassen, die störend und hemmend auf die religiöse Entwickelung einwirken und dem ceremoniellen Judenthum überhaupt manchen Abbruch thun. Wir wiederholen, es war nicht Theilnahmslosigkeit, sondern die gegebenen Verhältnisse, wie sie in jeder grossen Stadt vorkommen, und die man nehmen muss, wie sie sind, lichteten die Reihen der Besucher des Tempels an gewöhnlichen Sabbaten. Dazu freilich wäre noch zu rechnen, dass bei der Abnahme des Verständnisses der hebräischen Sprache viele nicht die Erbauung in dem Tempel fanden, die sie darin suchten. Endlich gibt es manche, die stets nur das Neue wollen, und diesem anhängen, so lange es neu ist. Ist es einmal alt geworden, dann sucht man wieder etwas Neues.

Es entstand nun ein Wechsel. „Der früher zu den Angreifern gehörte, wurde jetzt der Angegriffene." M. blieb sich consequent und wollte den Tempel in seinen Einrichtungen nicht antasten lassen. Er hielt sich zu der Partei, die treu an ihm hielt. Concessionen von seiner Seite, meinte er, könnten wohl für kurze Zeit ein neues Publikum gewinnen, das aber bald wieder den Posten verliesse, während dem man anderseits durch Concessionen das treu bewährte Publikum moralisch aus dem Tempel entfernen würde. Er wollte daher nicht das, was er mit vieler Mühe aufgebaut, den Launen des Zufalls preisgeben.

Die Folge jenes Briefes war daher blos, dass in der Vertreter-Sitzung vom 8. Juli 1845, bei welcher auch Herr M a n n-h e i m e r anwesend war, der Beschluss gefasst wurde:

„Das „Kolnidregebet" soll als eine zeitgemässe in mehreren Gemeinden bereits beachtete Forderung vom nächsten Versöhnungstage begonnen, abgestellt werden."

Man fand diese Reform damals um so nothwendiger, da eben die Veränderung und Abstellung des Judeneides bei den Behörden betrieben wurde *). Als Zeichen der damaligen Zeit führen wir an, dass keine Stimme aus dem orthodoxen Lager der Rabbiner

---

*) Der sogenannte Judeneid ist eine Erfindung des 14. Jahrhunderts (Zunz, synagogal. Poesie a. a. O.). Die spätere Zeit hat manche grausame Härte, auf einer Schweinhaut zu stehen etc. abgeschafft; aber die harten, jedes bessere Gemüth empörenden Worte blieben. Wer mit dem jüdischen Gesetze vertraut ist, weiss es, wie strenge der Talmud vor allem, was an Meineid mahnt, warnt; denn „die ganze Welt erbebte, als am Sinai das Wort erscholl: Du sollst den Namen des Ewigen Deines Gottes nicht zum Falschen aussprechen." Der Talmud erklärt ferner, dass das ausgesprochene Wort: „Ja" oder „Nein" bindend und verpflichtend sei. Ein segensreiches Verdienst des Wiener Vorstandes und M a n n h e i m e r s bleibt es, dass diese Schmach im Jahre 1846 von den Juden genommen und fügen wir hinzu, aus dem österreichischen Gesetzbuche getilgt wurde. Sonderbar aber ist es, dass erleuchtete Regierungen in Nord- und Süddeutschland noch immer sich nicht entschliessen können, diesen Fleck des Mittelalters zu tilgen. — Um historisches Interesse zu befriedigen, führen wir eine alte Eidesformel an:

Ego P. Judaeus, juro per Deum vivum, per Deum sanctum, per Deum omnipotentum, qui fecit coelum et terram, mare et omnia quae in eis sunt, quod in hac causa, qua me hic Christianus inculpat innocens sum penitus et immunis. Et si reus sum terra me absorbeat quae Dathan et Abyron obsorbuit. Et si reus sum, paralysis et lepra me invadat, quae praecibus Helisaei, Naaman Syrum dimisit et Jezii puerum Helisaei invasit. Et si reus sum, caducus morbus, flexus sanguinis et gutta repentina me tangat, et mors subitama me rapiat, dispeream, que in corpore et anima ac rebus meis et in sinum Abrahae nunquam perveniam. Et si reus sum, lex Moysi in Monte Synai sibi data me deleat et omnis scriptura, quae in quinque libris Moysi scripta est, me confundat. Et si istud juramentum meum non est verum et justum me deleat Adonay et suae Deitatis potentia. Amen.

sich gegen die Abschaffung des „Kolnidre" erhob. Mannheimer hatte sich in ihren Augen bereits ein Ansehen erworben und man vergab ihm manches, das man ihm sonst nicht verziehen hätte. Wie er früher eine der mächtigsten Stützen der fortschreitenden Partei war, so vertrauete ihm jetzt die conservative. Wenn aber auch die Reformbestrebungen zu nichte wurden, so hörten sie doch nicht auf und suchten in anderer Art zur Geltung zu kommen. Insbesondere bestand die Klage über die Länge des Gottesdienstes. „Um also," heisst es im Protokolle der Vertreter und des Bethausvorstandes vom 23. März 1846, „dem dringenden Bedürfnisse und der allgemeinen Klage über die lange Dauer des Gottesdienstes am Sabbat und Festtagen, insoferne es ohne Eingriff in den Bestand und Inhalt der Lithurgie geschehen kann, möglichst zu begegnen, haben die Vertreter der hiesigen Israeliten im Einverständnisse mit dem Bethausvorstande und nach Einvernehmen des ersten Religionslehrers einmüthig beschlossen, vom kommenden ersten Pessachtage an folgende Bestimmungen und respective Abänderungen eintreten zu lassen.

1. Die „Mischeberach" während des Vorlesens der Thora für die einzelnen zur Thora berufenen sind sammt und sonders abgeschafft.

Zur Erhebung der Spenden wird fortan den Berufenen ein Spendebuch zugestellt werden, in welches sie die Spenden einzutragen ersucht werden; und versieht man sich von der Mildthätigkeit und Rechtlichkeit der Gemeindeglieder und Angehörigen, dass sie die Wohlthätigkeitsanstalten nicht werden büssen lassen *).

2. Um beim Aus- und Einheben der Thora den Gottesdienst zu vereinfachen, zugleich aber verständlicher und erbaulicher zu machen, sind folgende Verfügungen getroffen worden.

Das „En-Kamocha", das diesen Akt eingeleitet, wird weggelassen, ausser am Versöhnungstage und am Simchath Thora.

---

*) Man ging von dem Grundsatze aus, dass eine grosse Gemeinde wie Wien auf solche Weise, wo oft die Eitelkeit zunächst mehr Antheil an der Wohlthätigkeit als der Herzenszug hat, nicht ihre Zuflüsse sich verschaffen sollte. Leider haben die Wohlthätigkeitsanstalten eingebüsst und in neuester Zeit wurden daher die Mischeberach wieder eingeführt.

Das „Berich Schme" an Sabbaten und „Ribonu schel olam" an Festtagen wird in deutscher Sprache gelesen. Jekum Purkan und Mischeberach bleiben weg. Ein allgemeiner Segen für die zur Thora berufenen in Verbindung mit dem Gebete für den Landesvater wird deutsch gesprochen. Im Uebrigen bleibt die Lithurgie ihrem Inhalte nach unberührt mit Ausnahme der noch etwaigen Piutim am ersten Neujahrstage, deren Auslassung wegen der unverhältnissmässigen Länge des Gottesdienstes an diesem Tage vorbehalten bleibt.

3. Ist mit dem Vorbeter ein Uebereinkommen getroffen worden, den Vortrag möglich flüssig zu halten, bei gewissen Stellen weniger zu singen und mehr zu recitiren etc.

Vergleicht man den Anlauf, den die Sache genommen hatte und das Resultat, das aus diesem kühnen Anlaufe hervorging, so wäre man versucht zu sagen: „Parturiunt montes etc." Statt irgend etwas zu thun, wodurch dem religiösen Bedürfnisse entsprochen worden wäre, hat man sich begnügt, die Zeit des Gottesdienstes zu kürzen. Wenige von den Wünschen, die früher so beredt ausgesprochen wurden, kamen später über die Lippen. Sind sie vielleicht desto tiefer ins Herz geprägt und erwarten nur den Moment, wo sie mit Sicherheit sich in die Oeffentlichkeit wagen können? — Doch greifen wir nicht vor. So viel jedoch müssen wir bemerken:

Man sagt es den Wienern von der einen Seite als Lob, von der andern als Tadel nach, dass sie „gemütblich" sind. Ob das ein Nachtheil für die Religion ist? Wir glauben kaum. Religion ist vor Allem Sache des Gemüthes. Um einen Prinzipienkampf handelt es sich aber hier nicht, oder nur höchst selten. Im Hause hat das Leben seinen mächtigen Einfluss. Religiöse Reminiscenzen, wo sie noch vorhanden sind, üben bei freudigen wie bei traurigen Anlässen ihre Macht aus. Die Reformen betreffen blos die Lithurgie im Tempel. Da man aber auf dem Gebiete der innern Reform des Tempels nichts erlangen konnte, so wollte man einen praktischen Nutzen erzielen: dass der Gottesdienst nicht lange dauere.

Die Dinge ruhten nun, die Verhältnisse der Gemeinde erforderten auch nach einer anderen Seite hin grössere Aufmerksamkeit. Die Gemeindemitglieder wurden immer zahlreicher, so dass an den hohen Festtagen Betlokale gemiethet werden mussten; die Institutionen erweiterten sich und man suchte den Bedürfnissen zu entsprechen, indem man einen zweiten Prediger anstellen wollte. Das Protokoll darüber ist vom 26. Dezember 1847. Es lautet:

„Die Vertreter eröffnen dem Bethausvorstande, dass sie bei unablässigem Hinblick auf eine möglichst ökonomische Verwaltung, doch den Einfluss ihrer religiösen Unterrichts- und Wohlthätigkeits-Institutionen, nach innen wie nach aussen zu, viel zu sehr würdigen müssen, um nicht in der Erhaltung und Vervollkommnung derselben eine noch vorwaltendere Verpflichtung zu erblicken. Aus dieser Erkenntniss und aus der Erwägung mannigfacher in solcher Beziehung eingetretener Bedürfnisse geht nun der schon unter minder dringenden Anregungen gemachte Antrag zur Besetzung einer zweiten Predigerstelle hervor, woran sich jedoch Attributionen knüpfen, welche auch ausserhalb jenes Begriffes liegen. Es mag aber die Beruhigung vorangeschickt werden, dass aus dieser Massregel kein Anlass zur erhöhten Belästigung der einzelnen Gemeindeglieder hervorgeht, dass weiterhin die so sehr verpflichtenden Rücksichten schuldiger Hochachtung und Dankbarkeit gegen den hochgeehrten ersten Prediger M a n n h e i m e r, welche auch eine Erleichterung in dessen so vergrössertem Wirkungskreise in sich begreifen, niemals ausser Acht zu lassen sind, und endlich, dass die genaue Abgrenzung des hier zu eröffnenden Ressorts, ebenso wie ein mehrseitiges Einverständniss über die dazu designirte Persönlichkeit jede Besorgniss vor auftauchenden Conflikten, oder gar Spaltungen durch etwaige Uebergriffe auf dem Gebiete religiöser Reform zu beseitigen vermögen."

Der Wirkungskreis des neuen Funktionärs sollte sein:

1. Auf den Grund wiederholt gestellter Anmahnungen von Seite der verschiedenen Gefängnissverwaltungen zur Einrichtung wöchentlicher und festtägiger Andachten für die dort befindlichen Israeliten sind die nöthigen Einleitungen getroffen worden.

2. Erkrankte und Sterbende im allgemeinen Krankenhause, in andern Spitälern, so wie im israelitischen Spitale wünschen öfters geistigen Trost und Zuspruch, welches man dem ersten Prediger, dessen Wirkungskreis ohnediess überhäuft ist, nicht zumuthen kann.

3. Da Predigt und Exhorte immer mehr als integrirender Theil des Gottesdienstes zu betrachten kommen, so können sie nicht auf eine einzige, gleichwie achtbare Persönlichkeit basirt bleiben. Reisen, Unwohlsein etc. führen zu Lücken. Da auch im Gottesdienste der deutsche Theil der Lithurgie stärker anwächst, so ist dieser Theil in Verhinderung des ersten Predigers ohne entsprechende und würdige Stellvertretung.

4. Eine solche Stellvertretung ist auch in Folge anderer Einrichtungen bei Abnahme von Judeneiden nothwendig. Was hievon in das Bereich des ersten Predigers fällt, steigert das ohnehin gehäufte Mass seiner anderweitigen Obliegenheiten.

5. Der Wirkungskreis des zweiten Predigers dürfte auch dadurch erweitert werden, dass nach Vorgang anderer Gemeinden auch ein alternatives Abhalten der Predigten und Gebete eintrete.

6. Die religiösen Bedürfnisse so vieler sich hier permanent aufhaltender Glaubensgenossen stellen es mit ziemlicher Wahrscheinlichkeit heraus, dass die ohnediess jahrweise gemiethete grössere Gebetslokalität in der ·Leopoldstadt öfter als blos an einigen Hauptfesttagen zu erschliessen sei, in welchem Falle aber auch hier einer würdigeren gottesdienstlichen Einrichtung durch Eingangsverstattung von deutschen Gebeten und zeitweilig auch Vorträgen Raum gegeben werde.

7. Auf Grund des schon früher mit dem Predigeramte vereint gewesenen Lehramtes, hätte sich der zweite Prediger auch zur Uebernahme einer oder einiger Religionsklassen zu bestimmen. Es tritt diese Nothwendigkeit bei den Elementarklassen ein, wo Schüler von dem heterogensten Lebensalter und Fähigkeiten, indem sie zu drei verschiedenen Elementarklassen zählen, in der Religionsschule in eine und dieselbe vereinigt werden. Auch in Beziehung auf eine zu eröffnende

Mädchenschule und zu Supplirungen in Erkrankungsfällen des Lehrers an der Religionsschule wäre der Wirkungskreis zu erweitern.

8. Die moralische und materielle Obsorge, die das Armenwesen in Anspruch nimmt, lässt die Mitwirkung eines zweiten Predigers um so wünschenswerther erscheinen.

9. Endlich hofft man, dass alle frommen und wohlthätigen Anstalten durch die Wirksamkeit des zweiten Predigers gefördert werden.

Zu diesem Amte wollte man Herrn Albert Kohn, Kreisrabbiner in Raudnitz wählen. Derselbe kam hierher und predigte im Tempel am 1. Jänner 1848. — Doch die Ereignisse, die in diesem Jahre eintraten, stellten alles andere in den Hintergrund. Als Ruhe und Ordnung zurückgekehrt waren, hatte die Gemeinde eine andere Gestalt. Nun galt es eine neue Grundlage zu schaffen.

Bevor wir in unserer Darstellung weiter fortfahren, müssen wir eines Momentes gedenken, das später zum wichtigen Faktor geworden ist. Wir meinen die „polnische Schule."

Seitdem es gestattet war, dass Juden sich in Wien aufhalten dürfen, zogen polnische Juden hieher. Um die Zeit, wo unsere Geschichte beginnt, hatten die Polen ihre concessionirte Betstube in dem alten Lazzenhofe *). Die Judengasse, wo der Trödel in seiner ganzen Armseligkeit betrieben wurde, bot auch den Andächtigen ein Plätzchen. Der Wiener Jude, der ungern den Platz betrat, kümmerte sich wenig um das kleine Häuflein, welches da nach seiner Weise selig werden wollte. Es ist während des Baues des Tempels keine Rede von der polnischen Schule, keiner gedenkt ihrer. Diejenigen aber, die aus religiösem Bedürfnisse die polnische Schule besuchten, thaten nichts dazu, dass man auf sie

---

*) Dieses Haus führte den Namen nach seinem Erbauer, dem bekannten Gelehrten Lazius, Leibarzt des Kaisers Ferdinand I., welcher unter anderem das Werk „de gentium aliquot migrationibus", welches auch zur Kenntniss der jüdischen Geschichte viel interessantes Material liefert, verfasste. Der Leibarzt der Kinder dieses Kaisers war der Jude Lazarus, von dem wir an einem a. O. sprechen werden.

aufmerksam werde. Sie wollten den Behörden keinen Anlass geben, unter ihnen Musterung zu halten. Mussten sie doch ohnediess in Angst und Schrecken leben, dass plötzlich ein Beamter über sie herfällt und sie wegen „unbefugten Aufenthaltes" nach allen Enden der Windrose in die Heimat zurückschickt.

So lebte jedes still gesondert für sich. Die Polen kümmerten sich nicht um den Tempel, da der Gottesdienst ihnen nicht genug jüdisch schien. Ebensowenig und noch weniger kümmerten sich die Besucher des Tempels um die Polen. Diese wählten aus ihrer Mitte einen Vorstand, oder wie man es gewöhnlich nennt: „Gabaim." Um das Jahr 1830 bekleideten dieses Amt die Herren M a r g o - l i e s und A s c h k e n a s i.

Diess ging nun so lange es ging. Mit der anwachsenden Zahl der Besucher dieses Gotteshauses, da die Zahl der Juden immer grösser wurde und der Tempel sie nicht fassen konnte, wuchs auch die Unordnung, kamen Lärm und Geschrei immermehr in Aufschwung. Die Vertreter sahen nur ungern dieses Treiben mit an. Nachdem sie mit vieler Anstrengung einen geregelten Gottesdienst geschaffen hatten, mussten sie da die alte Verfallenheit vor sich sehen. Sie trachteten dem abzuhelfen.

Wir bemerkten bereits, dass die Behörde keinen Rabbiner hier anerkannte. Nichts destoweniger musste dem Bedürfnisse abgeholfen werden, wenn rituelle und casuelle Fragen zur Beantwortung vorkamen. — Die Behörde legte in dieser Beziehung keine Schwierigkeit in den Weg, weil sie wollte, dass der Jude seine religiösen Pflichten erfülle. (Sie ertheilte daher auch Concessionen an jüdische Traiteurs und Koscherweinschänker *). Es war auch stets jemand, der „Issur wehetter", über das, was rituell erlaubt und was unerlaubt ist, zu entscheiden hatte und nach dieser Richtung hin die Funktionen eines Rabbiners versah.

Im Jahre 1829 wurde zum Rabbinerstellvertreter Herr Lazar H o r w i t z (geb. 1804 in Floss in Baiern) gewählt, ein Abkömmling

---

*) Gelegenheitlich sei bemerkt, dass man dieses auch ausbeutete und in neuester Zeit wollte sogar ein Jude das Recht haben, „Berches- (Sabbat-) Brodbäcker" zu sein. Die neue Gewerbeordnung machte ähnlichen Vorgängen gänzlich ein Ende.

der berühmten Familie H o r w i t z. Dieser war Schüler und Jünger des seligen Pressburger Rabbiners Moses S o p h e r, welcher ihn hieher empfahl. Zur alten Schule gehörig, in derselben grossgezogen, hat er sich einen freien Blick für die Verhältnisse und Forderungen der Zeit gewahrt, wie er dieses insbesondere bei der Frage „Peria Meziza" gezeigt hat.

Die Vorsteher der polnischen Schule, die ein geistliches Oberhaupt wünschten, ersuchten die Vertreter, dass sie Herrn H o r w i t z gestatten mögen, die polnische Schule zu besuchen und dort die Funktionen eines Rabbiners zu übernehmen. Dieses wurde bewilligt. Wir finden in dieser Beziehung ein Schreiben der Vertreter an Herrn H o r w i t z vom 9. September 1836, worin es heisst:

„Die angelegentliche Sorgfalt, welche wir der Erhaltung unserer wohlthätigen Institutionen widmen, und über die uns zustehenden Obliegenheiten strenge zu wachen, dass in dieser Residenz nichts Sanitätswidriges oder mit dem öffentlichen Anstande Unverträgliches aus unserer Mitte hervorgehe, veranlassen Diess, Sie unsererseits mit der dazu erforderlichen Aufsicht und Controlle rücksichtlich der Betversammlung der polnischen Israeliten zu beauftragen.

So wenig wir nämlich im entferntesten die Absicht hegen, dieselben in ihren Riten zu beirren, oder ihnen darin irgend etwas vorschreiben zu wollen; so sehr haben wir zu achten, dass kein übergrosser, in keinem Verhältnisse zu der Lokalität stehender Andrang veranlasst und geduldet werde, wodurch mancherlei Uebel erzeugt werden können, und dass kein Unfug statt finde, welcher geeignet sein könnte, den uns zukommenden Gesammtnahmen in üblen Verruf zu bringen.

Eine zweite uns nahe liegende Rücksicht ist die zweckmässige Verwendung der aus und in dieser Betversammlung eingehenden milden Beiträge, damit die wohlthätigen Institutionen, welche uns unterstehen, die so sehr der allgemeinen Theilnahme bedürfen und aus denen schon so vielen polnischen Juden Gutes erflossen ist, nicht beeinträchtigt und verkürzt werden."

Somit übte Herr H o r w i t z sämmtliche Funktionen eines Rabbiners in der polnischen Schule; er hielt die „Deraschot" (religiöse Vorträge) an den zwei wichtigen Sabbaten etc., dabei sollte er auch administrativ wirken. Doch ging letzteres sehr schwer. Schon unsere alten Weisen erzählen, anlehnend an die Stelle der Schrift: „Sie schauten dem Moses nach, wenn er ging." Ging Moses früh vom Hause weg, hiess es: Gewiss ist der Hausfriede bei ihm gestört; darum eilt er fort. Verliess er spät sein Haus, dann hiess es wieder: Moses vernachlässiget die öffentlichen Angelegenheiten, um im Kreise seiner Familie zu bleiben. Dieses Geschick traf viele Nachfolger von Moses. Dem einen ist man zu heiss, dem andern zu kalt; diesem zu gemessen, dem andern zu vorschnell etc.

Doch hier gesellte sich gewissermassen der Nationalitäten- und Racenkampf dazu. Wer da weiss, dass im Judenthume noch da und dort das Wort Korach's gilt: „die ganze Gemeinde besteht aus heiligen Männern;" „alle Seelen waren auf dem Berge Sinai anwesend;" ferner, dass der Satz: Es gilt kein Ansehen der Person auf dem Gebiete der Thora, dahin oft gedeutet wird, dass der Unbedeutende sich gegen den Mann von Ansehen und Bedeutung auflehnt: der wird beiläufig ermessen können, was es heisst, dass ein Deutscher eine polnische Gemeinde leiten soll.

Um dem ein Ende zu machen, berief Herr M. L. Biedermann im Jahre 1839 im Namen der Vertreter die Häupter der polnischen Gemeinde zu sich und erklärte ihnen, nachdem die finanziellen Verhältnisse der polnischen Schule immer schlechter werden und die Einrichtungen derselben so vieles zu wünschen übrig lassen: so wolle er auf seine Kosten den Pacht der polnischen Schule übernehmen, den etwaigen Schaden selbst tragen, den möglichen Gewinn hingegen zu Gunsten dieser Anstalt verwenden.

Dieser Vorschlag fand, wie es sich wohl von selbst versteht, Anklang, und so wurden von den Vertretern Herr Horwitz und Herr Duckes, Vater des bekannten Schriftstellers, zu Vorstehern der polnischen Synagoge bestimmt. Es wurde nichts von dem Ritus etc. geändert; es hatte die deutsche Herrschaft nichts von jenem Schrecken im Gefolge, den man fürchtete.

Mit dem Tode Biedermann's, wo die Verhältnisse auch da grössere Dimensionen angenommen hatten, traten die Spaltungen auf's Neue ein. Nun standen die Dinge so: Die Polen hatten die Concession des Bethauses seit langer Zeit von Seite der Behörden, die Deutschen aber waren diejenigen, die die Anstalt erhielten, da die Polen zumeist arm waren. Ueberdies, diese waren Fremde, jene wohnten den grössten Theil des Jahres hier oder waren hier etablirt. Neuerdings trat die „Schule" unter eigene Verwaltung, und zu Vorstehern wurden gewählt Herr M e s c h o r e r und Herr Ignaz D e u t s c h. Diese Herren begünstigten Reformen; so wurde das Mizwothversteigern und das Aufrufen etc. abgeschafft.

Die Streitigkeiten hörten aber nach wie vor nicht auf. Man berief also eine Versammlung aus Polen und Deutschen, um Statuten zu entwerfen. Ein Blatt Papier sollte den Launen und Uebergriffen ein Ziel setzen! Nach langen Debatten wurden die Statuten festgesetzt.

Fassen wir den Inhalt dieser Beschlüsse kurz zusammen, so bestanden sie darin: das Bethaus führt den Titel „B e t h a u s f ü r p o l n i s c h - d e u t s c h e I s r a e l i t e n." Der Vorstand besteht aus drei Polen und drei Deutschen. Der Rabbiner führt bei den Sitzungen den Vorsitz. Es ist auch für spätere Zeiten festzuhalten, dass der Vorstand stets ein gemischter bleibe. — Zugleich wurden verschiedene Missbräuche abgestellt.

Doch diese Modalität hatte noch nicht Alles gesichert, die Eifersüchtelei um die kleinsten und kleinlichsten Dinge dauerte fort. Eines Tages sollte ein unbedeutendes Aktenstück unterschrieben werden, und es hiess: „Vorsteher des Bethauses für d e u t s c h - p o l n i s c h e Israeliten," da erhob sich ein Sturm. Man wollte Efraim vor Menasse setzen. Den Polen gebührt der Vortritt! hiess es. Das Aktenstück musste umgeschrieben werden und die Unterschrift lautete: „der p o l n i s c h - d e u t s c h e n Israeliten."

Mitten unter diesem Waffenstillstande, (einzelne Schüsse wurden nach wie vor abgefeuert), traten Ereignisse ein, welche den Bruch herbeiführten. Der Lazzenhof wurde verkauft, und das Jahr 1848 kam.

Wie es sich von selbst versteht, ruhte die innere religiöse Frage überhaupt zu jener Zeit. Damals galt es zunächst die Judenfrage nach Aussen hin zu lösen. In solcher Zeit gibt es nur zwei Extreme, die sich in sich zurückziehen, entweder die klare und reine

Philosophie, die alle Ereignisse des Tages mit ruhigem Gleichmuthe betrachtet, weil ihr nur die ewigen Wahrheiten gelten, oder der Egoismus, der unablässig seinem Ziele nachgeht und nur die eigenen Interessen zu fördern strebt. Ein solcher lässt unbekümmert die Welt in Rauch und Asche aufgehen, wenn er sich an der Glut die Hände wärmen kann. — Der Tempel blieb unberührt von den äussern Stürmen. Von dem dienstthuenden Priester heisst es: „Aus dem Heiligthume soll er nicht gehen, bei Vater und Mutter soll er sich nicht verunreinigen, wenn sie sterben; denn die Krone seines Gottes trägt er auf seinem Haupte." Das Gotteshaus darf sich nicht kümmern, was um dasselbe geschieht; in demselben waltet zu allen Zeiten und Verhältnissen derselbe Gott in seiner Allmacht und Gnade.

Ununterbrochen ging der Gottesdienst fort, mit Ausnahme am Versöhnungstage, der auf den 7. Oktober, jenen Tag, wo die Verwirrung auf das Höchste stieg, fiel.

Da wurde der Gottesdienst, der für den ganzen Tag bestimmt ist, in kurzer Zeit abgehalten. Sonst ging Alles in der grössten Ruhe vor sich. Im Jahre 1849, als in Kremsier die Grundrechte verhandelt wurden, that der hiesige Vorstand, im Vereine mit den Vorstehern der angesehensten Gemeinden einiger Kronländer das Möglichste, um durch persönliche Besprechung mit den Abgeordneten den §. 17, die eigentliche Judenfrage, zur günstigen Lösung zu bringen. Doch der Reichstag ging bei diesem Paragraphe unter. Vielleicht durften sich die Herren zurufen: „Wir sind schuldig wegen unseres Bruders, wir sahen das Leid seiner Seele, wie er zu uns flehete; aber wir hörten ihn nicht." Mit Jubel ward das Geschenk des Kaisers, die octroyirte Verfassung vom 4. März 1849, begrüsst. Sie traf an Purim ein, und es konnte wohl den Juden kein schöneres „Mischloach manot" (Geschenk) in's Haus geschickt werden.

Nun war das Gebäude aus seinen Grundfesten gehoben; die Gemeinde war eine andere. Was früher für dieselbe passte, wurde über Nacht zu enge; die zuvor kleine Gemeinde wurde plötzlich auch durch ihre Seelenzahl imposant, denn was früher scheu sich verkroch, trat jetzt an's Tageslicht *).

---

*) Die Volkszählung im Jahre 1846 ergab für die israel. Bevölkerung Wiens beiläufig 4000 Seelen. (Die Zahl der Tolerirten war 118.)

Die erste Sorge musste sein, Boden zu gewinnen. Es mussten vor Allem Statuten für die Gemeinde verfasst werden. Bereits am 9. April 1849 wurde die neue Wahl ausgeschrieben, und im Oktober desselben Jahres constituirte sich der provisorische Vorstand. Bevor die Statuten berathen und von den Behörden genehmiget wurden, kam das Jahr 1852 *).

Im Jahre 1849 steigt die Zahl bereits auf 9000. Man darf jedoch nicht glauben, dass der Zuwachs von Aussen so stark war. Vor dem Jahre 1848 lebten nämlich mehr Juden hier als officiell gemeldet waren. Ueber diese Täuschungen, welche den Behörden nicht ganz unbekannt waren, wollen wir bei einer andern Gelegenheit sprechen.

*) Wir führen dieselben hier an:

Die israelitische Gemeinde in Wien ist eine Religions-Genossenschaft und kein politischer Verband.

Der Zweck der israelitischen Religionsgemeinde ist, ihren Mitgliedern die Theilnahme an allen von ihr unmittelbar erhaltenen, jetzt bestehenden, oder in Zukunft noch in's Leben tretenden rituellen Unterrichts- und Wohlthätigkeits-Anstalten zu gewähren, und die Erhaltung und Förderung derselben auf die zweckdienlichste Weise sicher zu stellen.

Bis zur Feststellung eines definitiven Statutes bilden diejenigen Israeliten, welche das Bürgerrecht, oder die Zuständigkeit für Wien bereits besitzen und in Zukunft besitzen werden, so wie jene, welche bis zur Ertheilung der Verfassung vom 4. März 1849 mit behördlicher Bewilligung in der Stadt und der Umgebung ansässig waren, und daher auf die Zuständigkeit Anspruch haben, sammt ihren Frauen und Kindern die israelitische Religions-Gemeinde, und müssen sich in die sofort zu eröffnende Matrikel eintragen lassen.

Zu den Rechten der Gemeindemitglieder gehören:

I. Actives und passives, nur den Männern zukommendes Wahlrecht zur Ernennung des Gemeindevorstandes;

II. Das Recht der Theilnahme für sich, ihre Frauen, Witwen und Kinder an allen gottesdienstlichen Anstalten, Unterrichts-Anstalten und rituellen Einrichtungen der Gemeinde.

Jedes Gemeindemitglied ist verpflichtet, wenn seine Armuth nicht erwiesen ist, sich durch Entrichtung eines directen jährlichen Beitrages an der Erhaltung der Gemeinde-Anstalten zu betheiligen.

Wir kehren nun wieder zur Geschichte des Tempels zurück.
Wir haben bereits angeführt, dass man schon im Jahre 1846 ge-

---

Es werden zu diesem Behufe sechs Classen und zwar nach
den Beträgen von fl. 10, 20, 40, 60, 80 und 100 C. M. festgesetzt.
Die Gemeindemitglieder werden aufgefordert, sich in eine dieser Classen nach gewissenhaftem Ermessen ihrer Vermögensver-
hältnisse einzureihen.
Eben so sind alle Israeliten, welche durch ein Jahr hier wohnen, ohne einer der im §. 3 genannten Kategorien anzugehören,
zur Theilnahme an den gottesdienstlichen, Unterrichts- und rituellen Anstalten der Religions-Gemeinde berechtiget; dagegen sind
sie verpflichtet, zur Erhaltung derselben verhältnissmässig beizu-
tragen, und sich zu diesem Ende ebenfalls in eine für sie zu eröffnende Matrikel eintragen zu lassen.
Der Gesammt-Vorstand bildet aus seiner Mitte eine Commission, welche die eingegangenen Erklärungen der Selbstfassion
zu prüfen, etwaige Bedenken in denselben auf dem Wege der Ver-
ständigung zu beheben und hiernach die Beitragslisten zu entwerfen hat. In diese Beitragslisten sind auch die neu aufzunehmenden
Mitglieder nach gleichem Vorgange einzutragen, und alle 3 Jahre
die diessfällige Revision und etwaige Modifikationen vorzunehmen.
Es steht der Commission zu, sich zu diesem Behufe mit Vertrauens-
männern zu verstärken.
Rückständig gebliebene Beträge sind nach Vorschrift der
Allerhöchsten kaiserlichen Verordnung vom 10. Mai 1851 einzu-
bringen.
Jeder der Religions-Gemeinde neu Beitretende, welcher nach
§. 5 beitragspflichtig ist, hat auch eine Aufnahmsgebühr zu erlegen,
über deren Betrag er sich mit dem Vorstande zu einigen hat. Witwen und Kinder von Gemeindemitgliedern sind von dem Erlage
des Aufnahmsbeitrages befreit. Die im letzteren Falle freiwillig
geleisteten Beiträge werden nach der Bestimmung des Spenders den
respectiven Wohlthätigkeits-Anstalten zugewiesen.
Die Gemeinde wird in allen Religions- und Cultus-Angelegen-
heiten durch den von ihr selbst gewählten Vorstand repräsentirt,
und deren Angelegenheiten durch denselben verwaltet.
Der Vorstand besteht aus 5 Vertretern und 15 Beiräthen,
ausserdem bestehen Vorsteher der einzelnen Institute, welche deren
specielle Angelegenheiten, jedoch unter Oberaufsicht des Gemeinde-
Vorstandes, leiten.

nöthigt war, für die hohen Festtage Betlokale aufzunehmen, da der Raum im Tempel, trotz der Erweiterung desselben in diesem

Alle diese Aemter sind Ehrenstellen und als solche unbesoldet.

Vier Wochen vor der im November jeden Jahres stattzuhabenden Wahl der Vorstandsmitglieder stellt der Vorstand das Verzeichniss der Wahlberechtigten den Gemeindemitgliedern zu, und bestimmt den Tag der Wahl.

Sollte Jemand gegen die Anführung oder Weglassung eines Namens Einsprache zu erheben Willens sein, so hat er seine diessfällige schriftliche Aeusserung 14 Tage vor der Wahl dem Vorstande mitzutheilen, der hierüber rechtzeitig und endgiltig entscheidet.

Von dem, nur männlichen Gemeindemitgliedern zustehenden Wahlrechte sind ausgeschlossen:

a) Alle diejenigen, welche unter väterlicher Gewalt, Vormundschaft oder Curatel stehen;

b) Diejenigen, welche zu einer Strafe verurtheilt worden sind, womit die Strafgesetze den Verlust der Ausübung der politischen Rechte verknüpfen, bis zum Erscheinen solcher Gesetze aber diejenigen, welche wegen eines Verbrechens, oder einer aus Gewinnsucht hervorgegangenen, oder die öffentliche Sittlichkeit verletzenden Vergehens, oder einer solchen Uebertretung schuldig erklärt, oder wegen einer andern Gesetzübertretung zu einer mindestens halbjährigen Freiheitsstrafe verurtheilt worden sind;

c) Diejenigen, welche wegen eines Verbrechens oder einer aus Gewinnsucht hervorgegangenen, oder die öffentliche Sittlichkeit verletzenden Vergehens, oder einer solchen Uebertretung in Untersuchung verfallen sind, während der Dauer derselben;

d) Diejenigen, welche mit ihrem Beitrage nach §. 5 im Rückstande sind, und

e) Diejenigen, über deren Vermögen der Concurs ausgebrochen ist, in so lange die Crida-Verhandlung dauert, und nach Beendigung derselben, wenn die Schuldlosigkeit des Cridatars nicht vollständig nachgewiesen wurde.

Die Wahl ist direct, geschieht persönlich mittelst geheimer Abstimmung, bei den Vertretern nach absoluter, bei den Beiräthen nach relativer Stimmenmehrheit.

Sollten jedoch bei der Wahlversammlung nicht drei Viertel

Jahre viel zu klein war. Im Jahre 1849 stellte sich vollständig das Bedürfniss eines viel grössern Tempels, oder eines neuen Tem-

_ _ _ ___

der Wahlberechtigten persönlich erschienen sein, so ist dieser Wahlact als ungiltig zu betrachten, und eine neue Wahl in folgender Weise einzuleiten.

Den Wahlberechtigten werden Stimmzettel gegen Empfangsbestätigung zugestellt, von ihnen ausgefüllt, eigenhändig unterfertigt, und in bestimmter Frist wieder abverlangt.

Wenn die absolute Stimmenmehrheit sich nicht ergibt, so ist die engere Wahl unter denen, welche die relative Stimmenmehrheit hatten, einzuleiten.

Wenn zwei oder mehrere Individuen eine gleiche Stimmenzahl erhalten, entscheidet das Los. Nimmt ein Gewählter die Wahl nicht an, so tritt an seine Stelle derjenige, der respective als Vertreter oder Beirath die nächstgrösste absolute, oder relative Stimmenzahl für sich hat.

Wählbar ist jedes Gemeindemitglied, welches 30 Jahre alt ist, und mindestens durch 3 Jahre als solches der Gemeinde angehört.

Ausgenommen sind:

a) Die nächsten Verwandten, d. i. Vater, Sohn, Bruder von gleichzeitig fungirenden, oder neu gewählten Vertretern oder Beiräthen;

b) Alle Personen, welche nach §. 15 vom activen Wahlrechte ausgeschlossen sind, so wie Jene, die eine Armenversorgung geniessen oder vom Tag- oder Wochenlohne leben;

c) Gemeinde-Beamte;

d) Gemeinde-Diener;

e) Säumige Schuldner der Gemeinde, und

f) Jene, welche in der Vermögensverwaltung der Gemeinde, oder einer Gemeinde-Anstalt mit der Rechnung im Rückstande sind.

Den Wahlakt überwacht und vollzieht eine Commission, bestehend aus einem Vertreter, zwei Beiräthen und zwei hiezu von dem Vorstande einzuladenden Gemeindemitgliedern.

Die nach diesem Wahlmodus neu gewählten Vertreter und Beiräthe bleiben 5 Jahre im Amte.

Nach Ablauf derselben trifft jedes Jahr einen Vertreter und drei Beiräthe die Reihe des Austrittes, und zwar in den nächstfolgenden 5 Jahren nach dem Lose, später nach dem Amtsalter Dieser Austritt findet Ende December Statt. Die Amtswirksamkeit

dels heraus. Dieses Bedürfniss nahm von Jahr zu Jahr zu. In demselben Masse aber als die Gemeinde wuchs, in demselben Masse

der Neugewählten beginnt am darauffolgenden 1. Jänner. Die Austretenden können wieder gewählt werden.

Die Vertreter wählen aus ihrer Mitte einen Vorsitzenden auf die Dauer eines Jahres. Bei Sitzungen, welche die Vertreter und Beiräthe gemeinschaftlich abhalten, führt er ebenfalls den Vorsitz, in seiner Abwesenheit vertritt ihn ein anderes Mitglied aus der Zahl der Vertreter nach deren Bestimmungen für den jeweiligen Fall.

Zur Fassung eines Beschlusses in den Sitzungen der Vertreter ist die Anwesenheit von 3, in gemeinschaftlichen Sitzungen der Vertreter und Beiräthe die von 12 Mitgliedern (drei Vertreter und 9 Beiräthe) erforderlich. Bei gleicher Stimmenzahl steht dem Vorsitzenden ein Doppel-Votum zu.

Abwesende können weder schriftlich votiren, noch sich durch ein anderes Mitglied vertreten lassen.

Ueber alle Verhandlungen wird ein Protokoll vom Secretär geführt, und dieses von allen Anwesenden unterzeichnet, den Abwesenden aber zur Kenntnissnahme und Vidirung mitgetheilt.

Der Vorsitzende ist berechtiget, die Mitglieder zu Sitzungen einzuberufen, auf Verlangen von 5 Mitgliedern des Gesammtvorstandes ist er hierzu verpflichtet. Die Sitzungen der Vertreter haben in der Regel wöchentlich, die des Gesammtvorstandes monatlich, und zwar in der ersten Woche jedes Monates, stattzufinden.

Die Vertreter sind verpflichtet, für die Ausführung der in den Sitzungen gefassten Beschlüsse zu sorgen.

Die Leitung sämmtlicher Gemeinde-Angelegenheiten liegt den Vertretern ob; ebenso die Vertretung nach Aussen den Behörden und den einzelnen Mitgliedern der Gemeinde gegenüber.

In Betreff der Führung der Geburts-, Trauungs- und Sterbe-Register ist sich jederzeit genau nach den hierüber bestehenden gesetzlichen Bestimmungen zu achten.

In wichtigen Repräsentations-Fällen haben die Vertreter durch von ihnen hierzu bestimmte Mitglieder des Beirathes sich zu verstärken.

Ehrenämter und solche Dienstesstellen, zu denen eine besondere Bildung oder eine höhere Intelligenz erforderlich sind, wie Seelsorger, Lehrer, Secretär, Verwalter u. s. w., verleiht der Gesammtvorstand.

trat die Reformfrage, welche so brennend zu werden drohete, immer mehr in den Hintergrund. Zur Erläuterung dieser Thatsache werden einige Worte genügen.

Wir nennen denjenigen einen grossen Monarchen, oder einen grossen Staatsmann, der nach den gegebenen Verhältnissen das Beste fördert. Der Philosoph kann in seiner Klause sich ein System bereiten ; die Mit- oder die Nachwelt nimmt das an, was wahr ist, und lässt das Uebrige fallen. Der Staatsmann hingegen kann nicht mit einem fertigen Systeme hintreten, das in keinem Verhältnisse zu den gegebenen Bedingungen steht. Wer auf kahlem, steinigem Boden Rosen hervorlocken will, der wird seine Kraft verschweuden. Wie viele grosse Geister haben in solcher Weise ihre Kraft vergeudet und sind als Träumer gescholten worden, weil sie sich von dem realen Boden entfernten und Idealen nachgingen. Moses selber, der seinem Volke mit der grössten Selbstaufopferung anhing, dem die Grösse seines Volkes so sehr am Herzen lag, kömmt

Die anderweitigen Dienstesstellen werden von den Vertretern, ohne Zuziehung des Beirathes, verliehen. Die Entlassung der Gemeinde-Angestellten findet nach den bei deren Aufnahme zu Grunde gelegten Principien statt.

Die Vertreter legen dem Beirathe jährlich den Voranschlag des Gemeindehaushaltes und der Beiträge zur Mitgenehmigung, und die geschlossene Jahresrechnung zur Ertheilung des nöthigen Absolutoriums vor. Die Jahresrechnung bleibt jedem Mitgliede im Archive der Gemeinde 14 Tage nach dem Abschlusse offen.

Bei Contrahirungen von Anlehen, Verkäufen oder Erwerbungen, Verträgen, Vergleichen u. dgl. m. von höherem Belange ist die Zustimmung des Beirathes erforderlich. Gleiches findet in Beziehung auf alle sonstigen wichtigeren Angelegenheiten der Gemeinde unerlässlich Statt.

Der Beirath ist berufen, die gegenwärtigen Statuten auszulegen, wenn zwischen den Vertretern und den Gemeindemitgliedern eine divergirende Ansicht entsteht.

Aenderungen in den Statuten können nur unter Zustimmung von zwei Dritttheilen, d. i. von mindestens 14 Vorstandsmitgliedern beantragt werden, dürfen jedoch erst nach einverständlich ertheilter Genehmigung von Seite der Ministerien des Innern und des Cultus in Wirksamkeit treten.

nach mehreren misslungenen Versuchen zu der Ueberzeugung, dass das Geschlecht, in Sklaverei und Knechtschaft gross gezogen, nie und nimmer zu einem freien Volke, zu einer selbstständigen Nation sich heranbilden werde. Er hoffte kein Heil, „bis das ganze Geschlecht untergegangen ist." — Das grösste, was geschehen kann, ist, dass die gegebenen Mittel auf's Beste benützt werden, damit man dem angestrebten Ziele einzelnweise näher rücke. Der Vorstand der hiesigen Gemeinde war sich stets seiner Aufgabe bewusst, dass er berufen sei, die Gemeinde zu vertreten, ihre Bedürfnisse zu befriedigen; nicht die eigenen Anschauungen ausschliesslich zur Geltung zu bringen. Mit der Zunahme der Gemeindemitglieder wuchs nicht die liberale Partei, sondern die conservative. Die neuen Elemente, die hinzukamen, waren eben diejenigen, die früher zu ungarischen, böhmischen, mährischen etc. Gemeinden gehörten. Diese wollten einen geschmackvollen, geläuterten Gottesdienst, keineswegs aber einen solchen, der zuweit von den väterlichen Sitten abweicht. Der Vorstand, bestrebt die Wünsche der Gemeindemitglieder zu befriedigen, förderte, so viel er konnte, die verschiedenartigen Bestrebungen, insoferne sie von einem bedeutenden Theile der Gemeindemitglieder ausgingen, und nicht von Einzelnen, die sich gerne in den Vordergrund stellen wollen.

Wenn wir die verschiedenen Richtungen betrachten, die sich hier im Schoosse der Gemeinde ergeben, so können wir auf die kleinen und unbedeutenden Betstuben, Minjanim, nicht Rücksicht nehmen.

Diese sollen nach dem Dekrete, das wir bereits angeführt haben (S. Einleitung S. 6) mit dem Momente, wenn der neue Tempel erbaut ist, aufhören *).

Es gibt darunter allerdings solche, die sich als „kleine, mächtige Partei" geriren wollen. Doch sind alle ihre Einrichtungen blos von persönlicher Eitelkeit geleitet, die Institutionen selber von solch ungeschickten Händen geführt, dass sie nichts befürchten und nichts hoffen lassen. „Die Erde hat ihre Blasen, wie

---

*) Leider bestehen sie jetzt, 1860, noch zum Schaden des allgemeinen Besten fort, trotz jenes Erlasses.

7 *

sie das Wasser hat." Wenden wir uns daher zu denjenigen Richtungen, die durch ihre Partei eine Bedeutung haben.

Den Standpunkt der Haupt- und Muttergemeinde, die den Kern bildet und auch über die meisten geistigen und materiellen Kräfte gebietet, dürfte man wohl aus dem Vorhergehenden entnommen haben. Es ist eine entschiedene besonnene Bewegung. Die voltairianische Zeit, die gerne alles bekrittelte, ist vorüber; eben so wenig aber will man als heilig anerkennen, was nie heilig war. Es kann und darf hier durchaus das Wort Reform nicht in dem Sinne genommen und gebraucht werden, den dieses Wort in manchen Gemeinden Deutschlands in praktischer Weise erlangt hat. Hier gilt es nicht irgend ein Hauptprincip unseres Glaubens in Frage zu stellen. Die ganze Frage über Reform und Orthodoxie bewegt sich hier, wie bemerkt, auf lithurgischem Gebiete und bezieht sich auf die Einrichtungen im Gotteshause. Keinem Menschen kommt es übrigens zu, ins Haus und in die Wohnung zu dringen und das Endurtheil zu sprechen, wer Jude und wer nicht Jude ist, wem ein Antheil am ewigen Leben zufallen wird und wem nicht. Unsere alten Weisen sagen: Wenn er auch gesündigt hat, so ist er doch Israelite. Nach Aussen aber fällt es Niemanden ein, irgendwie eine der Grundsäulen des Judenthums antasten zu wollen. Was hingegen das Gotteshaus betrifft, so ruhet es auf der breitesten Grundlage religiöser Erkenntniss. Nichts ist eingeführt, nichts ist ausgelassen, das nicht die grössten Autoritäten für sich hätte.

Zur Kenntnissnahme der andern Parteien müssen wir wieder auf die polnische Schule zurückkommen, und müssen wir nur dabei bemerken, dass wir die Ausläufer dieser Partei, welche die Seligkeit für sich allein in Anspruch nehmen, hier ganz unbeachtet lassen. Dem Eigendünkel und der Anmassung gegenüber lässt sich nicht mit Vernunftgründen streiten.

Der Verkauf des Lazzenhofes und die politischen Ereignisse wurden von einigen Polen benützt, um sogleich auf eigene Faust neuerdings die Concession zur polnischen Schule vom Cultusministerium zu erlangen.

Das Ministerium, das sich um die Parteiintrigue nicht kümmerte, dem es übrigens bekannt war, dass seit Jahren hier eine polnische Schule bestehe, fand nichts zu beanstänten und bewilligte die ihm vorgelegten Statuten. Das betreffende Decret ist von Seite der Statthalterei ausgefertigt am 3. August 1852, Zl. $^{15790}/_{3239}$, mit der Bedingung jedoch, dass das polnische Bethaus dem Vorstande der Gemeinde untergeordnet sei.

Wenn wir den Inhalt dieser Statuten genauer betrachten, so laufen sie zumeist darauf hinaus, dass die Polen sammt und sonders die Hegemonie haben. Alles sollte den Polen gehören; der letzte Diener, der da angestellt wird, sollte aus dem Lande, wo die Kaftans blühen, geholt werden.

Es versteht sich, dass die Deutschen, die bisher mit den Polen in Gemeinschaft waren, in solcher Weise sich nicht konnten hintansetzen lassen. Ihnen kam es nicht darauf an, irgend eine Oberherrschaft zu erlangen, sie wollten aber eben so wenig principiell zurückgesetzt sein, und zwar wollten sie sich umsoweniger jedes Einflusses begeben, da sie mit der Gebahrung im Ganzen nicht einverstanden waren, und da sie es nach wie vor waren, die zumeist die Anstalt erhielten.

Sie schlugen daher den geraden einfachen Weg ein. Es vereinigten sich die Häupter der Deutschorthodoxen und erklärten dem Vorstande, dass sie auf eigene Kosten ein Gotteshaus ankaufen und einrichten wollten. Wie einst die dritthalb Stämme sprachen sie, dass sie nicht aus Empörung und Abfall von der Muttergemeinde sich trennen und den Altar des Herrn bauen wollen; und der Vorstand gab am 4. November 1852 den Herren (K. Benedict, H. Berger, A. Bing, J. Knöpflmacher, F. Neumann und Jac. Wertheimer) folgende Bestätigung:

In Ihrer geehrten Zuschrift vom 13. Oktober d. J. theilen Sie uns mit, dass Sie basirt auf den h. Erlass des k. k. Cultusministeriums, der den Israeliten von altpolnischem Ritus ein eigenes Bethaus gestattet, statt des bisher im Lazzenhofe gemietheten Lokals zu Andachtsübungen ein Haus ankaufen wollen, um daselbst Ihren traditionellen Gebeten und Ihren rituellen Satzungen obliegen zu können. Indem Sie Ihren Beschluss uns zur Kenntniss bringen, erklären Sie in Ihrem, wie in Ihrer Herren Committenten Namen, dass Sie als Mitglieder der hiesigen Cultusgemeinde mit besagtem Akte durchaus keine separatistische Idee verbinden, vielmehr mit Ihren bisherigen Leistungen zu den Gemeindebedürfnissen fortfahren, allen Ihren diessfälligen in den hohen Orts sanctionirten Statuten für die hiesigen der Gemeinde genau bezeichneten Obliegenheiten entsprechen wollen, ohne zur Realisirung Ihres oben ausgesprochenen Vorhabens einen Zuschuss oder Ersatz aus der Gemeindekasse zu verlangen. Ebenso erklären Sie weiter, die Einrichtung Ihres Bethauses, wie Ihr sämmtliches Gebahren sowohl in ökonomischer, wie in ritueller Beziehung zwar unter selbst gewählter Leitung, jedoch unter der unmittelbaren Oberaufsicht des Gemeindevorstandes stellen zu wollen und sprechen am Schlusse den Wunsch aus, dass wir den Empfang dieser vorläufigen Anzeige und deren Kenntnissnahme Ihnen bestätigen. Was wir denn hiermit thun.

Mit Einwilligung der Behörden kauften die Deutschen ein Haus (Stadt, Schönlaterngasse Nr. 496). Das dazu nothwendige Geld, beiläufig 40.000 fl., kam durch eine Ausgabe von Aktien zusammen und im September 1853 wurden die Lokalitäten des Hauses, die zu Betstuben bestimmt wurden, eingeweiht.

Wir entnehmen aus einer Aufforderung an die Besucher dieses Gotteshauses folgende Punkte:

Jedermann hat sich auf seinem Betplatze so wie überhaupt im Bethause alles unnöthigen Redens zu enthalten, und sich überhaupt so zu betragen, wie es die Weihe des Ortes verdient und erfordert.

In Anbetracht, dass dieses Bethaus an öffentlicher Strasse gelegen und überhaupt die wahrhafte Andacht nur durch Ruhe und Stille erzielt werden kann, wird es hiemit zur Pflicht gemacht, sich jedes Schreiens und Lärmens beim Gebete zu enthalten.

Jedes Corrigiren des Vorbeters ist verboten. Beim Aus- und Einheben der Thora hat Niemand ausser dem Herrn Rabbiner und Vorsteher mitzugehen.

Es ist leicht aus diesem zu erkennen, dass die Herren nicht die alte Unordnung, den unseligen Wirrwar haben wollen; nichts destoweniger sollte der Orthodoxie (das Wort wird nicht näher erklärt) vollkommen Rechnung getragen werden.

Das Bethaus heisst orthodoxe Synagoge; der Almemor stehet in der Mitte; der Ritus ist so „wie er von dem ehemaligen Nikolsburger und Pressburger Rabbiner eingeführt wurde." Ferner heisst es in jenen Statuten:

Durch die eingehenden Beiträge sollen die Ausgaben und die Schuld, die auf dem Hause haftet, gedeckt werden. Wenn das Haus schuldenfrei ist, soll der Ueberschuss zur Hälfte für Talmud Thora und zur Hälfte für Waisen bestimmt sein, die sich der Oekonomie oder dem Handwerke widmen.

Es ist nicht unsere Aufgabe zu untersuchen, ob die Herren im Rechte sind. Wir wollen sie nicht daran erinnern: Ist Euere Jugend erbaut von dem Gottesdienste? Findet sie wirklich Befriedigung darin, wenn sie den „Pajet" sagt? Sagt sie ihn überhaupt? Ist es nach dem Ritus der sel. B e n e d i c t und S o p h e r, dass Ihr Euch an einer deutschen Predigt erbaut und dass Ihr es wünscht, es soll langsam und mit Anstand gebetet werden, ohne „dass alle Glieder im Leibe sprechen"? Wir rechten nicht darüber. Der grosse Kaiser J o s e p h II. antwortete bekanntlich, als man ihn fragte, warum er grosse Bäume in den Augarten setze und nicht junge Sprösslinge: „Ich will nicht bloss, dass meine Enkel sich des Schattens dieser Bäume erfreuen, ich will ihn selber geniessen." Möge auch diese Jugend, wenn sie einst herangewachsen ist, dafür Sorge tragen, wie sie ihre religiösen Bedürfnisse befriedigt. Es kömmt uns um so weniger in den Sinn, irgend eine Kritik in dieser Beziehung ausüben zu wollen, da wir die Toleranz, die wir für unsere Ansichten in Anspruch nehmen, auch unsererseits den Ansichten anderer geben und gewähren. Wir achten aus vollem Herzen jede Ansicht, die aus treuer Ueberzeugung hervorgehet, die fern von jeder Eitelkeit und Geltendmachung oder gar Herrschsucht ist.

Doch liegt es klar und deutlich vor, dass es nicht erspriesslich ist, wenn die polnische und die deutsche Partei, die beide die orthodoxe Richtung verfolgen, in zwei Lager getheilt bleiben sollen. Es wäre in solchem Falle nicht abzusehen, wohin es mit dem Gemeindewesen kommen sollte. Wir könnten es dann erleben, dass, wie bei kleinen Kindern, die „Soldaten" spielen, jeder ein General ist und sein will; so würde jeder, der Vorsteher sein, oder der als Haupt einer Fraktion gelten will, sein eigenes Bethaus sich bestellen.

Es kann daher auch keine Frage sein, dass die Behörden den bis jetzt obschwebenden Streit zwischen den Deutschen und Polen dahin schlichten werden, dass sie eine Partei zu bilden haben und darum auch nur ein Bethaus haben dürfen, in so weit es für die Zahl der Besucher hinreicht. Dem entsprechend finden wir auch in einer Entscheidung der Statthalterei vom 2. Juni 1853: „da das Bethaus im Lazzenhofe für Israeliten ohne Unterschied der Nationalität als Anhänger des alten orthodoxen Ritus bestand, so hat auch die Verschiedenheit der Nationen, welchen die Theilnehmer angehören, keinen Grund zur Sonderung abzugeben." — Beide Fraktionen vereiniget werden gewiss von Seite der Muttergemeinde die nöthige Berücksichtigung finden. Die Sache selber aber wird nur durch die Vereinigung gewinnen; denn sie werden eine bedeutende Filialgemeinde bilden. Nicht nur bedeutend durch die Zahl ihrer Anhänger; sondern auch bedeutend durch das Mass der geistigen und materiellen Kräfte, die ihnen zu Gebote stehen.

Während diese kleinen Plänkeleien geführt wurden, wuchs die Gemeinde immer mehr. Es kam ihr auch eine Bescheerung von Aussen zu, an die sie nicht gedacht hatte. Das Gesetz vom Jahre 1852, das die nächste Umgebung von Wien als zu Wien gehörig erklärte, zog auch die Israeliten, die ausserhalb der Linie wohnten, zur Haupt- und Muttergemeinde. In Fünfhaus bei Wien hatte Herr M. F r i e d m a n n *) in Verbindung mit mehreren Männern, die die gute Sache förderten, veranlasst, dass die Israeliten zu Fünfhaus, Sechshaus etc., die ihre Andacht früher zerstreut in Betstuben verrichteten, im Jahre 1850 sich vereinigten und ein gemeinschaftliches Betlokale aufnahmen. Die Lithurgie wurde nach dem Ritus des Wiener Tempels eingeführt. Herr F r i e d m a n n , der bereits früher

---

*) Jetzt Cantor in Pest.

in mehreren Gemeinden als Vorbeter fungirt hatte, nahm hier bei Herrn S u l z e r Unterricht und studirte die betreffenden Gesänge ein. Das Erlernte verwendete er mit vielem Erfolge praktisch in dem neuen Betlokale. Als die Vereinigung ausgesprochen war, wurde Fünfhaus eine Filiale der Wiener Gemeinde. Die Muttergemeinde gewann dadurch an Zahl; doch mehrten sich dadurch nicht die Mittel. Im Gegentheile übersteigen die Ausgaben für diese Filiale bedeutend die Einnahmen. Der Gewinn ist blos, wenn wir es so nennen können, ein moralischer, indem der Vorstand zu Wien besser für die Bedürfnisse dieser Filialgemeinde sorgen kann, als sie es selbst im Stande wäre.

Stets aber wuchs die Anzahl der Mitglieder der Gemeinde und die Tempelfrage wurde sehr brennend. Man war genöthigt, für die hohen Feiertage mehrere grosse Betlokale aufzunehmen, in welchen nach dem Ritus des Tempels gebetet und gepredigt wurde. Seit langer Zeit war auch schon, hervorgegangen durch die Nothwendigkeit, der Gebrauch, dass im Israelitenspitale ein Gottesdienst gehalten wurde, woran auch viele Fremde Theil nahmen. Ja der Vorstand war genöthiget, bei den Behörden darauf anzutragen, Winkelbetstuben zu bewilligen, bis der neue Tempel erbaut sein wird *).

Es lag klar vor, dass man dieser Zersplitterung durch die Erbauung eines neuen Tempels ein Ende machen musste. Es machten sich nun zwei Ansichten im Vorstande geltend. Die Einen wollten, dass man Ein grosses Bethaus in der Stadt erbaue und den jetzt bestehenden Tempel an die orthodoxe Partei abtrete. Man hielt nämlich einen monumentalen Bau passender für die innere Stadt, andererseits aber glaubte man, dass bei Einem Tempel der Ge-

---

*) Es liegt nicht in unserer Absicht die Verhältnisse der sephardischen Gemeinde zu schildern und fehlen uns auch die Materialien dazu. Wünschenswerth wäre es jedoch, wenn eine berufene Feder die Geschichte dieser Gemeinde seit ihrem Entstehen in Wien schriebe. Dieselbe besitzt mit den andern israel. Einwohnern gemeinschaftlich blos den Gottesacker, zu welchem sie auch bei der Erweiterung desselben materiell beigetragen hat.

schäftsgang viel einfacher und die Ausgaben für die Gemeinde viel kleiner sein würden. Dagegen wurde die Ansicht aufgestellt, dass kaum Ein Tempel alle Andächtigen fassen könnte; man müsse ferner auf die Vorstadt Leopoldstadt Rücksicht nehmen und für den grossen, ja grössten Theil der Israeliten Wiens, die da wohnen, Sorge tragen. Was endlich die finanzielle Gebahrung betrifft, so soll der Tempel kein Zinshaus sein und der Ausfall, wenn ein solcher in den Einnahmen eintreten sollte, müsste von den Gemeindemitteln gedeckt werden. Letztere Ansicht drang durch und so erschien im August 1853 der Aufruf zur Subscription. Im Jahre 1855 wurde der Concurs für das anzustellende Beamtenpersonale ausgeschrieben. Um die Predigerstelle bewarben sich 29 Candidaten, worunter manche von Namen und Ruf waren. Mehrere Candidaten wurden hieher berufen, um Probepredigten zu halten und die Wahl fiel auf Herrn Dr. Adolf J e l l i n e k, bis dahin Prediger in Leipzig.

Demselben ging der Ruf der Gelehrsamkeit und der gottbegeisterten Redegabe voran. In kurzer Zeit hat er auch durch die Macht des Wortes die Hörer gefesselt und die weiten Räume füllen sich, so oft er die Kanzel betritt.

Als Cantor fungirt der begabte Herr J. G o l d s t e i n.

Unter grosser Feierlichkeit fand die Schlusssteinlegung des neuen Tempels am 18. Mai 1858 und die Einweihung am 15. Juni 1858 statt.

Beide Tempel stehen nun unter Einer Verwaltung und ist der Ritus in beiden vollkommen gleich *). Die Vorsteher der beiden Bethäuser, welche abwechselnd in dem alten und in dem neuen Tempel das Amt versehen, sind die Herren: Em. B i a c h, J. P. F r i s c h, Herm. G ö t s c h, Jos. H i e l d b u r g h ä u s s e r, M. L. P o l l a k, Sigm. P o l l a k, Gabr. S c h l e s i n g e r, Ernst W e r t h e i m.

---

*) Eine kleine Abweichung kömmt bei Trauungen vor; im neuen Tempel wird nämlich die Ketuba, der Ehecontract, nicht gelesen. In Berlin etc. wird die Ketuba bekanntlich in deutscher Sprache gelesen.

Wir brechen hier ab und überlassen die Geschichte des neuen Gotteshauses einer spätern Zeit *).

---

*) Wir haben in unserer Darstellung für das Gotteshaus gewöhnlich den Ausdruck Tempel gebraucht, obschon wir Synagoge für passender halten. Es wäre auch im Interesse der Sache, wenn statt des Titels Prediger der Titel Rabbiner eingeführt würde. Der Unterschied der früher zwischen Prediger und Rabbiner bestand, besteht heute nicht mehr.

Die Religionsschule.

„Und alle deine Kinder werden Jünger
Gottes sein!"

Jesaia 54, 13.

Die Jugend! Wer freut sich nicht, wenn er sich an das Wort
erinnert; gehet doch dem Menschen dabei aufs Neue die Zeit der
Seligkeit auf. Wessen Herz hebt sich nicht freudig, wenn er die
Jugend sieht; sie ist die ewige Poesie mitten in der Prosa des
Lebens. „Wie die Pfeile in des Jägers Hand, so sind die Jünglinge ; heil dem, der seinen Köcher voll von solchen Pfeilen hat",
und die alten Weisen sagen: „der Athem der Kinder, die bei
ihren Lehrern weilen, gibt uns neues Leben." — Wo gibt es
überhaupt eine Sprache, die nicht für die Jugend die schönsten
duftigsten Ausdrücke hätte. Kinder sind die Saaten des Heiles,
welche für die Zukunft heranwachsen.

Doch welche Mühe kostet es, damit die Saaten gedeihen.
Wie oft gehet man mit thränendem Auge, mit tiefbewegtem Herzen
daran den Samen zu streuen, und sind die Saaten aufgegangen,
so führen sie die, die sie gestreut, nicht jubelnd heim. Wer denkt
auch daran, wenn man die Frucht geniesst, wer die Pflanze gehegt
und gepflegt, wer sie mit dem eigenen Herzblute gedüngt und
befruchtet hat. Wem fällt es ein, wenn er sich unter dem Schatten
eines Baumes erholt und labet, sich an den zu erinnern, der ihn
gepflanzt hat. Weiss der Baum selber etwas davon? und „der
Mensch ist wie der Baum des Feldes!" — Doch gehen wir darüber
hinweg. Wer Rosen pflanzt, blos damit er sich des Geruchs er-
freue, der soll kein Gärtner werden. Wer es aus innerem Berufe
ist, der kennt eben nichts anderes, als die Mühe und Qual, und
doch lässt er nicht ab davon. Das Wort des grossen Meisters

lebt bewusst oder unbewusst in den Lehrern und Erziehern, die
es aus innerem Berufe sind!

Verbiete du dem Seidenwurm zu spinnen,
Wenn er sich schon dem Tode näher spinnt.
Das köstliche Geweb' entwickelt er
Aus seinem Innersten, und lässt nicht ab,
Bis er in seinem Sarg sich eingeschlossen.
O geb' ein guter Gott uns auch dereinst
Das Schicksal des beneidenswerthen Wurms.

In Israel wurden von jeher Schulen gehegt und gepflegt.
Schon Moses weist auf die Belehrung des Volkes hin. In der
Schrift heisst es, dass alle sieben Jahre am Suckotfeste, wo die
Thora vorgelesen wurde, das gesammte Volk anwesend sein sollte,
Männer, Weiber und Kinder. Es ist übrigens dabei noch der
Auftrag gegeben, dass Alles genau und deutlich erklärt werde.
(baër hetew.)

Samuel, der Moses und Aron gleichgestellt wird, hatte sein
bedeutendstes und grösstes Verdienst darin, dass er Profetenschu-
len begründete, aus denen dann Elias und Elisa und die gottbegeisterten Sänger, die Söhne Korachs, Heman, Assaf und
Jeduthun hervorgingen.

Als in späterer Zeit Unglück über Israel hereinbrach, und
Krone und Reich zu Grunde gingen, Tempel und Priester aufhör-
ten, da waren es die Schulen, die den jüdischen Geist fortpflanzten.
Die Synagogen selber hatten ursprünglich keine andere Bestim-
mung, als Schulen zu sein, wo Gottes Wort gelehrt ward. Als
Zeichen und Merkmal einer jüdischen Gemeinde seitdem gelten,
wo für Thora, Gottesdienst und Mildthätigkeit gesorgt wird. Die
Thora aber war das erste, und da war es zunächst Pflicht des
Vaters, sein Kind zu unterweisen, oder bei Mangel an Wissen
unterweisen zu lassen.

Die Schulen in Israel waren jedoch nicht immer dem Zwecke
entsprechend. Es ist nicht unsere Aufgabe, die Geschichte jüdischer
Schriftauslegung oder jüdischer Schulen zu schreiben. Wir haben
hier auch nur das Schulwesen im Auge, wie es noch vor einigen
Jahrzehnten bestanden hat. Wir erinnern blos an das Wort „Cheder" und an die sprüchwörtlich gewordene Uebersetzung des

„Wajiwes Esow eth habchorah" (Genesis 25, 34), welche
lautete: „Esow hat mewase gewesen die Bechorah." So
wussten Lehrer und Schüler öfters nicht, was sie sagen. Von der
Aussenwelt abgeschlossen, schuf man sich innerhalb der dumpfen
Mauern eine eigene Welt. Man machte allerhand Schnörkeleien und
künstliche Figuren in den Staub, der sich seit Jahren angehäuft
hatte, und glaubte Kunstwerke geschaffen zu haben. Mit dem ersten
Lichtblicke von Aussen, der in die Judenhäuser fiel, musste das
ungeblendete Auge die Illusionen und Hallucinationen erkennen.

Man erkannte auch die grosse Gefahr für den Glauben, die durch
dieses Unwesen in den Schulen herbeigeführt wurde. Der Hannibal der
Bildung und der sogenannten Aufklärung, die zumeist blos Namen ohne
Inhalt waren, stand vor den Thoren und machte viele Lücken: die
Ueberläufer wurden massenhaft. Nun galt es neue Waffen herbei-
zuschaffen, um dem Feinde zu begegnen. Man vertauschte, wie gewöhnlich, ein Extrem mit dem andern. Der Unterricht des Hebräischen wurde zumeist ausgeschlossen, und deutsche Religionslehrbücher
wurden eingeführt. Man versuchte es, eine jüdische Dogmatik aus-
zuarbeiten, um so den Glauben zu befestigen. Doch mussten diese
Versuche sich als nutzlos erweisen, denn das Judenthum kennt
keine Dogmen*). Moses selber sagt: „Was du erkennst und
begreifst, das sollst du dir zu Herzen nehmen."

Dazu kam noch, dass das religiöse Leben nicht in voller
Blüthe war, und durch die Vernachlässigung des Bibelunterrichtes
der eigentliche Lebensnerv ganz durchschnitten wurde. Die neue
Zeit endlich hat den Grundsatz des weisen Königs angenommen:
„Eines und das Andere festzuhalten;" die Bibel als Grundlage des
Religionsunterrichtes zu machen · und daran die Lehren zu knüpfen,
„nach denen sich der Mensch halten soll, damit er glücklich
lebe." —

Indem wir da mit einzelnen Strichen die allgemeine Lage
auf dem Gebiete der Schule schildern wollten, gehen wir zur Geschichte der hiesigen Religionsschule über.

Seit dem Jahre 1813 bestand hier eine Religionsschule in
Verbindung mit einer zweiklassigen Normalschule, welche, wie

---

*) S. Mendelsohn: Jerusalem. a. a. O.

bereits angeführt, ein verkommenes, sieches Leben führte, da sie gleichsam als Privatanstalt galt. Man kann sich leicht vorstellen, in welchem Stande diese Schule war, wenn man bedenkt, in welchem Zustande Volksschulen überhaupt in Oesterreich, trotz der Reformen Maria Theresia's, zu jener Zeit waren. Die Regierung wollte damals bereits die Concession zu einer Volksschule geben. Am 16. Oktober 1821 und am 21. Mai 1822 fragte die Polizei-Oberdirektion im Namen der n. ö. Landes-Regierung an, ob die hiesigen Israeliten nebst der bestehenden Religionsschule auch eine deutsche Trivial- oder Hauptschule zu errichten wünschen.

Der Vorstand äusserte auf die wiederholte Anfrage am 31. Juli 1822, „dass die hiesigen Israeliten, (mit Reservirung der ihnen wegen Errichtung einer deutschen Normalschule verliehenen allerhöchsten Gnade) lediglich eine Religionsschule errichten wollen, die sich nur auf den Unterricht in Religion und Moral, nebst einiger Kenntniss der hebräischen Sprache, der Bibel etc. erstrecken soll."

Die Vertreter wiesen ferner darauf hin, dass sich die Nothwendigkeit zur Errichtung einer besonderen Normal- oder Hauptschule nicht ergibt, da die jüdischen Schüler Unterkommen in den christlichen Schulen finden, und diejenigen, die privatim unterrichtet werden, die halb- und ganzjährigen Prüfungen an der Hauptschule zu St. Anna ablegen.

Diese Frage ruhete hierauf längere Zeit. Im Jahre 1844 wurde sie auf's Neue im Schoosse des Vorstandes von dem sel. Herrn Herrmann Todesco angeregt. Dieser Mann wollte die Zeit, die er lebte, so viel als möglich ausbeuten, und einen Theil der Güter, die ihm Gott im reichen Masse gegeben, zum Besten von Wohlthätigkeits-Anstalten verwenden. Dieser gab die Anregung, eine jüdische Volksschule zu gründen, wobei er für mehrere arme Kinder sorgen wollte, die später zu Rabbinern und Lehrern ausgebildet werden sollten *). Aus einem vorzüglich gearbeiteten

*) Wir können es nicht unterlassen, den viel zu früh Verstorbenen durch einen Zug zu charakterisiren. Als er Vertreter wurde, stellte sich ihm der Secretär, Herr Dr. Frankl vor, und bot sich dem-

112

Memoire, wenn wir nicht irren von Herrn Joseph Wertheimer, über diesen Gegenstand entnehmen wir folgende Gründe dafür:

1) Dass die bestehenden Elementarschulen schlecht sind.

2) Dass in christlichen Schulen das christliche Prinzip vorwalte, während es Pflicht des Israeliten wäre, das jüdische Element zu kräftigen. Dabei wird auf die evangelischen und griechischen unirten Einwohner der Residenz hingewiesen, die ebenfalls besondere Elementarschulen haben.

3) Der Druck, der in politischer Beziehung auf den Juden lastet, könnte nur dadurch gemildert werden, wenn man den Juden ein grösseres Uebergewicht in wissenschaftlicher Beziehung geben würde.

Doch liess man wieder die Idee fallen. Man fürchtete, den Separatismus durch Errichtung besonderer jüdischer Volksschulen neue Nahrung zu geben. Dazu kam allerdings noch der Geldpunkt zu bedenken, wie eine Volksschule zu erhalten wäre.

In neuester Zeit, am 2. Mai 1854, forderte die n. ö. Statthalterei zur Gründung einer Musterschule auf, und der Magistrat erneuerte diese Aufforderung am 19. December 1855.

Der Vorstand machte die angeführten Gründe gegen die Errichtung einer Volksschule wieder geltend, und fügte hinzu, dass zum Theile für das Bedürfniss durch die bestehenden Schulen gesorgt wäre; ferner dass bei der grösseren Population der Israeliten, die in den verschiedensten Vorstädten wohnen, es kaum zu berechnen wäre, wie viele jüdische Volksschulen man errichten müsste; endlich dass die bestehenden israelitischen Privat-Institute dem Bedürfnisse bereits abhelfen.

Der Hauptgrund, der zumeist die Entscheidung gab, dass man es ablehnte, eine eigene jüdische Volks- oder Hauptschule zu errichten, war, wie wir bereits angedeutet haben, weil man dadurch den Separatismus ferne halten wollte. Man glaubte durch das

selben an, zu jeder Zeit Auskünfte über die Gemeinde-Angelegenheiten geben zu wollen. Herr Todesco dankte dafür und fügte hinzu: „Eines mache ich Ihnen zur Pflicht, wenn Sie irgend eine Idee haben, eine Wohlthätigkeits-Anstalt in's Leben zu rufen, so theilen Sie mir sie sogleich mit."

Zusammenleben jüdischer und christlicher Kinder am besten das Vorurtheil gegen die Juden zu brechen. Es muss sich dem nicht-jüdischen Kinde bald die Ueberzeugung aufdrängen, dass das jü-dische Kind auch Mensch sei, und nichts von dem Hexenspucke an sich habe, der ihm von mancher Seite angedichtet wird. Das jü-dische Kind hingegen lernt frühzeitig den Kampf des Lebens ken-nen, und stählt sich in frühester Jugend dafür.

Sind einmal die Schüler in den höheren Schulen, dann glättet das klassische Studium den Rest der Spitzen und Ecken, die theil-weise in der Volksschule abgeschliffen wurden. — Allerdings fällt dem jüdischen Kinde auch manchmal ein bitterer Tropfen von Seite manches Lehrers in den Kelch des Lebens. Es stehen bei uns bekanntlich die Lehrer in den Volksschulen nicht sammt und son-ders auf dem Standpunkte der Humanität und Bildung, als dass sie nicht selber so manchen Aberglauben hegeten. Aber in demsel-ben Masse, als da und dort das zartfühlende Herz eines jüdischen Kindes verwundet, und um so schmerzhafter verwundet wird, weil der Hohn und Spott vom Lehrer ausgeht; in demselben Masse dürfte man annehmen, dass mancher Lehrer durch die Anwesen-heit des jüdischen Kindes sich nicht zu Ausdrücken verleiten lässt, die er sonst gebrauchen würde.

Ein sehr wichtiges Moment ist noch zu bedenken, das gegen die Errichtung einer jüdischen Volksschule hier spricht. Es befin-den sich hier Israeliten aus allen Ecken und Enden der Monarchie. Ein grosser Theil derselben lebt in Armuth und Elend, und wie gewöhnlich, in Folge davon, verwahrlost in der äusseren Erschei-nung, in Sprache, in Ausdruck etc.

Es ist kaum anzunehmen, dass Kinder reicher oder wohlha-bender Eltern die Volksschule besuchen werden. Der reiche Mann hält sich einen Erzieher oder Hofmeister, und der wohlhabende oder bemittelte Vater will sein Kind im zartesten Alter nicht allein über mehrere Strassen schicken und dasselbe dem Wind und Wetter preis geben. Dazu kömmt noch, dass der Sommer einen grossen Strich durch die Rechnung macht. Wer kann, schickt Weib und Kind aus der eingesperrten Stadtluft hinaus in die freie Natur. In christlichen Schulen machen diese Ursachen keinen bedeutenden Ausfall im Besuche der Schulen, weil die Massen entscheiden.

Die christliche Bevölkerung füllet die Residenz, die jüdische aber lebt da und dort zerstreut.—Man könnte daher schwer oder kaum in einer jüdischen Volksschule auf die reiche oder wohlhabende Klasse zählen. Es bliebe nur der zumeist verwahrloste Theil als Schuljugend zurück, und das kann keinesfalls als nützlich anerkannt werden. Was in der christlichen Schule in Betreff der Sprache etc. das einfache Ergebniss des Umganges ist, dafür müssten in der jüdischen Schule, um gleiche Erfolge zu erzielen, die grössten Hebel in Bewegung gesetzt werden.

So sehr also auch grosse Vortheile, besonders in religiöser Beziehung in einer jüdischen Volksschule zu erzielen wären; so sind auch die bedeutenden und wichtigen Nachtheile nicht zu übersehen, und es ist daher kein Wunder, dass man lieber bei den bekannten Uebeln verharren will, als zu den unbekannten und vielleicht grösseren die Zuflucht zu nehmen.

Obige Vorstellungen wurden nicht berücksichtigt, und auf's Neue forderte die Statthalterei im Namen des Unterrichts-Ministeriums die Gemeinde auf, zwei jüdische Volksschulen zu errichten, eine in der Stadt, die andere in der Leopoldstadt. Der Schluss dieses Erlasses enthält die harten Worte: „Die Juden Wiens könnten es dankbar hinnehmen, dass es ihnen gestattet sei, die höheren Schulen zu besuchen, bei deren Gründung und zu deren Gedeihen sie nichts beigetragen haben." Wir nennen diese Worte hart, weil wir glauben, dass dieser Vorwurf kaum begründet werden kann. Man kann es den Juden nicht zum Vorwurfe machen, dass sie etwa weniger Steuern zahlen. Wir zahlten lange Zeit verhältnissmässig weit mehr Steuern, als die andern Staatsbürger.

Es gibt hier ferner höchst selten ein christliches Wohlthätigkeits-Institut, das nicht von Juden bedacht würde. Zur Votivkirche und zum Giebelbau an der Stephanskirche haben Juden nicht unbedeutende Summen beigesteuert.

Ob es aber die Schuld der Juden ist, dass sie nicht geistig zum Gedeihen der Schulen beigetragen haben, darüber wollen wir nichts sagen; da der Staat selber auf eine grosse Summe von geistigen Kräften verzichtet, die gerne im Dienste des Vaterlandes stehen möchten. So manchem begabten Jünger der Wissenschaft

wird es verboten die Lehrkanzel zu betreten, weil er keinen Tauf-
schein beibringen kann; und da sollen es die Juden verbrochen
haben, dass sie nicht das Gedeihen der Schulen gefördert? Wir
wagen es auszusprechen, der Jude würde auf diesem Gebiete dem
Staate erhebliche Dienste leisten, ohne irgendwie der christlichen
Kirche zu schaden, wenn man ihm nur gestatten möchte, die Kraft,
die er hat, zu gebrauchen.

Im Interesse der socialen Stellung der Juden, die der Vorstand durch Errichtung jüdischer Volksschulen gefährdet sah, legte
derselbe diesen Gegenstand in einer Audienz Sr. Majestät dem
Kaiser vor.

Wir hegen aber die feste Ueberzeugung, dass der Vorstand
mit kräftiger Hand eine jüdische Volksschule in's Leben rufen
wird, sobald diese Bedenken durch Gesetze, die die Stellung der Juden in würdiger Weise begründen, gehoben sein werden. Die neueste
Gesetzgebung für die Juden, welche, wenn auch nur schrittweise,
doch die ihnen gebührenden Rechte gewährt, bürgt dafür, dass
bald eine jüdische Volksschule errichtet werden wird.

Indem wir diese Episode hier einschalteten, kehren wir wieder zur Religionsschule zurück. Es liegt uns nichts von dem vor,
was und wie bis zum Jahre 1820 gelehrt wurde. Es waren zu
jener Zeit überhaupt nicht alle Kinder zum Religionsunterrichte
verpflichtet. Es heisst nämlich in einer Regierungsverordnung vom
21. Mai 1804: „Die Kinder der Juden, weil sie hier Landes kein
freies Religions-Exercitium und keine autorisirten Religionslehrer
haben, müssen in Hinsicht der Religionslehre ganz ihren Eltern
überlassen bleiben; daher auch in den ihnen auszustellenden Zeugnissen die Note, welche den Fortgang in der Religionsklasse bezeichnen sollte, unausgefüllt zu belassen ist." Ein Hofdekret vom
22. Jänner 1813 bestimmt: „Jedoch die Humanitätsschüler der
israelitischen Nation haben sich, wo für sie keine eigene Schule
besteht, halbjährig einer Prüfung aus dem religiös-moralischen
Lehrbuche B n e Z i o n vor dem Direktor der Gymnasialstudien zu
unterziehen, welcher einverständlich mit dem Lehrer den Fortgang
bestimmt."

Diese Norm dauerte fort bis zum Jahre 1821. Da machte
das Vicedirektorat der Gymnasialstudien der Regierung die

Anzeige, dass den israelitischen Gymnasialschülern kein gehöriger Religionsunterricht ertheilt werde. Als die Vertreter hierüber gefragt wurden, äusserten sie am 22. November: „Da die israelit. Gymnasialschüler immer im k. k. Gymnasium und in Gegenwart des löbl. Vicedirektorats aus der Religion geprüft werden, und bei den letzten Prüfungen nach der Versicherung des Religionslehrers Herz von Seite dieses löbl. Vicedirektorates die vollkommenste Zufriedenheit mit den Fortschritten der Schüler in der Religionslehre ausdrücklich erklärt wurde, so kann die gedachte Anzeige auf nichts anderes gedeutet werden, als dass bisher nur die Schüler der Humanitätsklassen, nicht aber auch die der Gramatikalklassen zur Religionsprüfung verhalten wurden. Um jene Ausnahme abzustellen, und den Religionsunterricht wie gebührend allgemein einzuführen, käme es blos auf die Verfügung des löbl. Vicedirektorats an, welches allen israelitischen Gymnasialschülern ohne Ausnahme, die Einholung desselben durch die öffentlichen Semestralprüfungen aus diesem Gegenstande zur Pflicht mache."

Seit dieser Zeit wurde der Religionsunterricht allen israel. Gymnasialschülern zur Pflicht gemacht. In Betreff der Humanitätsschüler hat man sich an den Buchstaben des Gesetzes gehalten, und wurden dieselben bis zum Jahre 1848 in Gegenwart des Direktors im Gymnasium geprüft.

Aus dem Studienhofcommissions-Dekrete vom 12. Sept. 1814 entnehmen wir einzelne Punkte in Betreff der Organisation der Schule:

1) Dass durchaus kein Zwang zum Besuche dieser Schulanstalt eintrete.

2) Dass diese Anstalt, sobald es nur möglich ist, auch auf den Unterricht der Mädchen insoferne ausgedehnt werde, um ihnen die Gebete und Segensformeln verständlich zu machen, und ihnen einen hinreichenden religiösen und moralischen Unterricht zu verschaffen.

3) Dass der Unterricht in dieser Religionsschule nur an den Tagen und Stunden gegeben werde, wo der Besuch der christlichen Schulen nicht gehindert wird.

Wir entnehmen ferner aus diesem Dekrete, „dass die k. k. Polizei-Oberdirektion über die Ordnung in der Lehranstalt wache.

Die Aufsicht über den Unterricht hat der Schuloberaufseher zu führen, der sein Augenmerk darauf richten wird, damit der Unterricht nicht in Spitzfindigkeiten der Rabbiner ausarte." *)

---

*) Wir können hier nicht einen Paragrafen, der sich diesen anschliesst, übergehen, da heisst es: „Wo eine deutsche Schule besteht, soll kein israel. Jüngling zum Talmud-Unterrichte zugelassen werden, wenn er mit den Zeugnissen des deutschen Volkslehrers nicht darthun kann, dass er die deutsche Schule gehörig besucht, und den Unterricht desselben sich zu Nutzen gemacht hat." Man verband mit diesem Gesetze keine hadrianische Absicht. Man glaubte so der schiefen Richtung, die damals Talmudjünger im Allgemeinen angenommen hatten, entgegen zu treten. Man wird uns den Wunsch nicht übel nehmen, dass der Talmud nicht ganz vergessen, vielmehr das Studium desselben im Geiste der Wissenschaft ferner eifrig betrieben werde. —

In neuester Zeit hat es eine kaum nennenswerthe Fraction, die der Ehrgeiz nicht schlafen lässt, und die einst Lorbeeren auf diesem Gebiete pflückte, versucht, eine Schule, doch was sagen wir eine Schule, ein Cheder in's Leben zu rufen, wo die Jugend mit den alten Schrifterklärungen vertraut werden soll. Leider hat dieses Cheder nichts als die Mängel und Schwächen dieser alten Winkelschulen — geleistet wird sehr wenig.

Wir können es uns nicht versagen, bei dieser Gelegenheit in den frommen Wunsch einzustimmen, welchen das Werthheimer'sche Jahrbuch 1860—1 ausspricht: „Es mögen die Israeliten in ihren Cultus- und Unterrichts-Angelegenheiten bei dem betreffenden Ministerium vertreten sein."

Es stellt sich für die Juden diese Nothwendigkeit noch mehr heraus, als für die Protestanten, weil man die innere Organisation der Protestanten besser als die der Juden kennt. Wir wollen hier einige Beispiele anführen, welche die Nothwendigkeit der Creirung einer derartigen Stelle im Unterrichts-Ministerium für die jüdischen Angelegenheiten darthun werden : Die Behörden wünschen, dass Schulen in allen jüdischen Gemeinden begründet werden. Am allerdringlichsten sind Schulen für die Juden Galiziens.

Um so mehr muss es bedauert werden, dass die Behörde Rabbiner, welche der chassidischen Richtung angehören und im Vorhinein Feinde einer Schule sind, in ihrem Amte bestätigt, und zwar manchmal gegen den Willen des Gemeindevorstandes. — Wie bereits erwähnt, hat die Regierung schon vor Jahren die Frage bezüg-

Bei jeder Prüfung in der Religionsschule waren daher ein höherer Beamte von der Polizei-Direktion und der Schuloberaufseher anwesend. Diese erstatteten Bericht an die vorgesetzten Behörden, und daher kam es auch, dass sich diese, je nach den erstatteten Berichten bewogen fanden, den betreffenden Lehrern Belobungsdekrete zukommen zu lassen. Diese Beaufsichtigung hörte mit dem Jahre 1849 auf. Wir geben hier die Zuschrift der k. k. Schulen-Oberaufsicht.

„Ueber eine von der gefertigten Schulen-Oberaufsicht an die k. k. Landesstelle gerichtete Anfrage, ob der Schulen-Oberaufseher noch ferner den israelitischen Religionsprüfungen beizuwohnen habe, oder ob derselbe durch die Bestimmung der Allerh. bewilligten Verfassung hiervon enthoben sei, hat das hies. Ministerium des öffentlichen Unterrichtes laut Erlasses vom 23. Juli d. J. Zahl 5024 die k. k. Schulen-Oberaufsicht von der Intervenirung bei den israelitischen Religionsprüfungen enthoben."

„Hiervon wird der israelitische Religionslehrer Leopold Breuer in Folge des hies. Regierungsdekretes vom 31. Juli d. J. Zahl 33253 in Kenntniss gesetzt."

Wien, 11. August 1849.

J. Piller.

Gestehen wir es aufrichtig, dass uns dieses Dekret sehr gefreut hat. Wir werden Gelegenheit haben nachzuweisen, dass die Schule seit jener Zeit keine Rückschritte, sondern Fortschritte gemacht hat. Aber so sehr wir es auch sonst im Interesse des

---

lich der Errichtung eines jüdisch-theologischen Seminars ventilirt. Vor kurzer Zeit entstand in der Nähe Wiens eine Rabbinerschule. Wir fragen jeden Unparteiischen: Bietet diese Rabbinenschule auch nur die geringsten Garantien, dass aus derselben tüchtige Rabbiner, wie sie der Staat wünscht und wie sie die jüdischen Gemeinden brauchen, hervorgehen werden? Das Lärmen etc. der alten Jeschibot ist vorhanden, aber der Geist fehlt. Dass diese Jünger sich auf ausser jüdisch-wissenschaftlichem Gebiete nicht auszeichnen, braucht nicht bemerkt zu werden. — So werden die besten Absichten der Regierung vereitelt.

Jugendunterrichtes wünschen, dass jeder Schulfreund die Schule besuche, umsomehr diejenigen, deren Amt und Beruf es ist, von dem Jugendunterrichte Notiz zu nehmen; so sehr wir es sogar bedauern, dass die dazu berufenen Behörden die Religionsschule in ihrer Wirksamkeit kaum oder gar nicht berücksichtigen: so sehr wünschen wir, dass der Religionsunterricht der einen Confession nicht von einer anderen bevormundet werde.

Jede Confession kennt die Bedürfnisse ihres eigenen Haushaltes am Besten, und ihr allein stehet es zu, für dieselben zu sorgen, selbst auf die Gefahr hin, dass Missgriffe gemacht werden.

Nebst der Beaufsichtigung der Behörden wurde auch laut Dekret der Polizei-Oberdirektion vom 16. Oktober 1821, wiederholt am 7. Mai 1822, ein isr. Schulaufseher gewählt. Die Eigenschaften desselben sollten sein: „Ein Mann, der mit der Liebe für die Schuljugend auch Sachkenntniss, mit der Ueberzeugung von dem hohen Werthe des Schulwesens auch den nöthigen Eifer in der Ausführung verbindet, der die Schule öfters besucht, die Fleisskataloge durchgeht, die Eltern der nachlässigen Kinder zuerst selbst ermahnt, dann der Polizei-Oberdirektion zur weiteren Behandlung anzeigt, der das Betragen der Kinder und Lehrer im Auge behält, und falls die letzteren saumselig in der Erfüllung ihrer Pflichten wären, oder sonst Gebrechen vorkämen, die Meldung zur Abhilfe bei der Polizei-Oberdirektion mache."

Wir wollen es nicht verschweigen, dass die Behörden in Betreff der Religionsschule wahrhaft väterlich für dieselbe sorgten.

Lange Jahre bekleidete, wie schon erwähnt, Herr J. L. v. Hofmannsthal das Amt eines Schulaufsehers. Nach seinem Ableben übernahm Herr Joseph Wertheimer dieses Amt. Als bei der neuen Constituirung der Gemeinde die „Schulsection" sich bildete, hörte das Amt des Schulaufsehers gänzlich auf.

Gehen wir jetzt zur innern Organisation über. Wie bereits bemerkt, liegt uns nichts vor über das, was bis zur Ankunft Mannheimers geschehen ist. Ueber den Geist, der in der Schule herrschen sollte, nachdem der neue Cultus eingeführt wurde, haben wir bereits in den Tempelstatuten (S. 35) gesprochen. Wir fügen noch als Ergänzung an. In dem Protokolle in Betreff der Anstellung Mannheimers vom 26. Dezember 1824 heisst es: „Der Zweck der hiesigen israel. Religionsschule ist dahin gerichtet, dass der Religionsunterricht nicht auf die ehemals unter den Israeliten gewöhnliche talmudisch-rabbinische Art ertheilt, sondern dass der landesväterlichen und weisen Absicht der höchsten Staatsverwaltung gemäss nach den vorgeschriebenen Lehrbüchern, mit Benützung und Allegirung passender Schriftstellen vorgetragen, und der israelitischen Jugend auf eine mit ihrer jetzigen Erziehung und Bildung übereinstimmenden Weise vermittelst dem hohen Gegenstande angemessener, auf den Verstand sowohl, als auch auf das Herz einwirkender Vorträge tief eingeprägt werde."

In einem Protokolle der Vertreter, Repräsentanten und des Schulaufsehers der hiesigen Israeliten vom 8. Jänner 1826, heisst es in Betreff der Organisation der Religionsschule und der zweckmässigen Auswahl der Lehrgegenstände:

„Es ist allgemein nur Eine Stimme, dass das vorgeschriebene und bisher eingeführte religiöse Lehrbuch Bne Zion bei Weitem nicht die Gründlichkeit und den Umfang hat, welche für dasselbe nöthig und erwünscht wäre. Besonders ist die Kenntniss der hebräischen Sprache höchst nothwendig, um:

a) Die Bibel im Grundtexte lesen und verstehen, und daraus die Religionslehre und das Ceremonialgesetz kennen zu lernen;

b) die hebräischen Gebete ebenfalls zu verstehen, und dadurch die Andacht auf eine entsprechende würdige Weise zu verrichten.

Man ist daher übereingekommen:

1) Dass vom Herrn Lehrer Mannheimer ein kurzer Vortrag über die Nothwendigkeit des hebräischen Sprachstudiums, und über die nähere Anordnung desselben schriftlich den Herren Vertretern etc. überreicht werde.

2) Diese werden hierwegen der hohen n. ö. Landesregierung die Vorstellung machen, um autorisirt zu werden, dass nebst dem beizuhaltendem Lehrbuche Bne Zion auch die hebräische Sprache vorschriftmässig gelehrt, und daraus halbjährig Prü-

fungen vorgenommen, und der Fortgang darin in den Zeugnissen ausgedrückt werde.

Wir bemerken zu diesem Protokolle:

Es ist keine Frage, dass die Regierung die beste Absicht damit verband, als sie das Buch B n e Z i o n als Religionslehrbuch für Israeliten einführte. In Betreff des Werthes dieses Buches sind wir wohl des Urtheiles enthoben. Es war, wie wir sehen, bereits vor dreissig Jahren ein „überwundener Standpunkt".

Durch einen Ministerialerlass vom 9. Juni 1856 ist das Gesetz, betreffend des B n e Z i o n, für das ganze Reich aufgehoben. Wir sind bei dem besten Willen nicht in der Lage, diesem Dahingeschiedenen etwas Gutes nachzusagen, und schweigen lieber gänzlich.

Wir halten es überhaupt als einen sehr wichtigen Fortschritt auf dem Gebiete der Schule, dass in dem neuen Unterrichtsplane, in Betreff der Lehrbücher, kein Zwang eingeführt ist. Das hohe Unterrichtsministerium gestattet es jedem Lehrer nach einem beliebigen Buche zu unterrichten, und behält sich nur das Recht vor, dass dasselbe zur Prüfung vorgelegt werde. Diejenigen Bücher, die die Probe bestehen, werden von demselben nicht b e f o h l e n, sondern e m p f o h l e n.

Es ist wohl unnöthig, zu beweisen, dass vom pädagogischen Standpunkte aus diese Massregel als eine vorzügliche bezeichnet werden muss. „Eines schickt sich nicht für Alle." Diesen Satz hat insbesondere der Lehrer zu beherzigen; denn es gilt nicht die Krankheit, sondern den Kranken zu behandeln. Es kann ein Buch vorzüglich abgefasst sein, und doch passt die Darstellung nicht für die Schüler, wie sie eben der betreffende Lehrer vor sich hat. Es bleibt ihm am Ende, meint er es sonst ehrlich mit der Schule und den Schülern, nichts anderes übrig, als nach demjenigen Buche zu lehren, welches seinen Jüngern mundgerecht ist. Es ist daher auch in letzter Zeit bei uns in Oesterreich die Literatur auf diesem Gebiete, (Religionslehren etc.) sehr reich geworden. Ob wirklich dadurch der Reichthum an Gedanken und Ideen zugenommen? — Jeder bringt das Beste, was er hat. Palme und Bachweide sind in einem Bunde, um Gott den Herrn zu preisen.

In Betreff der hebräischen Sprache besteht der Kampf noch

jetzt fort. Wir werden noch Gelegenheit finden, den Gegenstand weiter zu entwickeln. Gehen wir zuvor in der damaligen Organisation weiter.

Wir haben vor uns einen Bericht des Herrn M a n n h e i - m e r, betreffend die israelitische Religionsschule, während des Semesters vom 10. Mai bis 10. September (Sommersemester) 1826.

Classeneintheilung.

I. C l a s s e, umfasst die 1. 2. und 3. Classe der deutschen Schulen *) (sämmtliche Volksschulclassen) Zahl der Schüler 44.

Gegenstand des Unterrichtes: Aus dem hebräischen Gebetbuche die ersten drei und die letzten drei Segenssprüche aus der S c h m o n o e s s r e, einzelne Stellen aus der S c h m o n o e s s r e vom Sabbat und der Festtage mit Erklärung der vorkommenden religiösen Begriffe.

II. C l a s s e, umfasst die Schüler der 1. und 2. Gymnasialclasse, und des 1. und 2. Jahrganges der 4. Classe (jetzt Unterrealschule genannt, die nun aus drei Jahrgängen besteht). Zahl der Schüler 33.

Gegenstand des Unterrichtes: Aus der G e n e s i s 2. und 3. Capitel. Die Einleitung zur Religionslehre. Inhalt oder Namen der 24 Bücher und die 13 Glaubensartikel.

III. C l a s s e, umfasst die Schüler der 3. und 4. Gymnasialclasse und die des 1. und 2. Jahrganges der Realschule (jetzt Oberrealschule genannt, die nun ebenfalls aus 3 Jahrgängen besteht). Zahl der Schüler 33.

---

*) Es ist uns nicht bekannt, wann der Religionsunterricht für die israel. Schüler der Volksschulclassen und der ehemaligen zwei Jahrgänge der 4. Classe und der Realschule obligatorisch eingeführt wurde. Erkundigungen, die wir an massgebendem Orte darüber einholten, führten bis jetzt zu keinem Resultate. Wir führen dieses aus dem Grunde an, weil z. B. in Brünn noch jetzt der Gebrauch besteht, dass die jüdischen Schüler des Gymnasiums sich über den genossenen Religionsunterricht ausweisen müssen; die Schüler der Volksschulen sind jedoch davon befreit.

Gegenstand des Unterrichtes: 5. Buch Moses, Capitel 3, Vers 23 bis 4. Capitel, Vers 21. Die Lehre von den göttlichen Eigenschaften (B n e Z i o n Abschn. I.).

IV. C l a s s e, die Hörer der Pädagogik *) und die Schüler der beiden Humanitätsclassen (5. und 6. Gymnasialclasse) Zahl der Schüler 14.

Gegenstand des Unterrichtes: Wegen bevorstehenden Abganges der Schüler cursorisch die wichtigsten Lehren der Offenbarung und die Wunder, vom Mosaischen Gesetz, von der Gottesverehrung, vom Gottesdienste in specie, von der Unsterblichkeit, vom Messias und der Auferstehung.

V. C l a s s e, Handwerker. Zahl der Schüler 10.

1 Wiederholungsstunde in den deutschen Gegenständen, 1 Religionsstunde (die 10 Gebote und 13 Glaubensartikel).

VI. C l a s s e Mädchen, die zur Prüfung vorbereitet wurden, welche privatim Unterricht erhielten **). Zahl 27.

Lehrgegenstände: Einleitung in die Religionslehre, von Gottes Eigenschaften, die zehn Gebote (B n e Z i o n II. und IV). •

Es befanden sich also im Ganzen 161 Schüler; davon legten 134 die Prüfung ab. Rechnet man noch davon die 26 Privatschüler ab, so besuchten die Schule 108 Kinder.

Die Classeneintheilung blieb unverändert so bis zum Jahre 1849, wo es sich als nothwendig herausstellte, dass die I. C l a s s e, umfassend die drei Volksschulclassen, nicht mehr in solcher

---

*) Die Präparanden besuchten damals die Religionsschule nur als ausserordentliche Zuhörer, da sie zum Religionsunterrichte nicht verpflichtet waren. Ein Regierungsdekret vom 30. Dezember 1842 bestimmt: „Die israel. Schulpräparanden haben ein Zeugniss über die israel. Religionslehre und über die L e h r a r t, sowie über den V o r t r a g in derselben von dem israelitischen Religionslehrer beizubringen". Seit jener Zeit sind die Präparanden verpflichtet, Religionsunterricht zu geniessen.

**) Der öffentliche Religionsunterricht für Mädchen wollte lange Zeit nicht Platz greifen, trotz aller Erlässe und Ermahnungen von Seite der Behörden. Die Mädchen blieben nach wie vor zu Hause.

Weise fortbestehen kann, da die Zahl der Schüler unverhält-
nissmässig gross wurde, und die Fähigkeiten derselben ganz un-
gleich waren. (S. S. 86, 7.) Eine Vermehrung der Classen trat im Jahre 1837 ein, indem
auch die israel. Hörer der damals bestandenen Philosophie (jetzt 7.
und 8. Gymnasialclasse) zum Religionsunterrichte verpflichtet wurden. Am 20. Jänner 1832 kam nämlich ein Rescript von der n. ö.
Landesregierung, worin es heisst, „dass Se. Majestät aufzutragen
geruhten, es sei rücksichtlich des Religionsunterrichtes bei Israeliten, welche Philosophie studieren, Gutachten zu erstatten, ob, da nicht
an allen philosophischen Studienanstalten Lehrer der israelitischen
Religion gefunden werden, hinsichtlich eines Religionsunterrichtes
eine allgemeine Norm festgesetzt werden könnte“. Es wurde daher
die Frage gestellt, ob für die genannten Schüler der Philosophie ein
besonderer Religionsunterricht einzuführen sei, ferner wie und auf
welche Weise dieser Religionsunterricht und von wem er zu geben sei.

Der Vorstand sprach sich anfänglich dagegen aus, indem er
diese Ansicht dadurch begründete, dass es genügend sei, wenn die
Schüler während neun Jahre Religionsunterricht geniessen. (Nämlich
3 Jahre Volksschul- und 6 Gymnasialklassen).

Es fragte sich jedoch, den jüdischen Studierenden die betreffende Note im Zeugnisse auszufüllen, und es kam am 7. Febr.
1837 von Seite des Vicedirektorates der philosophischen Studien im
Namen der Studien-Hofkommission der Erlass, dass die Einführung
eines eigenen Religionsunterichtes an der philosophischen Lehranstalt
für nicht katholische Schüler der Philosophie zwar nicht stattfinde,
dass aber diese Schüler an solchen Orten, wo es einen gemeinschaftlichen Cultus ihres Glaubensbekenntnisses gibt, zu verhalten
seien, am Schlusse eines jeden Semesters sich durch Zeugnisse
ihrer Religionsvorsteher über die Erfüllung ihrer Pflichten, als
Glieder der Religionsgemeinde beim Vicedirektorate der philosophischen Studien auszuweisen, und dass diese Ausweisung in die
Prüfungskataloge einzumerken sei.

In Betreff der „Erfüllung der Pflichten als Glieder der Religionsgemeinde,“ waren die Begriffe sehr vage. Wir haben keine
Sakramente; der Besuch des Gotteshauses ist blos für Einen Sabbat

gesetzlich geboten, und die Ueberwachung, dass die Studirenden rituell leben, ist unthunlich und unmöglich.

Man beschloss daher, die Studirenden der Philosophie zu verhalten, dass sie den Gottesdienst an Sabbaten und Festtagen besuchen, während welcher Zeit sie vom Schulbesuche befreit wurden. Zugleich aber wurden dieselben angewiesen, Auszüge aus den Predigten des Herrn Mannheimer abzufassen. Zu diesem Zwecke gab Herr Mannheimer noch wöchentlich eine Unterrichtsstunde, wo er die Glaubens- und Lehrsätze, die er in der Predigt besprochen, vom wissenschaftlichen Standpunkte erörterte.

In den übrigen Classen war jede Woche ein dreistündiger Religionsunterricht, blos die Handwerkslehrlinge hatten wöchentlich eine Stunde Untericht.

In Betreff des Lehrstoffes führen wir die Worte Mannheimers aus einem Berichte an: „Indem ich nun die Uebersicht von dem äusseren Stande der Schule Ihnen vorlege, muss ich zugleich offen gestehen, dass ich selbst wohl einsehe, dass die Anstalt selbst als eine aufkeimende betrachtet, meinen Wünschen und Hoffnungen bisher nicht entsprochen hat." Im nächsten Jahre, 2. Semester 1827• finden wir schon das Programm erweitert.

I. Classe hebr. Genesis Cap. 5—12. Religionslehre: 13 Glaubensartikel sammt Erklärung.

II. Classe hebr. Genesis Cap. 9—15. Religionslehre: Von der Ehrfurcht vor Gott, vom Gebete und vom öffentlichen Gottesdienste.

III. und IV. Classe die Lehre vom Mosaischen Gesetze mit besonderer Erklärung der 10 Gebote und der israel. Feste, und der allgemeine Theil der Moral.

Die Anzahl der Schüler schwankte in den ersten Jahren zwischen 120 und 160 private und öffentliche; erst von dem Jahre 1840 an wächst die Zahl der öffentlichen Schüler und ist zwischen 160 und 220, und die der Privatschüler 140 bis 180. Vom Jahre 1849 an ist ein stetiges Wachsen.

Herr Mannheimer unterrichtete in der Schule bis zum Jahre 1829; da zeigte es sich, dass es für Eine Kraft kaum möglich sei, alle Lasten zu tragen. Man versuchte dem Uebel abzuhelfen und stellte einen Hilfslehrer an, welcher sich aber bald als ungenügend erwies.

Man ging also daran, einen zweiten Religionslehrer zu wählen, und die Wahl traf Herrn Dr. Josef Levin Saalschütz, geboren 15. März 1801, damals Leiter eines Instituts in Berlin, jetzt Prediger der israel. Gemeinde und königl. Professor an der Universität zu Königsberg. Er war ein Mann von gediegener wissenschaftlicher Bildung, wie es auch seine nachher erschienenen Schriften, „Form und Geist der hebräischen Poesie," „das Mosaische Recht," welches bereits in 2. Auflage erschien, „die Archäologie der Hebräer" etc. beweisen. Er war auch auf dem Gebiete der Schule heimisch, wie es seine „Grundlage zur Katechisation über die israel. Gotteslehre" (Wien, Gerold 1833) zeigt.

Der Lehrstoff wurde nun in folgender Weise eingetheilt:

I. Classe (dreijähriger Cyclus): Entwicklung der Hauptbegriffe der Gottes- und Sittenlehre; die historischen Abschnitte des Pentateuch nebst dem Nöthigsten aus der hebräischen Gramatik und einer allgemeinen Uebersicht des geographischen Schauplatzes der Bibel. Die vorzüglichsten Gebete (hebräisch) wurden gelesen und katechisirt und die biblische Geschichte erzählt.

II. Classe (zweijähriger Cursus): Die Sittenlehre, die nicht historischen Abschnitte der biblischen Bücher.

III. Classe (zweijähriger Cursus): Die Sittenlehre, die nicht historischen Abschnitte des Pentateuch mit den nöthigen religionswissenschaftlichen und archäologischen Erläuterungen, um die Kenntniss und die Würdigung des gesetzlichen — sittlichen und religiösen Inhaltes dieser Bücher zu begründen; ferner die Erklärung eines Theiles der Psalmen.

IV. Classe (zweijähriger Cursus): Die biblische Sittenlehre nach einem für diese Classe passenden, höheren Massstabe; ferner von zwei zu zwei Jahren abwechselnd biblische Alterthümer und jüdische Geschichte. Ausserdem wurden die schwerverständlichen Bücher der Schrift, wie Hiob, Propheten, Psalmen etc. gelesen und commentirt.

Wir finden aus jener Zeit wiederholte Klagen von Seite Mannheimer's und Saalschütz's gegen den Privatunterricht, die wir hier nicht übergehen wollen. Es heisst: „Die Unterzeichneten, bestrebt in der Gemeinde die Elemente wahrer Religiösität anzuregen und zu fördern, finden ausser den öffentlichen gottesdienstlichen Anstalten auch ein besonderes wichtiges Mittel hierzu in der zweckmässigen religiösen Ausbildung der Jugend. Die Religionsschule ist in diesem Sinne organisirt.

Indessen, eine grosse Anzahl hiesiger Familien hat von derselben nicht allein noch eine sehr unvollkommene Kenntniss, sondern vertraut selbst den religiösen Unterricht ihrer Kinder oft Lehrern an, die weder genügsam pädagogische Fähigkeit für diesen Gegenstand, noch auch die nöthigen theologischen Studien gemacht haben, um einem so wichtigen Unterrichtszweige gewachsen zu sein. Wir sehen mit Bedauern ein, nicht allein, dass ein grosser Theil der Jugend so unmöglich Forderungen entgegengreifen kann, die man von Seite einer israel. Gemeinschaft an sie zu machen berechtigt ist, sondern wir sind auch überzeugt, dass die Religionsschule selbst so lange nicht eine vollständige harmonische Form alles Religionsunterrichtes befestigt ist, auch in i h r e m Wirkungskreise auf unüberwindliche Hindernisse stossen muss."

Wir könnten heute, nach einem Viertel Jahrhundert, dieselben Klagen wiederholen. Es ist in dieser Beziehung ganz eigenthümlich: Während man sonst die grösste Sorgfalt hat, um das möglichst Beste zu erlangen, vertrauen manche Eltern ihre Kinder Personen an, die keine andere Garantie für Bildung und Erziehung bieten, als dass sie es von sich sagen. Wenn dies aber auf jedem Gebiete des Unterrichtes von Nachtheil und Schaden sein muss, so ist der Schaden auf religiösem Gebiete um so grösser.

So mancher Lehrer, dem alle Religion und alles Religiöse gleichgiltig ist, unterrichtet Religion. Freilich gibt es sehr ehrenwerthe Ausnamen; die Masse aber unterrichtet, um — das Kind prüfen zu lassen. Bedenkt man, dass das häusliche Leben ohnedies nicht immer oder nur selten mit dem religiösen Leben übereinstimmt, und dass das, was man früher „C h i n u c h," die praktische Einführung in das religiöse Leben, nannte, höchst selten vorkömmt; so kann man beiläufig den Schluss ziehen, welche Folgen ein derartig ertheilter Religionsunterricht haben muss. Ohne Weihe, ohne Würde, ohne warme Theilnahme für den Gegenstand, oft und häufig ohne gründliche Kenntniss desselben wird der Unterricht

ertheilt, und das Kind, das mehr und besser fühlt, als wir oft
glauben, betrachtet den Gegenstand, in Folge der Art, wie er betrieben wird, als eine Last. — Das Ende vom Liede ist aber,
wenn die Eltern nach Jahren von der Erfolglosigkeit des Religionsunterrichtes sich überzeugen, und zwar weil das Kind im praktischen Leben an die Religion gar nicht erinnert wird, und weil die
Lehrer, die sie sich gewählt, nicht ihre Pflicht erfüllt haben, dann
wird all' diese Schuld der Religionsschule in die Schuhe geschoben;
dann wird die Religionsschule für alles Mögliche verantwortlich
gemacht, und zwar von Personen, die die Schule in ihrer Wirksamkeit gar nicht kennen. Hoffen wir, dass einzelnweise auch in
dieser Beziehung das Bessere durchdringen werde, und die Eltern
die Einsicht erlangen werden, dass, sowie der Baum am Besten
im Walde, so gedeihet das Kind am Besten in der Schule.

Herrn Dr. Saalschütz's wohlthuende Wirksamkeit hier
war bis zum Jahre 1835. Als sich demselben die Anstellung eines
Predigers in seiner Heimath darbot, verliess er Wien.

An seine Stelle kam Herr Leopold Breuer, geboren den
8. November 1791 zu Karlburg in Ungarn. In Armuth und Elend
grossgezogen, kam er, wie diess damals Sitte war, auf die
„Jeschiba" nach Mattersdorf, wo Herr Moses Sopher als
Rabbiner fungirte. Als dieser dann nach Pressburg kam, wo sein
Name eine Celebrität auf talmudischem Gebiete ward, zog der
junge Breuer mit ihm, und lag dem Studium des Talmuds ob.

Mitten in der Pressburger Atmosphäre, unter den Anschauungen jener Zeit, die sich auf die krasseste Weise in dem Kreise
geltend machten, in welchem sich Breuer bewegte, ging es doch
dem Knaben, der nach Wissen strebte, auf, dass es noch ausser
dem Talmud Wissenschaften gebe, und er zog daher 13 Jahre alt
nach Prag. Da schenkte man auch den profanen Wissenschaften
Aufmerksamkeit.

Hier blieb Breuer bis zum Jahre 1815, emsig bemüht, das
in der Jugend Versäumte nachzuholen. In diesem Jahre ging er als
Erzieher nach Wien, und blieb in diesem Berufe bis zum Jahre
1835. Ein Mann von sehr strengen Grundsätzen, hat er sich den
Ruf erworben, dass es ihm darum zu thun ist, seine Pflichten
stets im vollsten Masse zu erfüllen. Während der kurzen Zeit,

wo er in Pest als Erzieher lebte, vom Jahre 1830—1832, gelang es ihm, den Vorstand der Gemeinde zu bewegen, eine Schule zu errichten. Er machte alle Vorarbeiten dazu, und bevor er Pest verliess, entstand die Schule. Im Schuljahre 1835 6 trat er die Stelle als zweiter Religionslehrer der hiesigen Gemeinde an. Wir heben aus dem betreffenden Anstellungsdekrete hervor: Rücksichtlich der Gegenstände des Unterrichtes: Es erscheint wünschenswerth, dass hierüber ein ausführlicher Lehrplan vorgelegt werde; inzwischen bestimmen wir vorläufig in dieser Hinsicht: für die Schüler der drei ersten deutschen Classen wird das Verständniss der heiligen Schrift in der Ursprache als Hauptsache angesehen.

Innerhalb dieses Zeitraumes soll der Schüler dahin gebracht werden, den Pentateuch wenigstens im Johlson'schen Auszuge fertig übersetzen zu können.

Dasselbe gilt auch in Ansehung der wichtigsten und würdigsten Gebete.

Die Gotteslehre und die Sittenlehre sind die Hauptgegenstände für die folgenden Classen.

In Rücksicht Ihrer äusseren Stellung finden wir es namentlich in Folge früher stattgefundener Missverständnisse nöthig zu bemerken, dass der erste Religionslehrer zur Beaufsichtigung und Controllirung der ämtlichen Funktionen des zweiten angewiesen ist.

Mit aller Liebe seinem Fache zugethan, strebte Herr Breuer danach, seine Schüler mit der edlen und grossartigen Bedeutung des Judenthums vertraut zu machen.

Die Behörden haben demselben öfters Belobungsdekrete zukommen lassen. So im Jahre 1838, wiederholt im Jahre 1842; hierauf folgten von Seite der Landesregierung am 28. Jänner 1844 und am 5. November 1846 Belobungen. Auch die Gemeinde blieb nicht zurück, und die Vertreter gaben ihm wiederholentlich ihre Anerkennung „für die ausschliessliche Aufmerksamkeit, gründliche Kenntniss, gemüthvolle Theilnahme," ferner „für den unermüdlichen Eifer, ausgezeichnete Thätigkeit und die religiöse Erleuchtung." Wir müssen hier auch eines besonderen Verdienstes um die Schule erwähnen, dass B. die Anregung zu einer Schulbibliothek gab. Der Buchdrucker

Wolf, Geschichte. 9

Herr Edl. v. Schmid schenkte nämlich eine Reihe von Jahren ein Exemplar der bei ihm erschienenen Bücher der Schule.

Herr Breuer machte im Jahre 1840 den Vorschlag, dass der Vorstand jährlich eine Summe zum Ankaufe von Büchern bestimme, um eine Bibliothek zu begründen. Dieser ging bereitwillig darauf ein. Es wurden jährlich zuerst 50, dann 60, hernach 100, jetzt 150 fl. zum Ankaufe von Büchern angewiesen. Auf Ansuchen der Herren Vertreter in neuester Zeit hat sich der damalige Chef der obersten Polizeibehörde, Se. Exzellenz Freiherr v. Kempen bewogen gefunden, zu gestatten, dass die Pflichtexemplare, die dieser Behörde zukommen, die in das jüdisch-religiöse Gebiet einschlagen, der Schulbibliothek zugewiesen werden. Es ist zu hoffen, dass mit der Zeit die Bibliothek an Umfang und Inhalt bedeutend werden wird *).

Im Jahre 1848 gab Herr Breuer eine biblische Geschichte, welche bei Elisa abbrach, heraus. Im Jahre 1852 erschien eine 2. vermehrte Auflage, und im Jahre 1860 erschien die 3. Auflage, wo die Geschichte der Juden bis zum Abschlusse des Talmuds erzählt wird.

Im Jahre 1851 erschien „Or thora,“ Leitfaden beim Religionsunterrichte, und im Jahre 1854 folgte die zweite, vermehrte und verbesserte Auflage dieses (vom Unterr. Minist. empfohlenen) Buches.

Ausserdem übt Herr Breuer eine heilsame Theilnahme beim Handwerksvereine aus, dessen Entstehen er eifrigst gefördert hat und bei welchem er noch jetzt sehr thätig als Vorstandsmitglied wirkt.

Als Herr Breuer seine Wirksamkeit in der Schule begann, entstand ein Sturm in einem Glase Wasser. Herr Breuer bestimmte nämlich, dass die Schüler während des Religionsunterrichtes, auch beim Unterrichte der Bibel im Urtexte, ohne Kopf-

---

*) Im Jahre 1859 ersuchte der Verfasser dieses die Mitglieder der hiesigen israel. Cultusgemeinde, zur Begründung einer Bibliothek für die Jugend Bücher etc. zu spenden, und um in der Lage zu sein, armen Kindern Schulbücher unentgeldlich verabfolgen zu können. Diese Bitte hatte den besten Erfolg, und ich statte hiermit den edlen Spendern den herzlichsten Dank ab und ersuche um fernere Beiträge.

bedeckung sitzen sollen. Viele fühlten sich dadurch in ihrem religiösen Gefühle wegen „Kaluth rosch" gekränkt, und der Vorstand bestimmte, dass keiner gezwungen werde barhaupt zu sitzen. Jetzt ist die Sache ohne Zwang bereits durchgeführt. So unbedeutend diess auch scheinen mag, so wollten wir doch diese Reform nicht ganz verschweigen. Es ist kein grosser Unterschied barhaupt zu sitzen während des Unterrichtes der Bibel in der Ursprache und barhaupt im Gotteshause zu beten, welches die Berliner Reformgemeinde einführte.

Doch so mannigfach auch die Belobungen waren, so fehlte es auch nicht an dem bitteren Wermuth des Tadels. Die Auswahl des Stoffes für den Religionsunterricht, so wie die Behandlung desselben riefen eine scharfe Kritik hervor. Anderseits aber, wo blieb je eine Persönlichkeit, die im Volke stand, und zunächst und zumeist mit dem Volke zu thun hatte, unangetastet?

Da weiss Jeder Rath zu ertheilen, wie dem Uebel eigentlich gründlich abzuhelfen wäre; und doch hat er nie oder nur höchst selten auch nur oberflächlich darüber nachgedacht. Der Eine glaubt, man verlange von den Kindern zu viel, der Andere wieder meint, man fordere zu wenig. Dieser möchte, dass in der Religionsschule blos dem Hebräischen die Aufmerksamkeit zugewendet werde, damit die Schüler, wenn sie die Schule verlassen, nebst den Propheten auch den Talmud verstehen; jener wieder hält den Unterricht der Bibel im Urtexte für eine Ueberbürdung der Schüler, da diese in der Schule nicht Sprachstudien, sondern Religion lernen sollen, und diese, meint er, wird am besten Paragraphenweise erlernt.

In der hiesigen Religionsschule kömmt noch der Uebelstand hinzu, dass man den Kindern Zeugnisse ausstellen muss. Wer will es da unangefochten mit der Eitelkeit mancher Eltern, Lehrer, Tanten, Onkel etc. aufnehmen? Das Kind ist als Genie oder mindestens als Talent bei allen Bekannten und Verwandten ausposaunt worden. Plötzlich soll dasselbe blos die Note gut oder gar mittelmässig erhalten. Daran muss offenbar der prüfende Lehrer Schuld sein. Er stellt nicht gehörig die Frage, er fragt zu viel oder er fragt zu wenig, je nachdem es besser passend ist; endlich ist der Lehrgegenstand selber nicht geeignet. — Da aber der Lehrer, wenn er unbescholten sein Amt führen, wenn er sich nicht selbst

in den Augen der Leute und der Schüler erniedrigen will, nicht
allen genügen kann: so ist es klar, dass auch manche Misstöne
sich hören lassen.

Dazu kam aber noch ein anderes. Wir haben in der Classeneintheilung gesehen (S. 122), dass die erste Classe die drei deutschen Volksschulclassen vereinigte. Es sassen da Kinder von den
mannigfachsten, verschiedensten Anlagen beisammen.

Die Zahl der Schüler vermehrte sich, und da im Allgemeinen,
je grösser die Anzahl der Schüler ist, wenn sie ein bestimmtes
Mass überschritten hat, desto kleiner und geringer die Erfolge
sind, so mussten sie sich hier auf ein Minimum reduziren. Was
den Lehrgegenstand betrifft, so wurden Auszüge aus den ersten vier
Büchern des Pentateuchs gelehrt; die wichtigsten Gebete aber
wurden nicht unterrichtet.

Kamen die Schüler aus der Volksschule in die höheren Classen, so wurde der Unterricht im Hebräischen regressiv; denn die drei
Stunden in der Woche wurden zur Hälfte, je nachdem für Reli-
gions- oder Sittenlehre verwendet. Die Folge davon musste sein,
dass der hebräische Unterricht zumeist ohne Resultate blieb. Da zudem
die Eltern es zumeist verabsäumten, die Kinder in den Tempel zu
schicken, trotzdem sie selber den neuen Cultus einführten, und trotzdem die Behörden dieses wünschten, wie wir solches in dem Protokolle
(S. 15) gesehen; (Die Polizei-Oberdirektion kömmt am 24. März
1833 darauf zurück und ordnet an, dass die Kinder dén Tempel
besuchen sollen); da ferner im Hause die Kinder, wenn sie beteten,
zumeist deutsch beteten: so versteht es sich von selbst, dass dann die
jungen Leute sich im Tempel nicht heimisch fühlten, wenn sie nach
Jahr und Tag endlich darin erschienen. Wurde ein junger Mann
vater- oder mutterlos und sollte das K a d i s c h g e b e t sagen,
so geschah es manchmal, dass er es nicht lesen konnte; hatte er
doch seit Jahr und Tag nichts Hebräisches gesehen, geschweige
denn gelesen: — und nun erhob sich ein Sturm — gegen die
Schule. Es entstand eine Missstimmung gegen Schule und Lehrer,
und zwar umsomehr gegen letzteren, da er allein stand. Diesem
bürdete man die Schuld auf von Allem dem, was geschah und was
nicht geschah, was in und was ausserhalb der Schule vorging. Die
Schule in ihrer Wirksamkeit, ausser durch die Semestralprüfungen,

welche auch nur von einer sehr geringen Anzahl von Gemeinde-
mitgliern besucht wurden, kannten wenige. Und doch können Prüfungen überhaupt kein klares Bild von einer Schule geben. Während
des Unterrichtes kann man die Thätigkeit des Lehrers, die Fassungskraft der Kinder kennen lernen. Da lassen sich die Mängel und
Gebrechen einer Schule studiren. Wir unserseits müssen es aufrichtig bekennen, dass wir die öffentlichen, sogenannten Ehren-
Prüfungen nicht als massgebend für die Leistungen einer Schule
betrachten können, denn sie geben selten ein wahres Bild der
Sache. Der Laie mag sich an dem Farbenschmelz der Blumen erfreuen, der Kenner wird die Blumen etwas näher betrachten wollen,
und dazu ist während der Prüfung keine Zeit. Allerdings kömmt
es zumeist auf die Tüchtigkeit des Lehrers an. Wo dem Lehrer
die Bedingungen zum Lehrer abgehen — sei es in qualitativer
oder methodischer Beziehung — da nützen alle Schulräthe und
Commissionen nichts. Es ist eitel Thorheit, wenn die Gans zum
Schwane werden will, mag sie noch so sehr den Hals recken und
strecken. Ist hingegen der Lehrer tüchtig, meint er es ehrlich mit
dem ihm anvertrauten Amte, so wird er ohne fremde Beihilfe Blü-
then und Früchte schaffen, wo die Bedingungen dazu vorhanden
sind. Nie und Nimmer aber wird die Schule ihren Höhepunkt erreichen, als bis diejenigen, die Theilnahme für den Jugendunterricht
haben — es nicht scheuen in die Schule von Zeit zu Zeit zu
kommen und sich umschauen, wie und was da geschieht.

Es gingen nun so die Dinge fort bis zum Jahre 1848. In
diesem Jahre erweiterte sich der Wirkungskreis des Herrn Breuer,
indem Herr Mannheimer den Religionsunterricht für die beiden
Jahrgänge der Philosophie, die seitdem als 7. und 8. Gymnasialclasse
gelten, dem Herrn Breuer übertrug.

In diesem Jahre, das alle Verhältnisse aufrüttelte, wurde auch
der Schule nicht vergessen. Es wurde dem Vorstande ein Memoire
eingereicht, eine Kritik der Religionsschule. Eine Commission, bestehend aus Privatlehrern, die gewissermassen auf pädagogischem
Gebiete sich bewährt hatten, sollte unter Vorsitz des Herrn Breuer
berathen, was zur Förderung und Hebung des Religionsunterrichtes
geschehen sollte. Doch, wie überhaupt in jenem Jahre so Manches
in dem einen Augenblicke entstand, was im nächsten verging,

so schloss auch diese Commission nach einmaliger Berathung ihre Zusammenkünfte.

Kaum war die Ordnung wieder zurückgekehrt, musste man daran denken, das Haupthinderniss wegzuschaffen, und so wurde im Jahre 1849 neben Herrn B r e u e r für die Volksschulclassen, die unmöglich mehr vereinigt bleiben konnten, noch ein Religionslehrer angestellt. Ein neues Programm wurde für diese Classen entworfen; das Hebräische wurde fast gänzlich in den Hintergrund gedrängt. Die Summa des Wissens nach vollendeter Volksschule sollte sein: Hebräisch lesen und einige wenige Gebetstücke; eine schmale Auswahl aus dem 1. und 2. Buche Moses (in letzteren bis zum 15. Cap.) und biblische Geschichte bis zum Tode Moses.

Ein solches Programm konnte für die Dauer nicht bestehen; es verschwand auch bald wieder, als Schreiber dieses provisorisch mit dem Lehramte im Oktober 1852 betraut wurde.

Es waren mir die hiesigen Verhältnisse nicht neu, und einmal, wenn auch nur provisorisch berufen, das Lehramt in den Volksschulclassen zu führen, legte ich in einem Memoire der Schulsection des Vorstandes (damals Herr Vertreter Joseph W e r t h e i m e r, und die Beiräthe: die Herren W i l h e l m B o s c h a n, Dr. M a x i m i l i a n E n g e l *) und J. L i e b e n) meine Ansichten vor.

Ich setzte darin auseinander, dass hier ein *a u t - a u t* gelte. Entweder es muss hebräisch gelehrt werden, und zwar in solchem Masse, welches die Möglichkeit bietet, dass die Schüler einst im Stande sind, das Hebräische zu verstehen — oder aber man lasse es ganz weg. Gegen letzteres machte ich geltend, dass wir nach Innen

---

*) Mit Vergnügen erkenne ich hier die mannigfachen Verdienste des Herrn Dr. E n g e l um die Religionsschule an. Ein Mann von gediegenem Wissen, dem auch das Hebräische kein unbekanntes Gebiet ist, wirkt er mit vielem Eifer. Derselbe nimmt als Schriftsteller einen hervorragenden Platz in der Tagesliteratur ein, und ist der Verfasser der wissenschaftlichen Werke: L' H y d r o t h é r a p i e (Paris 1840) in französischer, und L' H y d r o t e r a p i a (Mailand 1841) in italienischer Sprache; Studien über die nordamerikanische Verfassung nach M i c h e l C h e v a l i e r (Wien 1849).

kein anderes Band haben, als die hebräische Sprache: durch sie erkennen sich die Juden von allen Enden der Welt als Brüder; ferner aber, in so lange der Gottesdienst hebräisch ist, und der integrirende Theil des Gottesdienstes soll doch hebräisch bleiben, muss das Hebräische der Jugend gelehrt werden, um das Verständniss des Gottesdienstes zu ermöglichen.

Allerdings ist es wahr, heisst es in diesem Memoire, dass ein grosser Theil der Eltern gegen den Religionsunterricht überhaupt, der ihnen nicht erbauend scheint und gegen den Unterricht der hebräischen Sprache insbesondere eingenommen ist; ja offen ausgesprochen, es bestehet ein eigenes Missbehagen gegen den Unterricht der hebr. Sprache, welches auch manchmal bei den Kindern vorhanden ist. Dieses Missbehagen rührt zunächst von der Erfolglosigkeit der Bemühungen her. Ein Kind, das neun Jahre lang diesen Gegenstand lernt (3 Jahre Volksschule und 6 Jahre Gymnasium oder Realschule), erlangt endlich wenig oder nichts, trotz aller Mühe. Ich hege anderseits die Ueberzeugung, dass Eltern, die sich damit freuen und stolz darauf sind, wenn ihre Kinder Homer etc. in der Ursprache lesen; diese werden es auch gern sehen, wenn ihre Kinder an der begeisterten Rede eines Jesaia, so wie er sie in der Ursprache gesprochen hat, sich begeistern werden. Es ist übrigens eine pädagogische Erfahrung, dass ein Kind mehr Lust und Liebe zum Lehrgegenstande bekommt, wenn es so zu sagen, den Erfolg selber fühlt, und so dürfte in unserer Jugend die Liebe zu dem grössten Schatze der Literatur erwachen, wenn die Möglichkeit gegeben ist, dass sie sich ihn verschaffen und erhalten kann.

Ich schlug hierauf ein erweitertes Programm vor, weil ich es als die höchste und grösste Aufgabe der Religionsschule halte, dass sie der Jugend die Bibel in die Hand gebe. Wir dürfen und können nicht den Schatz im Strome der Vergessenheit versinken lassen, oder ihn gar selber versenken.

In dem Schosse der Schulsection, wo der Plan berathen werden sollte, wurde hierauf aufs Neue die Frage erörtert, ob man das Hebräische überhaupt als obligaten Gegenstand betrachten soll. Es bestehet nämlich noch ein besonderes Vorurtheil. So manche glauben die Religion müsse als Religion salbungsreich vorgetragen, die Sitten- und Pflichtenlehre sollen als solche den Kindern eingetrichtert werden. Und doch ist es eben die Bibel gewesen, aus der die Religionslehren und Leitfäden sammt und sonders geschöpft wurden. Jedes Capitel der Bibel beinahe bildet für den verständigen Lehrer eine Menge von Anhaltspunkten zur Entwicklung der Grundsätze der Religions- und Sittenlehre. Es wäre unserseits überflüssig, wollten wir den Werth der Bibel herausheben; wir verweisen nicht auf diejenigen, die für die Bibel gelebt haben und gestorben sind — wir erinnern nur an die Aussprüche von Göthe *) und Heine u. a. m., denen man doch ein Uebermass von Gläubigkeit nicht zum Vorwurf machen wird.

Die Schulsection genehmigte nach kurzer Debatte die Erweiterung des Programmes für die Volksschule, welches bis jetzt ziemlich unverändert geblieben ist, mit Ausnahme der Berücksichtigung der neuen Classeneintheilung **). Die Gebetstücke, welche damals blos in der Schule gelehrt wurden, sind jetzt auch für die Privatschüler obligat geworden.

Bei der Abfassung des Programmes, welches weiter unten folgt, waren folgende Grundsätze massgebend:

So sehr es zu wünschen wäre, dass die Schüler der Volksschulclassen bei ihrem gänzlichen Austritte aus der Schule, wenn

---

*) „Und so dürfte Buch für Buch das Buch aller Bücher darthun, dass es uns deshalb gegeben sei, damit wir uns daran, wie an einer zweiten Welt versuchen, uns daran verirren, aufklären, ausbilden mögen.“

Westöstlicher Divan.

„Jene grosse Verehrung, welche der Bibel von vielen Völkern und Geschlechtern der Erde gewidmet werden, verdankt sie ihrem inneren Werthe. Sie ist nicht etwa nur ein Volksbuch, sondern das Buch der Völker.

Farbenlehre.

**) Es ist von Seite des h. Unterrichtsministeriums im Schuljahre 1854 die Verordnung erschienen, dass die Volksschule aus vier Classen zu bestehen hat und die ehemalige Vorbereitungsclasse als erste Classe gilt (die ebenfalls Religionsunterricht geniessen muss); die früher genannte erste, zweite und dritte Classe sind als zweite, dritte und vierte Classe zu benennen.

sie sich dem praktischen Leben zuwenden und Handwerker etc.
werden, oder bei ihrem Uebertritte in die Mittelschulen die vollständige Kenntniss des Pentateuch im Urtexte, so weit diese den
Schülern nothwendig ist, erlangen: so musste doch in Rücksicht des
Zeitmasses, welches diesem Lehrgegenstande zugewendet werden kann,
(trotz des besten Willens ist es unter den gegebenen Verhältnissen
kaum möglich, mehr als drei Stunden wöchentlich jeder Classe zu
widmen) und in Berücksichtigung, dass auch Stücke aus dem
Gebetbuche unterrichtet werden, das Programm dahin beschränkt
werden; dass blos die wichtigsten Abschnitte der ersten vier Bücher
Mosis Gegenstand des Unterrichts bilden. Dass dieser Unterricht
nicht blos ein sprachlicher ist und sein soll, braucht denen, welche
die Bibel kennen, nicht gesagt zu werden. .

Bezüglich des Unterrichtes der hebräischen Gebetstücke, lässt
sich vom sogenannten pädagogischen Standpunkte aus manches ein-
wenden. Nichtsdestoweniger halte ich es für unerlässliche Pflicht,
dass unter den gegebenen Verhältnissen das Gebetbuch Gegenstand des Unterrichtes in allen jüdischen Schulen und insbesondere
in der hiesigen Religionsschule bilden muss. Diese Nothwendigkeit
hat sich bereits, wie angeführt, zur Zeit des Tempelbaues geltend
gemacht; sie ist heute noch in stärkerem Masse vorhanden. Vor
vierzig Jahren hat, wie nicht zu verkennen ist, das Haus und die
Häuslichkeit mehr für religiöse Kenntniss geleistet als heute und
waren die Reminiscenzen vom Selbsterlebten viel stärker und frischer
als jetzt.

Wir haben auch wiederholentlich Gelegenheit gehabt zu bemerken, dass jüdisches Leben und Streben hier zumeist im Gotteshause seinen Brenn- und Sammelpunkt hat. Die gottesdienstlichen
Einrichtungen und die übliche Liturgie müssen daher so viel als
möglich jedem Besucher klar sein. Lange genug hat man gegen
das blosse „Lippenwerk" gesprochen und geschrieben. Dieser
Vorwurf muss endlich aufhören und dazu muss jede Schule — ja
jedes „Cheder" beitragen. Welche Gesetze immer die Pädagogik
auch aufstellen mag, die Religionsschule und je der Religionslehrer
werden dafür Sorge tragen müssen, dass die Jugend die Liturgie
verstehe; ausser man entschliesst sich, eine deutsche Liturgie
einzuführen.

Wir müssen jedoch gelegenheitlich hinzufügen, dass unserer unmassgeblichen Meinung nach, selbst wenn die Liturgie in der Landessprache abgefasst wäre, der Unterricht des Hebräischen nach wie vor eine Nothwendigkeit ist. Es gehört zu den hervorragendsten Eigenschaften des Judenthums, dass keine Hierarchie vorhanden ist. Jeder in Israel, der die Gesetzeskenntniss aus den Quellen geschöpft hat, kann auch Ausleger des Gesetzes sein. Es gibt daher in Israel keine sogenannten „Laien und Geistliche." In dem Momente aber, wo die Kenntniss des Hebräischen aufhört Gemeingut zu sein und das Eigenthum Einzelner wird, ist die Hierarchie mit Haut und Haaren fertig. Selbst die Berliner Reformgemeinde, die mit der Tradition gebrochen, und einen fast ganz deutschen Gottesdienst einführte, hat diese Gefahr erkannt und nahm den Unterricht der hebräischen Sprache beim Religionsunterrichte auf.

Bei dem Unterrichte des Pentateuchs im Urtexte und den Stücken aus dem Gebetbuche werden auch die wichtigsten Regeln der Grammatik in praktischer Weise gelehrt. Es ist nicht nothwendig hinzuzufügen, dass diese nicht als Gegenstand für sich als dürres Knochengerippe behandelt werden darf. Die sogenannten „Sprachlehren" in den Volksschulen gehören zu den überwundenen Standpunkten. Bemerken wollen wir nur, die Grammatik soll dem Schüler nicht eine neue Last auflegen, sondern ihm die Last erleichtern und es ihm möglich machen in Verbindung mit dem Lehrstoffe, welcher während der Volksschulclassen erlernt werden soll, dahin zu gelangen, l e i c h t e r e S t ü c k e a u s d e n e r s t e n P r o p h e t e n ohne Beihilfe des Lehrers übersetzen zu können.

Bezüglich der Auswahl des Lehrstoffes wurden folgende Momente berücksichtigt. Im Pentateuch konnte füglich nicht anders als mit der Genesis begonnen und ordnungsmässig weiter vorgegangen werden. Dieser Weg entspricht auch den pädagogischen Anforderungen. Das grosse Gemälde der Weltschöpfung übt selbst auf das junge Kind einen grossen Eindruck. In der sichern Voraussetzung, dass ein Kind, je mehr es erlernt hat, auch desto mehr erlernen kann und die Tragkraft des Kindes wie die des Magnetes zunimmt, wenn sie geübt wird, wurden die Forderungen von Classe zu Classe verhältnissmässig höher gestellt, wobei freilich stets Sorge getragen wurde, nur die mässigsten Forderungen zu stellen.

Bei der Auswahl der Gebetstücke wurde darauf Rücksicht genommen, dass die Schüler die wichtigsten Gebetstücke erlernen, — wie Schma und Schmonoessre — und diejenigen, die während des Gottesdienstes an Sabbaten und Festtagen durch Gesang etc. hervorgehoben werden.

In Berücksichtigung, dass auch viele Schüler von der Volksschule aus ins praktische Leben übergehen, wurde bestimmt, dass dieselben auch einen Theil der biblischen Geschichte bis zu den Königen in deutscher Sprache erlernen.

Ein Schüler, der die Volksschule verlässt, soll also die Kenntniss des grössten und wichtigsten Theiles des Pentateuchs und der bedeutendsten Gebete in der Ursprache haben; (mit Hilfe dieser Kenntniss und der grammatischen Regeln soll es ihm möglich sein, leichte Stücke aus den ersten Propheten selbst übersetzen zu können) und das Wichtigste aus der bibl. Geschichte wissen.

Trotz des erweiterten Programmes können wir uns doch nicht ganz der frohen Hoffnung hingeben, dass dieses hinreichen werde, ein religiöses Geschlecht heran zu erziehen. Die Religionsschule allein kann bei der karg zugemessenen Zeit nicht auf die nachhaltigsten Erfolge rechnen, dazu müsste das Haus mitwirken. Blos das Bewusstsein kann befriedigen, das Möglichste gethan zu haben.

In den höhern Classen trat ein besonderer Umschwung ein, als Herr B r e u e r von seinem Amte zurücktrat. Herr Prediger Dr. J e l l i n e k übernahm den Unterricht der 7. und 8. Gymnasialclasse und Herr S. H a m m e r s c h l a g wurde als Religionslehrer angestellt. Ein neues Programm wurde für diese Classen entworfen, welches den Bedürfnissen, wie sie sich geltend machten, mehr Rechnung trug. Der integrirende Theil des Religionsunterrichtes ist die Bibel im Urtexte; die Religionslehre als solche aber wird mit dem Unterrichte der Bibel verbunden. Schüler, die mit gutem Erfolge die Schule besuchen, werden in der Lage sein, selbstständig aus den Quellen zu schöpfen und die Worte der Sänger und Seher in Israel wird bis in später Zeit in ihnen nachklingen. Wir geben hernach das ganze Programm und bemerken blos, dass Herr Prediger Dr. Jellinek, welcher sich auch dirigirend bei der Schule zu betheiligen hatte, bei dem Entwurfe des ganzen Programmes thätig war.

Wir haben nun noch des Religionsunterrichtes, der den Mädchen ertheilt wird, zu gedenken.

Zu wiederholten Malen wurden die Vertreter von den Behörden aufgefordert, Sorge dafür zu tragen, damit die Mädchen die Religionsschule besuchen; zu wiederholten Malen mussten sie sich deswegen Rügen gefallen lassen und doch war es kaum möglich, die Mädchen für den Schulbesuch zu gewinnen. Allerdings sind mannigfache Hindernisse zu überwinden, die zum Theile mit den lokalen Verhältnissen in Beziehung stehen. Dazu kommt noch, dass die Störung des Aufenthaltes im Sommer ferne von Wien auf dem Lande bei Mädchen viel häufiger eintritt, als bei Knaben. — Herr Mannheimer versuchte es einer Mädchenklasse den Unterricht zu ertheilen; in dem Anstellungsdekrete des Herrn Breuer sind im Stundenplane auch drei Stunden für den Unterricht der Mädchen bestimmt; doch alle Bemühungen waren fruchtlos.

Im Jahre 1846 machte Frau Jos. v. Königswarter eine Stiftung von 2000 fl., deren Interessen zur besonderen Remunerirung des Religionslehrers, der die Mädchen unterrichtet, bestimmt sein sollten. Man griff aufs Neue die Sache an, doch bald löste sich die Mädchenschule wieder auf. Bei der Anstellung eines besonderen Religionslehrers für die Volksschulclassen trug der Vorstand wieder Sorge für den Religionsunterricht der Mädchen. Im Jahre 1850/1 befanden sich 8 Mädchen in der Schule, im nächsten Schuljahre löste sich diese Classe wieder auf. Im Kataloge des Schuljahres 1852/3 sind aber bereits 32 Mädchen verzeichnet, die die erste Classe bilden; eine zweite war noch nicht vorhanden, da diese aus der ersten hervorgehen sollte. In dem Schuljahre 1854/5 waren in der ersten Classe 65 und in der zweiten Classe 15 Mädchen.

Wer es weiss, wie empfänglich das weibliche Gemüth ist, wie es alles erfasst, was das Herz anregt und bewegt, der wird auch leicht ermessen können, dass die Mädchen mit vielem Eifer die Schule besuchen und mit gespannter Aufmerksamkeit den Worten des Lehrers lauschen. Es fallen da die Lehren auf guten Boden

und es ist zu hoffen, dass die künftigen Mütter in Israel ihrer
alten Mission treu bleiben und ihre Kinder in dem Glauben ihrer
Väter erziehen werden. Die Mütter in Israel waren und sind
es, die den Kindern den Glaubensmuth eingeflösst haben. Wenn
spartanische Mütter ihren Kindern sagten: Mit dem Schilde oder
auf dem Schilde; so haben israelitische Mütter ihren Kindern das
Bekenntniss: „Höre Israel" eingeschärft, für das sie in den Tod
gehen und alle Qualen und Mühen des Lebens erdulden sollen.

Bis zum Schlusse des Schuljahres 1854/5 bestanden zwei Classen
für Mädchen. In der ersten Classe wurde biblische Geschichte bis
zur Zerstörung des zweiten Tempels gelehrt und in der zweiten
Classe die sogenannte „Gotteslehre." Zu Ende dieses Schuljahres
befürwortete Schreiber dieses die Errichtung einer dritten Mädchenklasse, um die Lücken des Religionsunterrichtes auszufüllen. Die
Schulsection ging auf den Vorschlag ein, und zwar wurde die Bedingung im Sinne des Antragstellers daran geknüpft, dass kein
Zwang angewendet werde.

Im Jahre 1856 wollte ich eine 4. Mädchenclasse ins Leben
rufen, die Schulsection stimmte nicht sogleich damit überein, erst
im Schuljahre 1858/9 trat diese Classe ins Leben.

Bei dem Entwurfe des Programmes für die Mädchenclassen
waren folgende Grundsätze massgebend:

Vor allem kam das Zeitmass in Betracht. Mädchen besuchen
im besten Falle vier Jahre die Schule. Es musste also Rücksicht
darauf genommen werden, den ganzen Lehrstoff so weit er für
die Mädchen nothwendig ist, auf vier Jahre zu vertheilen. Es
wurde vorausgesetzt, dass die Schülerinnen bei ihrem Eintritte in
die Schule das mechanische Lesen der deutschen Druckschrift bereits überwunden und das Verständniss eines einfachen deutschen
Satzes haben. Kinder, die diese Reife noch nicht erlangten,
sind für den eigentlichen Religionsunterricht noch nicht vorbereitet
und es genügt für dieselben die eine oder die andere Erzählung
aus der biblischen Geschichte, die Erklärung eines Lehrsatzes etc.
Für Mädchen dieser Art bestehet eine Vorbereitungsclasse. —
Es sind daher auch diese Classen in der Religionsschule nicht
ganz mit den Volksschulclassen parallel.

Diese gewissermassen höhern Ansprüche, welche an Mädchen gestellt werden, finden auch ihre Begründung in folgendem nicht unwichtigen Momente: Es ist bei Knaben ein seltener Fall, dass sie vor dem dreizehnten Jahre der Schule entzogen werden. In grossen Städten insbesondere lassen die meisten Eltern ihre Kinder die Mittelschulen besuchen. Ausnahmen machen die Kinder, die ganz talentlos sind oder wo die Eltern nicht in der Lage sind, für ihre Kinder das Schulgeld etc. zu bezahlen. Aber selbst dann, wenn diese Kinder dem praktischen Leben sich zuwenden und Handwerker werden oder sich dem Kaufmannstande widmen, geniessen sie noch längere Zeit Religionsunterricht.

Der grösste Theil der Mädchen aber, welcher die Volksschule verlässt, geniesst weiter keinen Religionsunterricht. Das Programm musste also darauf Rücksicht nehmen, den Religionsunterricht während 4 Jahre in vollkommenem Masse zu bieten. Durch die Vermehrung der Classen war es auch möglich, anderseits für jede einzelne Classe die Forderungen herabzustimmen.

Während sonst für die erste Classe die Kenntniss der biblischen Geschichte fortgeführt bis zur Zerstörung des zweiten Tempels unter Titus von den Mädchen verlangt wurde, ist dieser Lehrstoff jetzt für die erste und zweite Classe bestimmt. Es ist nicht nothwendig, die Wahl dieses Stoffes weiter zu begründen. Der Unterricht der biblischen Geschichte bietet auch den Vortheil, dass die Materien gewissermassen pädagogisch angeordnet sind und der Stufengang vom Leichtern zum Schwerern befolgt ist. Allerdings muss die Darstellung und die Erzählungsweise für diese Jugend berechnet sein; denn mit Ausnahme der Bibel selbst, gibt es eben kein anderes Buch, das sich für alle schicken würde. Das Buch und die Vortragsweise des Lehrers müssen daher den Schülerinen angemessen sein.

Dem Geschichtsunterrichte schliesst sich in der dritten Classe eine Auswahl von Lesestücken in deutscher Sprache aus den Propheten, Psalmen, Sprüchen und Hiob an. Mädchen, deren Phantasie viel thätiger als bei Knaben gleichen Alters ist, fühlen sich durch diese Lecture sehr angeregt, ja höchst ergriffen und üben die Reden der Propheten einen nachhaltigen Eindruck auf das Gemüth der Mädchen. Eben so wenig verfehlt die Innigkeit der Psalmen die Mädchen andächtig zu stimmen und die Sprüche in ihrer Kernhaftigkeit bieten mannigfach Gelegenheit zur Belehrung und Ermahnung *). Die Auswahl ist überdiess in der Weise, dass die Schülerinen die wichtigsten Glaubenslehren des Judenthums und die bedeutendsten Lehrsätze der Religion in Verbindung mit der Pflichtenlehre kennen lernen. Es ist einleuchtend, dass dieser Vorgang von mehr Erfolg begleitet sein kann, als der Unterricht eines Katechismus, wo dem Lehrsatze die Bibelstelle als Beleg folgt. Es wäre zu wünschen gewesen, dass die Mädchen in der 4. Classe mit der Geschichte des jüdischen Volkes bis auf die neueste Zeit, so weit als möglich, vertraut gemacht werden. In Berücksichtigung des Zeitausmasses jedoch wurde festgesetzt, dass blos die Hauptmomente der Geschichte der Juden von der Zerstörung des Tempels bis zum Abschlusse des Talmuds gelehrt werden. Bei der Bedeutung, die der Talmud unter den Juden hat, erscheint es als nothwendig, dass die Mädchen einen Begriff von demselben erhalten. In Verbindung damit werden die Sprüche der hervorragendsten Männer des Talmuds, die in den „Sprüchen der Väter" vorkommen, in deutscher Sprache gelesen und erklärt.

Den Schluss bildet, dass die Summa der aus der Glaubens- und Sittenlehre (aus der Geschichte und der Bibel selbst) erlernten nochmals gewissermassen sistematisch wiederholt wird, damit es sich desto fester einpräge.

Ich fand es auch für nothwendig, die Uebersetzung der wichtigsten Gebetstücke zu lehren. In derselben Weise, wie die Mädchen, die künftigen Hausmütter in Israel, den jüdischen Haushalt kennen sollen; eben so dringend schien es mir, dass sie sich nicht im Gotteshause fremd fühlen. Wenn die Mädchen nach einem vierjährigen Unterrichte die Schule verlassen, soll ihnen auch die Kenntniss der Liturgie geläufig sein.

Wir lassen nun das vollständige Programm für sämmtliche Classen folgen:

---

*) Vielleicht gibt diese Lecture Veranlassung, dass die Mädchen daran Gefallen finden, die Bibel zu lesen, wie dieses bei den Engländern Sitte ist. Freilich müsste auch diese Lecture bei der Jugend überwacht werden.

Volksschulclassen.

A. Knaben.

Erste Classe.

Erstes Semester.

u) Hebräisch lesen.

b) Uebersetzung der Gebete: שמע, ואהבת, קדושה, ברכת המזון bis
הון את הכל.

Zweites Semester.

a) 1. B. M., Cap. 1, 2.

b) Gebete: Wiederholung der im ersten Semester erlernten Gebetstücke; die Uebersetzung von אלהי נשמה; und der darauf
folgenden Segenssprüche bis ויהי רצון.

Zweite Classe.

Erstes Semester.

a) 1. B. M., Cap. 3, 4 (bis V. 18). 6, 7, 8, 9 (bis V. 18), 11
(bis V. 10), 12 (bis V. 10), 13, 14, 15.

b) Gebete: שמע, ואהבת, והי' למען, ויאמר, אבות, גבורות, קדושה.

Zweites Semeter.

a) 1. B. M., Cap. 17. (bis V. 11), 18, 19 (bis V. 30), 21 (bis
V. 22) 22, 23, 24, 25 (v. V. 19) 27, 28, 29 (bis V. 30).

b) Gebete: מודים bis zu Ende von ש"ע מה, טבו bis ברכת המזון
ובנה ירושלים.

c) Grammatik: Geschlecht, Zahl, Casus, Artikel.

Dritte Classe.

Erstes Semester.

a) 1. B. M., Cap. 32 (v. V. 4), 33, 35 (bis V. 21) 37, 39 (v.
V. 20), 40, 41, 42, 43, 44 (bis V. 18).

b) Gebete: מודים, עלינם bis אתה חונן.

Zweites Semester.

a) 1. B. M., Cap. 44 (v. V. 18) 45. 46 (bis V. 8 u. v. V. 28), 47, 48, 49 (v. V. 28), 50.

    2. B. M., Cap. 1, 2, 3. 4 (bis V. 18) 5, 6 (bis V. 13), 11, 12.

b) Gebete: ברוך שאמר, bis מלך מהלל בתשבחות, ברכו bis תתברך, לאל ברוך.

c) Grammatik: Suffixa der Dingwörter. Kal, Niphal (von den שלמים).

Vierte Classe.

Erstes Semester.

a) 2. B. M., Cap. 13, 14, 15, 16, 17, 18, 19, 20, 21 (v. V. 12), 22 (bis V. 15 u. v. V. 19), 23, 24, 31 (v. V. 12); 32, 33, 34
    3. B. M., Cap. 11 (bis V. 12), 16, 19 (bis V. 20 u. v. V. 23).

b) Gebete: אדון עולם, ברוך ד' לעולם, ויברך דוד, וברות, אהבה רבה.

c) Bibl. Geschichte: Von der Geburt bis zum Tode Moses.

Zweites Semester.

a) 3. B. M., Cap. 23, 24. 25. 26 (bis V. 14).
    4. B. M., Cap. 6 (v. V. 22), 9, 10, 11, 12, 13, 14, 15 (v. V. 32), 16, 17, 20, 21 (bis V. 10), 22, 27, 32.

b) Gebete: (Ein- u. Aush. d. Th.) *) תפלת ערבית של חול, ויהי כנסוע.

c) Grammatik: Pronomina, Hitpaël (Von den שלמים)

d) Bibl. Geschichte: Von Josua bis zu den Königen **).

---

*) Nur diejenigen Stellen werden übersetzt, welche im Gotteshause vom Vorbeter vorgetragen werden.

**) In neuester Zeit wird in den Volksschulclassen Gesangunterricht ertheilt und werden zumeist die Tempel-Gesänge, in so weit sie der Fassungskraft dieser Schüler entsprechen, einstudirt Diesen Unterricht ertheilt der Chordirigent Herr J. Sulzer

---

B. Mädchen.

Erste Classe.

a) Biblische Geschichte: Von der Schöpfung der Welt bis zur Zeit der Könige *).

b) Hebräisch lesen und die Uebersetzung der Gebete: שמע, ואהבת, קדושה.

Zweite Classe.

a) Biblische Geschichte: Von der Zeit der Könige bis zur Zerstörung des zweiten Tempels.

b) Gebete: שמע, ואהבת, והי', אבות, גבורות, קדושה, ברכת המזון bis הון את הכל.

Dritte Classe.

a) Lesestücke in deutscher Uebersetzung aus:
Jesaia, Cap. 1, 2, 5, 6, 11, 58,
Jeremia, Cap. 1, 8, 9, 17, 31,
Ezechiel, Cap. 17, 18, 37.
Hosea 6, Joel 3, Amos 3, Jona 2, Micha 6, Zephania 3, Chagi 2, Zacharia 5, 8, Maleachi 1.
Zugleich ist das Geschichtliche der Zeit, in welcher die Propheten gelebt haben, zu lehren.
Aus den Psalmen: Cap. 1, 6, 8, 15, 23, 49, 90, 91, 92, 93, 107, 139, 145.
Aus den Sprüchen Salamos: Cap. 1, 4, 6, 9, 11, 14, 17, 23, 31.
Aus Hiob: Cap. 31, 38, 39.

b) Gebete: Aus- und) ויהי בנסוע (bis zu Ende von ש"ע) מורים אדון עולם. עלינו. (Einheben der Thora

---

*) Für diejenigen Mädchen, die noch nicht deutsch lesen können, besteht eine Vorbereitungsclasse. Der Unterricht beschränkt sich auf Erzählungen aus der bibl. Geschichte und hebräisch lesen.

Vierte Classe.

a) Geschichte: Von der Zerstörung des zweiten Tempels bis zum Abschlusse des Talmuds, verbunden mit einer Anthologie der wichtigsten Sprüche aus den „Sprüchen der Väter."

b) Glaubens- und Sittenlehre.

c) Gebete: הלל, אבינו מלכנו, ובכן תן פחדך bis המלך הקדוש.

---

1. Gymnasial- und 1. Unterrealschul=Classe.

Erstes Semester.

5. Buch Mos.: Cap. 1, 3 (v. V. 23 zu Ende), 4—15 incl.

Gebete: Psalmen 92, 93. תפלת ערבית לשבת

Zweites Semester.

5. B. M., Cap. 16—20, 21 (bis V. 10), 22 (bis V. 9), 23 (von V. 20 zu Ende), 24 (v. V. 10). 25 (v. V. 13). 26, 29, 30, 31, 32 (v. V. 44), 34.

Gebete: Von נשמת bis תתברך

Religionslehre: Die Grundlehren der mosaischen Religion, die Eigenschaften Gottes, die Lehre von der Vorsehung und die Pflichten gegen Gott sind an die einschlägigen Stellen im 5. B. M., so weit dieses Gelegenheit dazu bietet, anzuknüpfen, und den Schülern zum Verständnisse zu bringen.

2 Gymnasial- und 2. Unterrealschul-Classe.

Erstes Semester.

Josua: Cap. 1, 2, 7, 9, 22, 23, 24.

Richter, Cap. 2, 4, 6, 7, 8, 9.

Gebete: Von תתברך bis תפלה שחרית לשבת incl.

Zweites Semester.

Samuel I., Cap. 1, 2 (bis V. 11), 3, 8, 9, 10, 12, 15, 16, 20.
Samuel II., Cap. 1, 6, 7, 12.
Gebete beim Ein- und Ausheben der Thora.

Die ausgelassenen Capitel sind, so weit es ihr Inhalt gestattet, den Schülern vorzulesen, und ist darauf zu sehen, dass diese eine vollkommene Kenntniss des in den Büchern Josua, Richter, Samuel 1. und 2. enthaltenen Geschichtsstoffes erlangen.

5. Gymnasial- und 3. Unterrealschul-Classe.

Erstes Semester.

Könige I., Cap. 3, 8, 9 (bis V. 10), 12, 17, 18, 19, 20.
Könige II., Cap. 2.
Gebete: מוסף של שבת ושל ר"ה.

Zweites Semester.

Könige II., 4, 5. 17, 18. 19, 20, 22, 23, 24, 25.
Gebete: מנחה של שבת.

Auch hier ist in ähnlicher Weise der Geschichtsunterricht an den Bibelunterricht anzuknüpfen, und der Schüler mit der Geschichte des in den Büchern der Könige behandelten Zeitraumes bekannt zu machen.

4. Gymnasial- und 4. Oberrealschul-Classe.

Erstes Semester.

Sprüche Sal.: Cap. 1, 3, 8, 9, 10, 11, 12, 13, 14, 15.
Gebete: תפלה לשלש רגלים.
Wiederholung des Pentateuchs: 1. B. Moses. bis ואלה תולרת.

Zweites Semester.

Sprüche Sal.: Cap. 16, 17, 18. 19. 20, 21, 22, 25, 26, 31
(v. V. 10).

Gebete: מוסף רשלש רגלים.

Wiederholung des Pentateuchs: 1. B. M. von ואלה תולדה
bis zu Ende d. B.

An die Sprüche Salomo's, so weit sie Gelegenheit dazu bieten, sind die Pflichten gegen den Nebenmenschen und gegen sich
selbst so wie die besondern Pflichten anzuknüpfen und den Schülern zum Verständnisse zu bringen.

5. Gymnasial- und 2. Oberrealschul-Classe.

Erstes Semester.

Psalmen: Cap. 1, 2, 8, 19, 23, 33, 84, 90, 91, 92, 93, 135, 136.
Wiederholung des Pentateuchs: 2. B. M. bis משפטים.
Gebete: תפלת ראש השנה.
Geschichte der Juden vom babylonischen Exile bis zu Simon
dem Maccabäer.

Zweites Semester.

Psalmen: Cap. 113—119, 137, 146. 147, 148, 149.
Wiederholung des Pentateuchs: Von משפטים bis צו incl.
Gebete: מוסף לראש השנה.
Geschichte: Von Simon d. Macc. bis zum Tode des Herodes.

6. Gymnasial- und 3. Oberrealschul-Classe.

Erstes Semester.

Psalmen: 104, 105, 106, 107, 120 bis 134, 139.
Wiederholung des Pentateuchs: Von שמיני bis כהעלותך.
Gebete: מוסף ליום כפור.
Geschichte: Vom Tode des Herodes bis zum Abschlusse des
Talmuds.

150

Zweites Semester.

Jesaia: Cap. 1, 2, 6, 11, 12, 40.
Jeremia: Cap, 9, 31.
Wiederholung des Pentateuchs: 4. B. M. zu Ende.
Gebete: ‏תפלת נעילה.‏
Geschichte vom Abschlusse des Talmuds bis zu Moses Mendelsohn.

7. und 8. Gymnasial-Classe.

Einzelne Capitel aus den Propheten Jesaia, Jeremia, Ezechiel und werden dieselben von dem höhern wissenschaftlichen Standpuncte erklärt und erläutert.

Die Präparanden

erhalten im ersten Jahre Unterricht in der Bibel im Urtexte und in der Religionslehre; im zweiten Jahre werden diese Gegenstände weiter gelehrt und die Methodik derselben. Die Präparandinen erhalten Unterricht in der biblischen Geschichte und in der Religions- und Sittenlehre. (Im Schuljahre 1859/60 besuchten 20 Präparanden und 5 Präparandinen die Religionsschule.)

Wir wollen nun noch ein statistisches Verzeichniss der Anzahl der Schüler, welche die Schule besuchen, während vier Dezenien geben *);
1830 in sämmtlichen Classen . .   82 Schüler
1840 „   „   „   140 „

---

*) Die Anzahl der Privatschüler beläuft sich jetzt auf 200 Gymnasial- und Realschüler, 190 Schüler der Volksschul-Classen und 40 — 50 Privatschülerinnen. Dieselben haben für je ein Semester 2 fl. 10 kr. Ö. W. Prüfungstaxen zu erlegen, welche in die Gemeindecassa fliessen. (Ueber das Schulgeld. S. S. 41.)

1850 Volksschul- 61, Mittelschul-Classen 190, zus. 251 Schüler
1860 „ 179, „ „ 315*), „ 494 „
und 197 Schülerinen **).

---

*) Folgendes Dekret der Statth. v. 5. Mai 1852 beförderte insbesondere den Schulbesuch in den Mittelschulclassen. Es lautet:
„Um in Evidenz zu stellen, dass diejenigen Schüler an den k. k. Realschulen, welche nicht der katholischen Religion angehören, in der Religion ihres Bekenntnisses wirklich entsprechenden Unterricht erhalten, findet die Landesschulbehörde zu bestimmen, dass jeder nicht katholische Schüler sich bei der Aufnahme in irgend eine Classe der Realschule darüber ausweise, dass er auch für den Religionsunterricht bei dem befugten Religionslehrer seiner Confession angemeldet sei; so wie nach Ablauf eines jeden Semesters vor der Verabfolgung des Semestralzeugnisses das Zeugniss über die abgelegte Religionsprüfung bei der Direction der Anstalt beizubringen habe.“
Dasselbe wurde auch für Gymnasien bestimmt und da nicht jeder einen „entsprechenden Unterricht“ ertheilen kann, was ihm der öffentl. Religionslehrer bezeugen müsste, so besuchen die meisten Schüler die Religionsschule. ·

**) Da die Schülerinen in keiner Weise dazu gedrängt sind, dass sie die Schule besuchen, so ist diese Zahl ein Zeichen, wie willig die Eltern sind, trotz mannigfacher lokaler Schwierigkeiten, ihren Kindern Religionsunterricht ertheilen zu lassen und wie gern die Mädchen die Religionsschule besuchen. Wir können es uns nicht versagen, hier noch eine Bemerkung zu machen.
Es bestehet in Oesterreich das Gesetz, dass kein Zeugniss von Seite der Volks- oder Mittelschulen einem Schüler ausgefolgt werden darf, wenn dieser nicht von seinem Religionslehrer ein Religionszeugniss beigebracht hat. Dadurch erwächst für das isr. Kind die Nothwendigkeit die israel. Religionsschule zu besuchen oder privatim eine Religionsprüfung abzulegen, um ein Zeugniss zu erhalten. Es ist keine Frage, dass die Behörden von den besten Absichten geleitet wurden, als sie dieses Gesetz gaben. Wir wollen jedoch nicht verschweigen, dass dieser Zwang mannigfach und vielfach Missbehagen und Widerwillen erzeugt, wie dies Folge jedes Zwanges und ‚überhaupt‚ jedes Religionszwanges ist. Der Vortheil, der daraus erwächst, dass mancher mit der Religion der Väter vertraut gemacht wird, dem sonst diese Belehrung nicht zu Theil geworden wäre, ist unbedeutend gegen den immensen Nachtheil,

Im Jahre 1855 bestimmte das h. Unterrichtsministerium, dass auch die Handlungsschüler (Commis) Religionsunterricht geniessen müssen. Seit dem Schuljahre 1855/6 wird daher auch diesen Schülern der Religionsunterricht ertheilt. Das praktische Moment wird bei denselben zumeist berücksichtigt. Die Zahl derselben war 1859—60 168, welche in 3 Abtheilungen unterrichtet wurden. An den Religionsunterricht in der Schule schliessen wir den Unterricht für Confirmanden an. Die Confirmation wurde hier nicht ganz ohne Kampf von Aussen durchgeführt. Man sah es nämlich nicht gern, dass die Jugend angelobt, sie wolle treu dem Glauben ihrer Väter bleiben. Herr Mannheimer jedoch wollte nur nach einem ausdrücklichen Verbote die Confirmation aufgeben; dieses erfolgte aber nicht. Herr Mannheimer hielt im Laufe von 30 Jahren blos neun Confirmationen. Trotzdem sie im höchsten Grade erbauend waren und das Publikum mächtig ergriffen, fand diese Feierlichkeit doch nur selten statt. Im Ganzen wurden während dieser Zeit 85 Knaben und 125 Mädchen confirmirt. Herr Dr. Jellinek hält alljährlich die Confirmation. Zu bedauern ist es, dass die Betheiligung jetzt auch noch keine lebhafte ist und Knaben nicht an diesem Unterrichte theilnehmen.

---

die grosse Verstimmung, welche Folge des Zwanges ist. — Wir zweifeln nicht daran, dass mit der Aufhebung des Zwanges ein Drittheil, vielleicht die Hälfte der Schüler, die jetzt die Schule besuchen, wegbleiben würde; dafür aber könnte man weit mehr bei denen leisten, die dann die Schule besuchen, welche durch eigenen Antrieb oder in Folge des Wunsches der Eltern, die einen Werth auf Religionskenntniss und nicht auf die Note des Zeugnisses legen, den Unterricht geniessen würden. Diejenigen, die wegblieben, würden auch nicht für immer wegbleiben; denn nur zu bald würden die Eltern, die irgend welchen Sinn für Religion haben, die Nothwendigkeit fühlen, ihren Kindern, welche unter einer Bevölkerung leben, die durch Wort und That einen positiven Glauben kundgibt, isr. Religionsunterricht ertheilen zu lassen. In England, Frankreich, Preussen, Hamburg, Frankfurt etc. bestehet kein Zwang und nichts destoweniger oder vielleicht *parceque* erhalten die isr. Kinder Religionsunterricht. — Der zahlreiche Besuch von Seite der Mädchen in der hiesigen Religionsschule dürfte auch als Beweis für die Wahrheit unserer Ansicht gelten.

Wir müssen hier auch der Religionsschule in der Filial-gemeinde zu Fünfhaus gedenken, an welcher die Herren Lehrer J. S t e r n und G. M a r k b r e i t e r wirken. Dieselbe wurde im Jahre 1851 errichtet und von den Behörden genehmigt. Sie steht unter Aufsicht und Controle des Wiener Vorstandes und des Herrn M a n n h e i m e r. Es befinden sich darin 60 Schüler. Der Religionsunterricht wird blos den Schülern der Volksschul-Classen ertheilt. Jede Classe erhält wöchentlich 6 Stunden Unterricht. Das oben angeführte Programm ist auch für diese Schule mass-gebend.

Nebst den öffentlichen Anstalten der Gemeinde zu religiöser Bildung und Erziehung sind auch seit dem Jahre 1848 mehrere Privatinstitute ins Leben gerufen worden, die nebst der religiösen auch die anderweitige Bildung im Auge haben. So jung auch diese Institute sind, so beschränkt der Kreis ist, auf den sie rechnen können, so entwickeln sie doch eine lobenswerthe Thätig-keit und können mit den Instituten anderer Confessionen wett-eifern. Wir führen sie hier in chronologischer Ordnung an, wie sie von Seite der Behörden die Concession bekommen haben:

Herr Simon S z a n t ò, Lehr- und Erziehungsinstitut.

Herr Sam. W i e n e r, jetzt geleitet von Herrn Dr. A. J. P i c k, Lehr- und Erziehungsinstitut.

Herr A. B r a n d e i s, Inhaber einer Hauptschule.

Herr J. R e d l i c h,　　　„　　　„　　　„

Herr K. S a p h i r,　　　„　　　„　　　„

Herr J. L ö w *),　　　„　　　„　　　„

Seit dem Jahre 1850 besteht auch das Lehr- und Erzie-hungsinstitut für Mädchen von Frau Karolina S z a n t ò. Es hat sich auch in dieser Beziehung das Bedürfniss geltend gemacht, dass die Mädchen einen gewissen Kreis des Wissens sich aneignen, um den Forderungen der Zeit zu entsprechen **).

---

*) Kurze Zeit bestand auch das Lehr- und Erziehungsinstitut des Herrn Dr. L. B r i s k e r.

**) Frau S z a n t ò hat in neuester Zeit die Bewilligung erhalten in Verbindung mit dem Mädcheninstitute eine Präparandie zur Heran-bildung israel. Lehrerinnen zu eröffnen.

Im Jahre 1853 eröffnete Frau Sophie S a t t l e r eine Lehr-
schule für Mädchen, welche jetzt nach ihrem Tode von ihrer
Schwester Frau Am. M e y e r s b e r g geleitet wird.

Dieser schliesst sich die Schule der Frau Maria K l e i n,
geb. P i e s s l i n g, an.

Endlich eröffnete auch jüngst Frau M. M a y e r eine Lehr-
schule für Mädchen.

Fromme Stiftungen und Wohlthätigkeits-institute

„Mildthätigkeit rettet vom Tode."

Sprüche 11, 4.

Wien hat von jeher den Ruf, dass es wohlthätig ist. Unzählige Summen werden verausgabt, um Noth und Elend zu lindern. Wie viele gingen nach Wien mit verstörtem Gemüthe und zogen weg, heiter und froh, da ihnen eine schwere Last und Bürde vom Herzen genommen wurde. Was Wien aber insbesondere auszeichnet, ist: während andere Gemeinden zunächst für die eigenen Gemeindeglieder sorgen, kommen die hiesigen Wohlthätigkeitsinstitute zumeist den Fremden zu Gute. Das Spital beherbergt selten einen Wiener, die Armenanstalt führt in ihrem Budget verhältnissmässig wenig Ausgaben für die Wiener Armen an, weil es solche wenige gibt, und der grösste Theil derjenigen, die darin als Wiener figuriren, haben nicht hier das Licht der Welt erblickt, u. s. w. Handwerksverein und Kinderbewahranstalt unterstützen kaum den zwanzigsten Theil Wiener Kinder. Ja, man könnte sagen, selbst Tempel und Religionsschule sind nicht für die Wiener. Es sind öfters mehr Fremde im Tempel und in der Religionsschule, als eigentliche Wiener. Wien hat sich den Adel unseres Volkes: „die Kinder Israels sind mildthätig und barmherzig" zu allen Zeiten gewahrt. Jedoch hat diese Wohlthätigkeit mit der Einführung des neuen Kultus bedeutend zugenommen; seit jener Zeit datiren die meisten und hervorragendsten frommen Stiftungen.*) Sie

---

*) Bis zum Jahre 1820 finden wir blos drei Stiftungen vor und zwar : 1. Herr Wolf Wertheim, gest. 1808, 54657 fl. 30 kr. die Zinsen sind für arme Juden in Jerusalem, Hebron und Zephat

nehmen mit jedem Jahre zu, und in dem Jahre 1854 wurden Stiftungen, in der Totalsumme über 126.000 fl. gemacht, während die Stiftungen der vorangegangenen Jahre von 1820 bis 1854 zusammen kaum 100.000 fl. betragen.*) In dem Masse als die Werkheiligkeit abnahm, hat die Wohlthätigkeit zugenommen. Man strebt den Worten des Propheten nach: „Löse die Fesseln der Bosheit, sprenge die Bande der Unterjochung. Brich dem Hungrigen dein Brod und die seufzenden Armen führe in's Haus; wenn du einen Nackten siehst, bekleide ihn und von dem, der deines Fleisches ist, entziehe dich nicht.“

Wir schicken die frommen Stiftungen voran und beobachten die chronologische Ordnung. Die Stiftungen, die für Institute bestimmt sind, werden wir am betreffenden Orte erwähnen:

Für Religionsschule und Religionslehrer, Prediger und Rabbiner.

Herr Achilles Zacharias Wertheim in Frankfurt gest. 17. Jänner 1822 testirte 1199 fl. 30 kr., deren Interessen zur Hälfte der israelitischen Religionsschule, zur Hälfte der evangelischen Schule zufallen und sind dieselben zum Ankaufe von Schulprämien bestimmt.

Herr Wolf Isak Nassau gest. 25. März 1838, 1000 fl. deren Interessen dem ersten Religionslehrer für das „Kadischsagen“ zukommen.

---

bestimmt. Das Geld wird durch den k. k. Internuntius zu Constantinopel den Armen zugemittelt.

2. Herr Samuel Götzel gest. 1812, fl. 900, deren Zinsen an Arme für das „Kadischsagen“ am Sterbetage vertheilt werden.

3. Frau Eleonore Freiin von Plankenstern gest. 1813 fl. 2700, deren Zinsen zu gleichen Theilen an Arme und an die Rabbiner von Mattersdorf und Szerdahely für das Kadischsagen vertheilt werden.

*) Das Stiftungs-Capital fast sämmtlicher Stiftungen ist in österreich. Staatspapieren, zumeist 5%‚₀ Metallique hinterlegt. Die angegebenen Summen sind daher bloss dem Nominalwerthe entsprechend.

Frau Josefine v. Königswarter bestimmte am 25. Oktober 1846 die Interessen von fl. 2000 für den Religionslehrer, der die Mädchen unterrichtet, wofür der Name ihres seligen Vaters beim „Seelengedächtnisse" genannt wird.

Herr J. L. Hofmann Edler von Hofmannsthal 500 fl. deren Interessen dem Prediger für „Kadischsagen" bestimmt sind, und

Frau Rosa Edle von Hönigsberg gest. 16. Februar 1851 100 fl. mit derselben Bestimmung für den Rabbiner.

Herr Joseph Wertheimer, 625 fl., für des Predigers ältesten Sohn, bis dieser grossjährig ist.

Frau Ernestine Frankl — (gestorben 3. Februar 1857) Stiftung 100 fl. deren Interessen zum Ankaufe von Prämienbüchern bestimmt sind ; gestiftet von ihrem Gatten Dr. L. A. Frankl.

1859 Herr Mor. Goldschmidt eine Stiftung, welche den Namen seiner verstorbenen Mutter „Ettel Goldschmidt" trägt, von 2000 fl.; deren Interessen abwechselnd jährlich an einen Präparanden und an eine Lehrerswitwe vertheilt werden sollen.

Ferner 400 fl. deren Interessen jedes zweite Jahr zum Ankaufe von Prämienbüchern bestimmt sind.

Herr Bernhard Spitzer stiftete zu Gunsten des Bethauses ein Kapital von 1000 fl.

Stiftungen für „Kadischsagen" und Seelenlichter.

Frau Henriette Uffenheimer gest. 26. März
1823 ein Kapital von . . . . 800 fl.
Herr Markus Ritter von Neuwall gestorben
26. Jänner 1838 . . . . 1560 „ für 10 Arme.
„ Moses Reitlinger gestorben 29. Juli
1839 . . . . 400 „ für 10 „
Frau Barbara Lichtenstadt gest. 22. Febr.
1839 . . . . 500 „ für 3 „
Herr Jakob Janowitzer gestorben 22. Febr.
1841 . . . . 1000 „ (⅔ für Wien ⅓ für Prag.)

Herr Ignaz Ritter von L i e b e n b e r g gest.
10. Juni 1844 . . . . .2000 fl. für 10 Arme, *)
„ Salomon W a l t e r gest.'30. Juli 1849 1000 „ für 10 „
„ Isak F ö r s t e r gest. 28. April 1848 200 „ für 10 „
Frau Fanni W e l l i s c h gest. 3. Oktbr. 1853 200 „ für 10 „
„ Fanni J e i t t e l e s gest. 2. Mai 1854 . 1000 „
Herr Karl L ö w e n s t e i n gest. 4. Juli 1854 2000 „
„ Abraham K a i s e r gest. 14. Juli 1854 200 „
„ Adam S t e r n b e r g gest. 14. Okt. 1854 200 „
Frau Regina G r o s s gest. 7. April 1855 . 200 „
„ Eleonore K o l l i n s k y gest. 24. April
1855 . . . . 500 „ für 4 Arme.
„ Kathi L ö w e n s t e i n für ihre Tochter
Fanni Meier . . . . 200 „
Herr Moritz G o l d s c h m i d t zur Erinnerung
an seine verstorbene Mutter Ettel . . 500 „

Stipendien für Studirende.

Herr Wolf. Is. N a s s a u	1000 fl. für einen Studirenden der Medicin.	
„ „ „ „	1000 fl. für einen Schüler der Akad. der bildenden Künste.	
„ Mich. L. B i e d e r m a n n	2800 fl. für 3 Schüler der Religionsschule **).	
Frau Fanni J e i t t e l e s	8000 fl. für vier Studirende der Medicin.	

*) Derselbe hinterlegte auch 1000 fl. für die Erhaltung des Grab-
monumentes seiner Frau. So lange diese am Leben ist und auch
nach deren Ableben in so lange die Grabstätte keine Aus-
besserung nothwendig hat, fallen die Interessen der Kinderbewahranstalt zu.

**) Da lange Zeit nicht drei betheilt werden konnten, weil sie nicht
den gestellten Bedingungen entsprachen, ist jetzt die Möglichkeit
geboten 4 Schüler zu betheiligen.

Frau Fanni Jeitteles	8000 fl.	für vier Studirende der Rechte.
„ „ „	6000 fl.	für einen Maler, der nach Rom geht auf 3 Jahre.
„ „ „	6000 fl.	für 2 Rabbinatskandidaten, die in Wien studiren auf 3 Jahre.
Herr Dr. J. Goldenthal aus gesammelten Geldern	1000 fl.	für 1 Lehramts- und Rabbinatskandidaten.
„ Sigm. Edler von Wertheimstein	5000 fl.	für Schüler des Konservatoriums, der bildenden Künste u. Studirende der Universität.
„ Dr. Adolf Bisenz	2000 fl.	für Studirende der Medicin.
„ Moritz Goldschmidt zur Erinnerung an seine verstorbene Mutter Ettel	2000 fl.	für Techniker.

Stiftungen zur Erhaltung der Grabmonumente.

Herr Ig. Ritter von Liebenberg 2000 fl. (S. S. 158 Anm.)

„ Karl Löwenstein gestorben
4. Juli 1854 . . . . . . 2000 fl. zur Erhaltung des eigenen und des Monumentes seines sel. Bruders.

Stiftungen zur Ausstattung von Bräuten.

Frau Therese Wertheim gestorben
29. August 1849 . . . . . 5000 fl.

Herr Lazar G. Goldstein gestorben
4. August 1850 . . . . . 1000 fl.

Frau Fanni Jeitteles gestorben
24. Mai 1854 . . 6000 fl. für arme Mädchen aus Wien, die Waisen sind.

Herr Sigm. Edler von Wertheimstein . . 1000 fl.

Nachdem wir die einzelnen wohlthätigen Stiftungen angeführt, gehen wir zu den Wohlthätigkeitsinstituten über. Wir beachten hier wieder die chronologische Ordnung und beginnen mit dem

Wiener Israeliten-Spital.

Wer wollte die Tausend und aber Tausende nennen, die segnend dieser Stätte gedenken. Die Thräne perlet in ihren Augen, so oft sie daran denken, wie liebreich sie in dieser Anstalt behandelt wurden, welche Sorgfalt man da für sie trug; so dass sie jedwede mögliche Behaglichkeit geniessen konnten. Und gewiss, wenn anderswo die Wohlthätigkeit Spitäler für die leidende Menschheit errichtet hat, die viel prachtvoller hergestellt sind, nirgends geniessen die Kranken eine bessere Pflege, nirgends finden sie eine herzlichere theilsnamsvollere Behandlung. Doch fassen wir kurz die Geschichte dieses Krankenhauses zusammen.

Im Jahre 1696 kaufte Herr Samuel Oppenheimer, Oberkriegs- und Hof-Faktor der römischen kais. Majestät Leopold I., diesen Platz, wo ehemals der Gottesacker war von den Frankl'schen Erben. *) Im Jahre 1699 begründete dieser um den Staat hochverdiente Mann (es heisst von ihm: „Ohne die unbegreifliche Uneigennützigkeit, mit der Oppenheimer dem Helden Eugen sein Hab und Gut zur Verfügung stellte, wäre Oesterreich, wäre Deutschland heute türkisch",) das Spital. Es sollte der ursprünglichen Bestimmung nach ein Siechenhaus sein, doch war das Bedürfniss, ein Krankenhaus zu errichten, dringender.

Nach längerer Zeit des Bestandes schlichen sich manche Missbräuche sowohl in ökonomischer wie in administrativer Beziehung ein. Diesen abzuhelfen wurde eine stabile, ärztliche Verwaltungs-Commission begründet, die im Jahre 1844 Statuten entwarf, welche von dem Vorstande genehmigt wurden. Diese Spitals-Commission **)

---

*) Siehe „zur Geschichte der Juden in Wien" von L. A. Frankl und die Monographie des Stifters von Dr. J. Edler v. Hofmannsthal.
**) Sie besteht jetzt aus den Herren Drn. Herzfelder, Primararzt, M. Engel, A. Fischhof, Lemberger, Matzel, Winternitz.

hat ohne für ihre Mühe einen Anspruch auf Entschädigung zu machen, die erspriesslichsten Dienste geleistet und harrt darin aus und zwar:

In wissenschaftlicher Beziehung. Es wurde und es wird durch diese Commission, die ganz vom Geiste der neuen Wissenschaft durchdrungen ist, auch in dem Geiste behandelt. In ökonomischer Beziehung. Es kamen ehemals manche Missgriffe vor, wodurch die bedeutenden Auslagen für das Spital noch um ein Bedeutendes vermehrt wurden. Diesen ist jetzt vorgebeugt. — Nebst dieser Reorganisation haben wir noch einer besonderen Wohlthat zu gedenken, die den Kranken gewährt wird. Herr Dr. Ignaz Edler von Hofmannsthal, welcher um die Bibliotheken in den hiesigen Spitälern grosse Verdienste hat und deshalb auch zum Bibliothekar des k. k. allgemeinen Krankenhauses ernannt wurde, begründete im Jahre 1845 auch im isr. Spital eine Bibliothek. Er selber spendete eine ansehnliche Anzahl von Büchern zu diesem frommen Zwecke und heute besteht sie bereits aus beinahe zweitausend Bänden aus den verschiedensten Bereichen des Wissens und der Unterhaltung. Die Kranken, welchen das Lesen gestattet ist, so wie die Reconvalescenten haben eine angenehme Zerstreuung und geistige Erholung.

Im Jahre 1843 wurde ein Theil des Gemüsegartens des Spitals zu einem Garten umgewandelt, welchen die Reconvalescenten benutzen.

In dem Spitale befinden sich 18 Frauen- und 20 Männerbetten und können zur Zeit der Noth auf 21 Frauen- und 23 Männerbetten gebracht werden. Nach dem letzten Berichte für 14 Monate (vom November 1858 bis Ende Dezember 1859) betrug die Anzahl der verpflegten Kranken 597. 438 wurden geheilt, 53 verliessen im gebesserten Zustande das Spital, 22 ungeheilt, 47 starben und 37 verblieben. Wir können das wahrhaft humane Wirken des Hrn. Primararztes Dr. Herzfelder, Mitglied mehrerer gelehrten Gesellschaften, so wie des Herrn Spitalverwalters Dr. B. Wölfler nicht unerwähnt lassen*). So manche Thräne des

---

*) Wie in den Kriegsjahren 1805 und 1809 hat der Vorstand auch in dem Kriegsjahre 1859 die Räume des Spitals verwundeten Kriegern

Dankes spricht mehr die Anerkennung aus, als wir es mit Worten im Stande wären.

Das Spital ist nicht fundirt, und werden die Auslagen, wie gemeldet, von Seite der Gemeinde-Cassa bestritten. Die Ausgaben während der oben angeführten 14 Monate betrugen 13954 fl. 83 kr. Es wurden Stiftungen für dasselbe gemacht, wobei das Jahr 1854 die ergiebigsten geliefert hat. Wir lassen sie hier folgen:

Herr Emanuel Wertheim . . . 750 fl.

„ Ach. Z. Wertheim , . 1000 fl. für 2 Krankenwärter und 2 Krankenwärterinen.

„ Leopold Edler v. Wertheimstein am 20. April 1835 . 700 fl. für Reconvalescenten. *)

ohne Unterschied der Confession überlassen, und die Civil-Kranken wurden zeitweilig in's Siechenhaus transferirt. 101 Mann Militär (6 Feldwebel, 2 Corporäle, 1 Unterjäger, 5 Gefreite und 91 Gemeine; dem Glaubensbekenntnisse nach: 80 Katholiken, 10 Israeliten, 6 nicht unirte, und 2 unirte Griechen, 2 Helv. und 1 Augsb. Confession) wurden auf Kosten der Gemeinde ärztlich behandelt und verpflegt. In Folge des Aufrufes des Gemeindevorstandes flossen reiche Beiträge an Geld, Wäsche etc. ein.

Die Kosten für die Herrichtung dieser Militärabtheilung, für Medicamente und Verpflegung betrugen 8634 fl. 42 kr.; die Beiträge der Mitglieder der Cultusgemeinde waren jedoch 10684 fl. 82 kr. und der Ueberschuss von 2050 fl. 40 kr. wurde der Statthalterei zu Gunsten der erwerbsunfähigen Krieger aus dem letzten Feldzuge oder deren Witwen und Waisen übergeben. Die Durchzugsgebühr von Seite des Aerars, per Mann 16 kr. täglich, wurde der aus dem Spitale entlassenen Mannschaft ausgefolgt.

*) Diese Aushilfscassa für Reconvalescenten und aus dem Spital Entlassener wurde am 1. Jänner 1815 von dem damaligen Primararzte Dr. Hirschfeld und dem Spitalverwalter Matzel begründet. Armen Leuten, die eben aus dem Spital entlassen werden und daher kaum fähig sind sich etwas zu erwerben, kömmt diese Unterstützung doppelt zu gut.

Frau Cäcilia Freiin von E s k e l e s	400 fl. fürReconvalescenten.
Herr Wolf Isak N a s s a u . . .	1000 fl. für arme Kranke.
„ J. L. Edler von H o f m a n n s-	
t h a l	800 fl.
„ Aug. Philipp F i s c h e r . .	400 fl.
„ Jonas Ritter von K ö n i g s-	
w a r t e r für dessen verstor-	
bene Tochter Frau Pfeifer	
25. Oktober 1852	1000 fl.
„ Jonas Ritter von K ö n i g s-	
w a r t e r 1. März 1853 . .	5000 fl. für Reconvalescenten.
Frau Babette Edle von L ä m m e l	
10. Oktober 1853	10000 fl.
„ Fanni J e i t t e l e s setzte das	
Spital als Universalerbin ihres	
Vermögens, das sie frommen	
Zwecken widmete, ein, und es	
dürfte dasselbe nach vollendeter	
Ordnung der Verlassenschaft .	40000 fl. erhalten.
Herr Karl L ö w e n s t e i n	. 10000 fl.
„ E. S t e i n e r s Erben . .	2500 fl. fürReconvalescenten.
„ A. M. Freiherr von R o t h-	
s c h i l d, zum Andenken an sei-	
nen seligen Hrn. Vater Sal.	
Freiherrn von R o t h s c h i l d	4000 fl.
„ Moritz G o l d s c h m i d t zur	
Erinnerung an seine verstor-	
bene Mutter E t t e l	600 fl. für Krankenwärter.
Frau Reb. G r o s s	100 fl.
„ M. M. T r i e r & B. S c h o t t	240 fl.
Frau Ros. H a l p e r s o n	100 fl.
Herr J. L e o n	500 fl.
„ Franz K o l l i n s k y gestorben	
24. August 1858	200 fl.

Bis zum Jahre 1850 gehörte zu dem Ressort des Spitalverwalters auch die Verwaltung des Gottesackers.

Als die Gemeinde zahlreich wurde, musste auch darin eine Veränderung vorgenommen werden, und es besteht seit jenem Jahre getrennt vom Spitale unter Leitung und Aufsicht des Vorstandes der Chevra-Kadischa das

Leichenhofamt,

dessen Verwalter Herr Leopold K r e u z e r ist. Die angestellten Todtengräber haben fixe Gehalte, früher waren sie blos auf Geschenke angewiesen *).

Dieselben sind verpflichtet im Leichenhofamte anwesend zu sein, um nöthigenfalls die vorkommenden Geschäfte zu besorgen. Es ist dadurch eine Ordnung erzielt worden, die früher abging. In Betreff der Beerdigung sind fünf Classen eingeführt.

Die 1. Classe-Taxe 250 fl. Es ist das der ganze Leichen-Conduct : Gallawagen, Prediger, Ober-Cantor, der gesammte Chor mit Fackeln.

die 2. Classe 150 fl., wobei nur $^2/_3$ des Chores sind,

die 3. Classe 80 fl. ohne Gallawagen, nur $^1/_3$ Chor, ohne Fackeln,

die 4. Classe 40 fl., wobei bloss der 2. Cantor ist,

die 5. Classe ist unentgeltlich ohne Funktionär **).

Bei jedem Leichenbegängnisse fungiren 2 Vorsteher der Chewra Kadischa und führen den Conduct.

Wir schliessen daran :

Die Chewra Kadischa.

(Die fromme Bruderschaft zur Förderung des Krankenbesuches, des Leichenbegängnisses und der Mildthätigkeit).

Die Noth ist die Mutter vieler Tugenden. Da der Todesengel nie und nirgends schont, so muss sich bald die Nothwendigkeit herausstellen, auch für die Verstorbenen zu sorgen.

---

*) Es gehört mit zu den Geheimnissen der ehemaligen politischen Verhältnisse, dass Leute sich um derartige Stellen bewarben, die kein fixes Einkommen und die nur ein sehr Geringes boten, um dadurch den Aufenthalt in Wien gesichert zu haben.

**) In neuester Zeit wurden Familiengrüfte gestiftet, wie diese in Berlin etc. sind.

In jeder jüdischen Gemeinde, ob klein ob gross, findet sich daher diese fromme Bruderschaft um dem Sterbenden den letzten Trost zu bringen und dem Verstorbenen die letzte Ehre zu erweisen *).

Dieser Verein bestand bereits im Jahre 1764 hier in Wien, im Jahre 1782 und später 1832 erhielt er eine neue Form. Diese wurde zeitgemäss im Jahre 1853 umgestaltet. Er entspricht so ziemlich allen derartigen Vereinen, die in jüdischen Gemeinden bestehen. Es werden wöchentlich arme Kranke betheiligt, die Kranken in den Spitälern besucht und mit Gaben bedacht, verarmte Vereinsmitglieder erhalten Pensionen. Wir heben aus den Statuten folgende Paragraphe hervor:

Von dem Ceremoniell auf dem Gottesacker und von der Beerdigung.

Nach beendigter Abwaschung, Bekleidung und Einsargung der Leiche ist dies den Begleitenden anzuzeigen, welche paarweise das Zimmer verlassen und den leidtragenden Verwandten des Ver-

---

*) Man hat in neuerer Zeit da und dort dem Prediger oder Rabbiner das Amt aufbürden wollen, die Gebete den Sterbenden vorzusagen etc. und berief sich dabei auf den Gebrauch bei andern Confessionen. Es liegt darin eine entschiedene Verkennung des Judenthums. Wir kennen nicht Geistliche in dem Sinne, dass sie die Kraft besitzen zu lösen und zu binden; und in alter Zeit schon hiess es: „Der gelehrte Heide ist dem unwissenden hohen Priester vorzuziehen." Suchen wir daher nicht eine „geistliche" Gewalt zu schaffen, vor der man sonst Schrecken hat. Was wir jedoch wünschen müssen, ist, dass der alte fromme Gebrauch, nach welchem die Mitglieder der frommen Bruderschaft die Kranken, ob arm, ob reich, besuchen und mit den Sterbenden beten, in voller Kraft fortbestehe. Es soll dies eben keine Amtspflicht sein, die irgend jemandem, gelehrt oder ungelehrt, gebildet oder ungebildet, übertragen werde; sondern als Pflicht der Liebe und Barmherzigkeit soll sie von allen Mitgliedern der frommen Bruderschaft, wenn sie sonst dazu geeignet sind, geübt werden. Dass Rabbiner oder Prediger von der Uebung dieser Liebespflicht nicht enthoben sind, versteht sich von selbst, aber sie sollen sie nicht ausschliesslich üben.

storbenen, die unmittelbar hinter dem Sarge zu gehen haben, sich anschliessen und bis zum Grabe in Ordnung und Stille folgen.

Der Vorbeter spricht das Gebet הצור תמים und die Chorknaben tragen während des Leichenzuges den Psalm 91 vor. Sobald der Sarg ins Grab niedergelassen ist, tritt der Prediger oder in seiner Verhinderung ein Vorbeter zum Grabe und spricht das im Bethause bei der Andacht für die Verstorbenen eingeführte Gebet, מנוחה נכונה in welchem der Verstorbene namentlich angeführt wird. Diesem Gebete folgt eines in deutscher Sprache. — Leichenreden kann der Prediger nur mit jedesmaliger Zustimmung der Vertreter halten, (S. Bethausstatuten S. 37) die bei deren Ertheilung die Verdienste und die ehrenhafte Stellung und Verwendung des Vorstorbenen in der Gemeinde und dessen wohlthätige, gemeinnützige Wirksamkeit berücksichtigen. Ueberhaupt ist Niemanden gestattet bei Leichenbegängnissen ein öffentliches Gebet oder eine Rede zu halten*). Nach Beendigung des Gebetes oder beziehungsweise der Rede wirft der Prediger oder Vorbeter eine Schaufel Erde auf den Sarg und spricht die hierauf bezughabenden Verse aus der heiligen Schrift hebräisch': „denn Staub bist du und Staub wirst du werden" und „der Staub kehrt zur Erde, wie er gewesen, und der Geist kehrt zu dem Herrn, der ihn hat gegeben, du aber geh' entgegen dem Ende und sei ruhig und stehe auf zu deinem Lose am Ende der Tage. Amen."

Hierauf treten die Leidtragenden der Reihe nach hinzu und werfen Erde auf den Sarg. — Wir müssen noch hinzufügen, dass die Ordnung, die bei allen religiösen Funktionen obwaltet, auch auf dem Gottesacker vorhanden ist. Von der Unordnung, wie sie sonst bei jüdischen Leichenbegängnissen da und dort noch herrscht, ist hier keine Spur.

---

*) Es wurde dadurch manchem Missgriffe, wie er in jüdischen Gemeinden oft statt findet, vorgebeugt. Der Rabbiner oder Prediger kann schwer dem Leidtragenden versagen dem Verstorbenen eine Leichenrede zu halten; man möchte nicht gerne den kränken, den Gott schwer heimgesucht hat, und doch ist nicht jeder ein Heiliger, den man nach dem Tode dafür sprechen möchte.

Die jetzigen Vorsteher dieses Vereines, welche mannigfache erspriessliche Veränderungen vornahmen, sind die Herren A. S t r a u s s, S. P o l l a k, Dr. Ign. Edl. v. H o f m a n n s t h a l, Wilh. F r a n k l und Em. B i a c h. Die Einnahmen dieses Vereines sind die jährlichen Beiträge der Mitglieder zu 10 fl. und sonstige Spenden. Sie betrugen im Jahre 1859 7024 fl. 25 kr., die Ausgaben machten aus 4558 fl. 50 kr. Am Schlusse des Jahres 1859 blieb ein Rest von 2465 fl. 75 kr. In neuerer Zeit stellte sich die Nothwendigkeit heraus, den Gottesacker zu erweitern. Durch die besondere Mühewaltung des Herrn H. S i c h r o v s k y wurde ein angrenzendes Stück am Gottesacker angekauft. Die Kosten wurden durch eine freiwillige Subscription bei der Generalversammlung (4. Jänner 1857, verbunden mit einem Festessen) gedeckt. Es gingen ein 25683 fl. ö. W.

Mit Vergnügen heben wir hervor, dass der Vorstand in der würdigsten Weise sein Amt verwaltet und mit grosser Hingebung Liebeswerke übt.

Nächst diesem Vereine begannen bereits im Jahre 1821 die Regungen zur Gründung eines Armenvereines oder wie er jetzt den Namen trägt:

Die israelitische Armen-Anstalt.

Diese Anstalt hat die schwerste und schwierigste Aufgabe, weil es für sie keine Grenzen gibt. Schon Moses sagte: „Es wird die Armuth nicht aufhören im Lande." Wie aber der Armuth abzuhelfen sei, das ist eine Aufgabe, die in unserer humanen Zeit viele Köpfe beschäftigt, ohne dass man sie bis jetzt lösen konnte. Der grösste Theil der Gaben fällt in einen löcherigen Sack. Und doch heisst es: „Du sollst deine Hand nicht verschliessen und dein Herz nicht verhärten, gegen deinen armen Bruder", und unsere alten Weisen, die das Gesetz der Nächstenliebe über Alles stellen, sagen: „Wer die Hand ausstreckt und um ein Almosen bittet, dem soll man es reichen". Wien ist in dieser Beziehung um so mehr in Anspruch genommen, weil hier der Zufluss der Armen aus der gesammten Monarchie ist. Der Eine sucht in der Hauptstadt Linderung seiner körperlichen Leiden, ein Anderer will von der schweren Last der Sorge für seine Familie geheilt werden, ein Dritter petitionirt bei den Behörden und hat nicht die Mittel, um sich in der Residenz aufhalten zu können etc. Es kommt auch Wien, man gestatte uns den Ausdruck, der Ruf schlecht zu statten. Wien gilt allgemein als sehr wohlthätig und da glaubt Jeder, er dürfe nur nach der Residenz gehen und es wird ihm geholfen. Und doch, wer kann Allen helfen, und insbesondere, wie vielen kann durch Almosen geholfen werden.

Doch geben wir kurz gefasst die Daten. Ursprünglich übte Jeder privatim die Wohlthätigkeit. Man wollte den Bettel abstellen, und so wurden die Gemeindemitglieder im Jahre 1821 aufgefordert, jährliche Beiträge zu geben; nichtsdestoweniger wurden die Reichen und Bemittelten von den Hilfsbedürftigen in Anspruch genommen, wie das noch heute geschieht. Es wollten daher viele nicht daran gehen, sich mit jährlichen Beiträgen für die Armen zu betheiligen. Im Jahre 1839 konstituirte sich endlich der Armenverein. Im Jahre 1854 nahm die Anstalt durch den neugewählten Vorstand einen neuen Aufschwung. Ausserdem, dass durch die persönliche Aufforderung der Vorsteher (die Herren J. Brandeis, Dr. Ig. Edler v. Hofmannsthal, Prediger Mannheimer, E. Pollak, Carl Schlesinger und A. Strauss) die Jahresbeiträge sich bedeutend vermehrten, gingen auch als besondere Schenkungen über 6000 fl. ein. Die Wohlthat war um so grösser, da durch die Theuerung und die kurz vorher herrschende Epidemie die Armuth und das Elend sich gemehrt hatten. Die Einnahmen des Vereins waren im Jahre 1854, bevor noch der neue Vorstand gewählt wurde, an jährlichen Beiträgen fl. 5956, und durch sonstige Sammlungen und Stiftungsgelder zusammen über fl. 10.000. Die Ausgaben hingegen betrugen über 12.000 fl.

Im Jahre 1859 machten die jährlichen Beiträge 13726 fl. 20 kr. aus, Spenden im Bethause 702 fl. 10 kr., sonstige Beiträge 838 fl. 31 kr. Die Ausgaben betrugen, die Speiseanstalt mitinbegriffen, 21711 fl. 94 kr. (Wir heben folgende Posten hervor: Jährliche Pensionen 3709 fl. 45 kr., besondere Unterstützungen 6621 fl. 30 kr., Winterholz 1077 fl. 30 kr., Osterbrod 1611 fl. 9 kr., für fremde Arme 2522 fl., Speiseanstalt 4935 fl. 64 kr.) Die Anstalt besitzt jetzt Staatspapiere im Nominalwerthe von 14.836 fl. 50 kr.

Die Stiftungen für diese Anstalt sind von:
Herrn Carl Gutherz, gestorben

31. Mai 1827 mit ...	fl.	400
„ Wolf J. Nassau (für Winterholz)	„	1.000
Frau Babette Edl. v. Lämmel	„	200
stiftete im Jahre 1854	„	2.000 *)

von deren Interessen 4 arme Familien betheiligt werden
sollen.

Wir hegen den innigsten Wunsch, es möge gelingen, da und
dort ein gebrochenes Herz aufzurichten und eine der Verzweiflung
preisgegebene Seele zu retten **).

---

*) Herr Sigm. Edl. v. Wertheimstein testirte für arme Verwandte
5000 fl.

**) In neuester Zeit hat die Armenanstalt ihren Wirkungskreis erwei-
tert, indem sie eine Kostanstalt errichtete. Wer einige Zeit in Wien
gelebt hat, kennt das Elend so vieler Studirenden etc., die im
vollen Sinne des Wortes manchmal kaum die Mittel haben, „Brod
mit Salz zu essen". Ausser diesen gibt es aber auch viele Familien,
die nicht in der Lage sind, von dem kargen Verdienste, den sie
haben, sich eine nahrhafte Kost zu verschaffen.

Durch die Armenanstalt ist es nun diesen Leuten gegönnt,
für einen sehr geringen Beitrag eine sehr gute, nahrhafte Mittags-
kost zu erhalten. Nur bei besonderen Nothfällen wird die Kost unentgeldlich verabreicht. — Man stellte nämlich den Grundsatz auf,
den Armen in ehrenhafter Weise die Gabe zukommen zu lassen,
indem sie selbst, wenn auch nur einen geringen Betrag, zahlen.
Der Vorstand bereitet auch den Armen jährlich eine schöne Sederfeier. Vollständig geht das „Kol dichfin" wer hungrig ist, komme
und esse mit uns, in Erfüllung. Im Jahre 1859 machten die Beiträge zur Speiseanstalt 2367 fl. 32 kr. aus.

Ausser der Armenanstalt gibt es hier viele Vereine, die den
schönen Zweck haben, den Armen beizustehen, das Elend zu lin-
dern. Wir führen an: Maskil el Dal, Fond 3.000 fl. Einnahme im
Jahre 1854 662 fl. 34 kr. und Ausgabe 471 fl. 41 kr. Vorsteher
Herr Hermann Schlesinger. Verein der Nächstenliebe.
Vorsteher: die Herren Schulz und Donath. Ferner Derech
Jaschar, Machsike toba, Schas chewra, Pikuach ne-

Wir schliessen hier an :

Das Armenhaus

begründet von Frau Fanny Jeitteles, die wir schon öfters zu nennen Gelegenheit hatten.

Sie bestimmte 31500 fl. CM.; nämlich 15000 fl. CM. zum Ankaufe eines Hauses, 1500 fl. zu dessen Einrichtung und 15.000 fl. deren Interessen den armen Familien, die dieses Haus bewohnen, gegeben werden sollen. Die Curatoren dieser Stiftung sind die Herren Prediger Mannheimer, Heinr. Sichrovsky und A. Strauss. Im Oktober 1858 ist das in der Vorstadt Landstrasse angekaufte Haus dem dafür bestimmten Zwecke übergeben worden, und wird dasselbe jetzt von acht armen Familien bewohnt.

Pensionsfond für Gemeindebeamte.

Dieser Fond ist zunächst für Prediger, Rabbiner, Ober-Cantor und Religionslehrer gegründet. Zur Zeit als die hiesige Gemeinde noch nicht als: „Gemeinde" konstituirt war, dachte man daran, die Beamten nach längerer Dienstzeit zu versorgen, und für den Fall ihres Absterbens den Witwen und den unmündigen Kindern eine Pension zu geben. Im Jahre 1833 begründete ihn Herr M. L. Biedermann mit fl. 1.000. Herr Joseph Wertheimer widmete den Gehalt, der ihm als Aktuar der Gemeinde zufallen sollte, (welches Amt er vom Jahre 1834 bis 1838 versah)

mit jährlichen . . . . fl. 500
Zusammen also . . . . „ 2.000

diesem Fonde. Er machte überdies eine Siftung zum Andenken an seinen sel. Vater mit einem 500 fl. Lose vom Jahre 1834 zu diesem Zwecke.

---

fesch, Chonen dallim, Esrath Jisraël. Alle diese wirken im Stillen und stiften viel Gutes, wenn auch nicht in weiten Kreisen. Möge ihr Wirken gesegnet sein.

Herr Ig. Edler von L i e b e n b e r g stiftete für
denselben . . . . fl. 3.333 40 kr.
Endlich gab Herr A. M. Freiherr v. R o t h-
s c h i l d demselben . . . . . . „ 1.000
in 5% National-Anlehen.

Diese Beamten selber aber steuern jährlich 4% ihres fixen
Gehaltes bei. Dazu kommen noch andere Schenkungen und es beträgt
das Vermögen desselben jetzt schon über 30.000 fl. Jedoch existi-
ren für denselben noch keine Statuten, trotzdem man einigemale
dieselben entwarf. Es dürfte übrigens jetzt der Fond ganz überflüssig sein. Die Gemeinde wird keinen ihrer Beamten, der in
ihrem Dienste jahrelang gestanden ist, verkümmern, ebenso wenig
wird sie, wenn der Beamte stirbt, die Familie desselben darben
lassen. Es sind in letzter Zeit Pensionirungen vorgekommen,
und der Vorstand hat seinen edlen Sinn, wie vorauszusetzen war,
bewährt.

Verein zur Versorgung armer israel. Waisen.

Bereits im Jahre 1825 wollte man einen solchen Verein
stiften, aber es fehlten die Mittel. Herr M. L. B i e d e r m a n n
begründete denselben an seinem 70. Geburtstage, wie bereits angeführt, im Jahre 1839 mit 7000 fl., seine Söhne gaben
noch 4000 fl. dazu. Ausserdem zählte er nur 17 Mitglieder, trotzdem
der jährl. Beitrag blos 12 fl. war. Es hat sich das Vermögen
desselben vermehrt und beläuft sich jetzt auf 36.000 fl., doch können die Interessen nicht der Bestimmung gemäss verwendet werden. Es ist bis jetzt nämlich blos Ein Fall eingetreten, dass eine
Mutter Anspruch machte, einen Erziehungsbeitrag zu erhalten.
(Dieser kann jährlich, den Statuten gemäss, 100 oder 150 fl. sein.)
Die Mitglieder des Vereines, die allein Anspruch auf die Beneficien
desselben haben, sind entweder reich, oder nicht in der Lage Gebrauch davon zu machen. Es wäre zu wünschen, dass die Behörden genehmigen wollten, die Statuten in dem Sinne zu verän-
dern, dass die Zinsen des Capitals anderweitig zu wohlthätigen
Zwecken verwendet werden, und dass bis dahin, wo die Kinder der
jetzigen Mitglieder in die Nothwendigkeit kommen sollten, diese

Unterstützung in Anspruch zu nehmen, die Waisen armer Eltern, die nicht Mitglieder dieses Vereines sind, dieselbe erhalten. Ausser diesem Waisen-Vereine machte Herr Ignaz Ritter v. Liebenberg eine Stiftung von 3333 fl. 20 kr. für Waisen der hiesigen Gemeinde. Wir können dabei den Wunsch nicht unterdrücken, dass sich bald die Männer finden mögen, die hier ein Waisenhaus gründen *).

Der Verein zur Beförderung der Handwerke unter den inländischen Israeliten.

Wir haben über die Nützlichkeit dieses Vereines wenig zu sagen. Da heisst es *facta loquuntur*. Er hat sich die Anerkennung selbst in entfernten Welttheilen, wo Zöglinge dieses Vereines thätig sind, erworben. Herr Joseph Wertheimer begründete denselben im Jahre 1840 **), und es bedurfte nicht unerheblicher Anstrengungen, um die behördliche Genehmigung zu erlangen, da man den Lehrlingen den Aufenthalt hier nicht gestatten wollte ***).

*) Dieser Wunsch wird in nächster Zeit in Erfüllung gehen. Zur Erinnerung an die von Sr. Majestät den Kaiser den Juden verliehene Realbesitzfähigkeit hat der Vorstand beschlossen, eine wohlthätige Stiftung zur Verpflegung und Erziehung armer, israel. Waisen, deren Väter der hiesigen Cultusgemeinde angehörten, zu begründen, welche den Namen Franz-Joseph-Stiftung tragen soll. Bereits ist eine Sammlung eingeleitet, die bisher beiläufig 30.000 fl. gebracht hat, hoffentlich ist diese noch lange nicht zum Abschlusse gekommen. Herr M. Eisler hat ein Stiftungscapital von 1000 fl. hinterlegt, deren Interessen diesem Institute zufallen sollen. Das Comité zur Lösung dieser Aufgabe besteht aus den Herren: Joseph Wertheimer, Heinrich Sichrovsky, Dr. Max. Engel, Wilh. Frankl und Ignaz Kuranda.

**) Sehr thätig bei der Begründung waren die Herren: Leop. Breuer, Dr. L. A. Frankl, S. Goldschmidt und Em. Edler v. Hofmannsthal.

***) Bekanntlich waren früher die meisten Handwerke den Juden verboten. In der Judenordnung von Kaiser Joseph II. ddto. 2. Jänner 1782 heisst es: „Wir gestatten ihnen, (den Juden), dass sie von nun an

Es befanden sich in der ersten Zeit 30 bis 40 jüdische Lehrlinge hier; einzelnweise gewann der Verein immer mehr an Aus-

---

alle Gattungen von Handwerken und Gewerben hier und anderweitig bei christlichen Meistern, allenfalls auch unter sich selbst erlernen und in dieser Absicht sich bei christlichen Meistern als Lehrjungen aufdingen, oder als Gesellen arbeiten, und jene (die christlichen Gewerbsleute) sie ohne Bedenken aufnehmen können."

Eine Patentalverordnung vom 3. August 1797 bestimmte neuerdings, dass den Juden alle Arten von Polizei- und Commercialgewerben ohne Ausnahme zu erlernen offen stehen.

Das Vorurtheil gegen die Juden war jedoch in sehr grossem Masse vorhanden, und nur selten wollten sich christliche Meister entschliessen, jüdische Lehrlinge aufzunehmen. Um dieses Vorurtheil zu beseitigen, machte das Gubernium in Prag de dato 14. Hornung 1798 folgenden Vorschlag, den wir in extenso geben:

„Er bestehet darin, dass sich der Staat bemühe, den Meistern und Gesellen bei der Aufnahme und Duldung der Juden in ihren Werkstätten ein, dem noch herrschenden Vorurtheile entgegengesetztes Interesse einzuflössen.

„Wenn der Staat jenen Meistern, welche sich ausweisen können, einen jüdischen Lehrjung vollkommen ausgelernt zu haben, bei der Freisprechung desselben eine Belohnung von etwa zwölf Dukaten, und seinen Gesellen, welche sich zur Zeit der Freisprechung in derselben Werkstätte befinden, zusammen eine Belohnung von etwa zehn Dukaten zusicherte, so wird die Macht des Eigennutzes jene des Vorurtheiles bald überwiegen, und so die Absicht der öffentlichen Verwaltung, die Juden zu vollkommen nützlichen Bürgern und des Schutzes, den ihnen der Staat gewährt, würdig zu machen, ohne alle Schwierigkeit erreicht werden, wozu im Gegentheile eine Reihe von mehreren Menschenaltern erforderlich wäre, in welchen die Juden noch überdiess mit unzähligen Beschwernissen zu kämpfen hätten.

„Was den Fond anbelangt, aus welchen diese Belohnungen zu bestreiten wären, so könnte hierzu, da diese Einrichtung zum offenbaren Vortheile der Judenschaft gericht, der jüdische Kontributionsfond am zweckmässigsten verwendet werden — und sollte er dazu nicht hinreichen, so wäre es vielleicht nicht undienlich, den Kammeralfond selbst zu Hilfe zu nehmen und hierzu anzuweisen.

„Werden doch jährlich so viele tausend Gulden aus der Kammeralcassa auf Prämien für die Ausrottung schädlicher Raubthiere, für Emporbringung der Pferdezucht und Verbesserung der Baum-

dehnung, so dass im Jahre 1859 149 Vereinszöglinge waren. Gelegenheitlich sei es bemerkt, dass ausser diesen Zöglingen sich in Wien beiläufig 300 jüdische Lehrlinge befinden. Der Verein jedoch kann nur nach den ihm zu Gebote stehenden Mitteln Zöglinge aufnehmen. Die Zöglinge werden auf Kosten des Vereines aufgedungen und freigesprochen, wie dieses bisher üblich war. Während der Lehrzeit erhalten sie die nothwendige Kleidung, Wäsche etc., und zur Freisprechung überdies das „Freigewand". Die neuen Gewerbegesetze werden Veränderungen herbeiführen, und dem Vereine manche Kosten ersparen.

Da der Verein darauf sieht, einen tüchtigen Handwerkerstand unter den Israeliten heranzubilden, so sind bei der Aufnahme eines Zöglings die Bedingungen festgesetzt, dass derselbe körperlich gesund und kräftig sei und gut und geläufig lese und schreibe. Die erste Bedingung ist um so nothwendiger, da der Verein vom Anfange an den Grundsatz festhielt, dass die Zöglinge sich,

kultur, für die Rettung der Scheintodten und in's Wasser gefallener Menschen, für die Einbringung der Ausreisser vom Militärstande u. s. w. verwendet um so weniger wird der menschenfreundliche Monarch zur gewisseren und früheren Erreichung seiner, in dem neuen Judenpatente vom 3. Aug. 1797 geäusserten erhabenen Absicht, zur Veredlung einer unter der Würde der Menschheit so tief herabgesunkenen zahlreichen Classe von Staatsbürgern einen geringen Kostenaufwand scheuen, der nach 10 oder 12 Jahren um so gewisser wieder aufhören wird, als sich bis dahin wahrscheinlich schon so viele jüdische Lehrjungen und Gesellen unter allen Handwerken finden, und das heutzutage noch herrschende Vorurtheil in der Ausübung schon so sehr bestritten und entkräftet sein wird, dass diese Prämien ohne alle Gefahr wieder werden aufhören können".

Ohne äusseres Hinzuthun ist jetzt dieses Vorurtheil gänzlich geschwunden- In neuester Zeit kamen sogar Fälle vor, dass christliche Meister den Vorstand des Handwerkervereines ersuchten, ihnen Lehrlinge zuzuweisen und die Verpflichtung übernehmen wollten, zu Gunsten des Vereines eine Geldsumme zu spenden. Dank aber den Männern, welche die Interessen der Juden zu jener Zeit vertraten.

so zu sagen, den schweren Handwerken widmen, um durch die That zu beweisen, dass die Juden nicht arbeitsscheu sind, was man denselben früher vorwarf. Es wird auch vermieden die Zöglinge solche Handwerke erlernen zu lassen, die leicht zum Handel führen können, wie Goldarbeiterhandwerk etc. Die obenangeführten 149 Zöglinge sind folgendermassen vertheilt: 15 Bäcker, 1 Bandmacher, 1 Broncearbeiter, 13 Buchbinder und Ledergalanteriearbeiter, 27 Drechsler, 3 Hafner, 3 Kupferschmiede, 1 Maschinenschlosser, 4 Posamentirer, 1 Sattler, 31 Schlosser, 2 Schmiede, 10 Schuhmacher, 24 Spengler, 3 Tapezierer und 11 Tischler.

Für die geistige Ausbildung der Zöglinge sorgt der Verein, indem er auf eigene Kosten eine Zeichen- und Modellirschule und eine zweiclassige Wiederholungsschule errichtete. In dieser werden die Schulgegenstände und das wichtigste aus der Geographie, Geschichte etc. gelehrt. Die Errichtung einer dritten Classe für die fähigeren Schüler steht bevor *).

Zur Kräftigung des religiösen Gefühles wird seit dem Jahre 1849 auf Antrag des Hrn. Dr. L. A. F r a n k l den Vereinszöglingen am ersten Pessachabend eine Sederfeier, eingeleitet von einer religiösen Ansprache, veranstaltet. Eben von demselben ging der Antrag aus, einen Gottesdienst statt des Religionsunterrichtes für alle Lehrlinge einzurichten. Derselbe wird Sonntag Nachmittags abgehalten. (Am Sabbat war dies unmöglich. Die Meister gestatten blos, dass die Lehrlinge an den hohen Festtagen das Gotteshaus besuchen. Wiederholentliche Versuche die Meister dahin zu bestimmen, dass sie den Lehrlingen erlauben an Sabbaten das Gotteshaus zu besuchen, scheiterten.) Der Gottesdienst besteht aus dem Minchagebet, einer der Fassungskraft der Zuhörer angemessenen Exhorte**) und aus deutschen Liedern,

---

*) Früher wurde der Wiederholungsunterricht allen Handwerkslehrlingen ertheilt. Als die Zahl derselben im Jahre 1853 sehr anwuchs, wurden die Nichtzöglinge angewiesen den Wiederholungsunterricht in den betreffenden Bezirksschulen, in deren Nähe sie wohnen, zu geniessen und für die Vereinszöglinge wurde ein besonderer Wiederholungsunterricht eingeführt.

**) Zwei Exhorten vom Schreiber dieses sind in Steins „Volkslehrer" 1851 erschienen.

die vor und nach der Exhorte mit Begleitung der Phisharmonika gesungen werden. Mit Freuden weisen wir auf die Thatsache hin, dass uns nicht Ein Zögling des Vereines bekannt ist, der den Glauben seiner Väter verlassen hätte.

An allen Ecken und Enden der Erde sind die Zöglinge dieses Vereines als Gesellen und Meister zerstreut, und hier in Wien ist ein jüdischer bürgerlicher Schlossermeister*), ferner jüdische Tischler, Schmiede, Schneider etc. Im letzten Jahre wurden 36 Lehrlinge zu Gesellen freigesprochen.

Wir haben noch die materielle Seite zu beachten. Die Einnahmen des Vereines waren im Jahre 1859: an Jahresbeiträgen 2933 fl. 50 kr. und sonstige Beiträge etc. nahe 2900 fl. Die Ausgaben hingegen betrugen . . . . 6737 fl. 59 kr.

Die Mehrausgaben pr. 902 fl. 96 kr. wurden von dem
Reservefonde gedeckt, dieser macht jetzt aus   6563 fl. 93 kr.
und das Stammkapital ist . . . . 22507 fl. 40 kr.

Ausserdem besitzt der Verein Stiftungen von
Herrn Emanuel W e r t h e i m . . . - . .   20000 fl.**)
„ Ignaz Ritter von L i e b e n b e r g . . .   3500 fl.
„ Herm. T o d e s c o gest. 23. Novbr. 1852 . 10000 fl.***)
Frau Therese M a y e r gest. 2. Jänner 1855 .   1000 fl.

(bestimmt zur Etablirung von Meistern, die als Lehrlinge Vereinszöglinge waren).

Hrn. Jonas Ritter won K ö n i g s w a r t e r stiftete
25. Oktober 1852   . . . . , . . .   1000 fl.
„ L. G. G o l d s t e i n . . . .   . .   1000 fl.
Frau Barbara Edle von L ä m m e l . . .   .   600 fl.
Herr Dr. Ig. Edler von H o f m a n n s t h a l   .   200 fl.

---

*) Dieser lieferte die Schlosserarbeiten zum neuen Tempel.

**) Die Interessen dieses Capitales werden als Stipendien an brave Lehrlinge nach dem Willen des edlen Stifters gegeben, wenn sie auch nicht Zöglinge des Vereines sind. Die Stiftung wurde zu einer Zeit gegründet, wo der Verein noch nicht bestand.

***) Bei dieser Stiftung für Meister ist die Klausel, dass sie nur diejenigen erhalten dürfen, die sich in Wien und dessen Umgebung

Herr A. M. Freiherr von R o t h s c h i l d . . . . 2500 fl.

„ Sigm. Edler von W e r t h e i m s t e i n für Gesellen, welche das Handwerk als Zöglinge
des Vereins erlernt haben . . . . . 3000 fl.

Der Frauenverein.

Die Statuten dieses Vereines datiren vom Jahre 1842, jedoch
wurde er von der sel. Frau des Herrn Is. Wolf N a s s a u beiläufig
im Jahre 1821 gegründet. Diese hatte nämlich die Absicht, einige
herabgekommene verschämte Familien zu unterstützen. Es schlossen sich ihr die Frauen U f f e n h e i m e r und J. L e w i n g e r an.
Später übernahm diese Mission Frau Charl. B i e d e r m a n n und
übertrug sie nachher ihrer Tochter der Frau Regine B i e d e r-
m a n n. Dieser zur Seite stehen jetzt die Frauen: Jos. von K ö n i g s-
w a r t e r, Therese A u s p i t z, Rosal. P o l l a k und Regine H i e l d-
b u r g h ä u s s e r. Mit weiblichem Edelsinne stehen sie den Armen bei
und lindern so manchen Kummer. Das Einkommen des Vereines
war früher jährlich 900 fl. W. W. Die Zahl der Mitglieder wuchs
und im Jahre 1845 war der Vereinsfond 7450 fl. Das rasche
Anwachsen dieses Kapitals wurde durch ausserordentliche nam-
hafte Zuflüsse begünstigt *). In diesem Jahre 1845 hingegen wurde

---

etabliren und Zöglinge des Vereines waren. Erst im Jahre 1856 wurden
zum ersten Male, da die gestellten Bedingungen vorhanden waren,
die Interessen nach dem Willen des Stifters verwendet. Während
der Zeit, wo keine Betheilung stattfand, wuchs das Capital durch
die Interessen an und es beträgt jetzt 16676 fl. 90 kr.

*) Zu diesen müssen wir besonders auch die Aufführung der Theater-
stücke des Herrn J. B i e d e r m a n n sen. rechnen. Mit vielem Talent
und mit einem reichen Fond an Witz begabt, hat derselbe mehrere
Stücke in jüdischem Dialekt geschrieben (Pierrot als Intriguant,
Israel in Floribus, Eisen und Stahl, die Kobelsdorfer, emancipirte
Juden). Mit echtem Humor geisseln sie die Schwächen der Juden
und persifliren die damals auf der gesellschaftlichen Höhe (?)
stehenden Tolerirten. Sie dürften als Studium der Zeitver-
hältnisse manchen Werth haben. Des wohlthätigen Zweckes wegen

178

beschlossen, den Vereinsfond nicht mehr zu vergrössern, sondern die Wirksamkeit auszudehnen. Es ist überhaupt eine missliche Sache dass man öfters der momentanen Noth gegenüber die Augen zudrückt, um der kommenden Generation die Mittel an die Hand zu geben, wohlthätig zu sein. Und doch soll der Grundsatz gelten: „Bis dat, qui cito dat."
Um jedoch auch für ausserordentliche Fälle gesichert zu sein, wurde ein Reservefond gegründet. Wenn die Geldmittel des Vereines nicht den nothwendigen Bedürfnissen entsprechen, wird manchmal ein Ball gegeben oder eine Lotterie veranstaltet etc. und das Einkommen davon fällt dem Reservefonde zu, um so auch Hilfe bei Wasser- und Feuergefahr, bei Theuerungen und Epidemien, leisten zu können. Die Summa der ordentlichen Jahresbeiträge machten im Jahre 1859 719 fl. 43 kr., milde Gaben und Spenden 739 fl. 12 kr. Die Ausgaben betrugen 7381 fl. 99 kr. Um diese zu decken musste der Reservefond angegriffen werden. — Das Vereinsvermögen beträgt im Nominalwerthe 15752 fl.
Die Stiftungen für diesen Verein sind von:
Herrn Is. Wolf Nassau mit . . . . . 1000 fl.
„ Jonas Ritter von Königswarter mit . 1000 fl.
Frau Babette Edle von Lämmel . . . . . 1800 fl.
Herrn A. M. Freiherr von Rothschild . 2500 fl.

Die Kinderbewahranstalt.

Wir müssen hier vor Allem des Stifters gedenken, den wir bisher, wo wir ihn nannten, blos flüchtig berührten, des Herrn

Joseph Wertheimer.

Unser Jahrhundert rühmt sich mit Recht, dass es die Theorie mit der Praxis verbindet. Sonst ging jedes für sich seinen Weg.

betheiligten sich die hervorragendsten Persönlichkeiten bei der Aufführung dieser Stücke. Diese Vorstellungen brachten dem wohlthätigen Vereine 11000 fl. ein. Auch der verstorbene Herr Fischbof, Professor am Conservatorium, hat sein Schärflein zu dieser Wohlthätigkeit beigetragen, indem er die Musik zu diesen Stücken componirte.

Der Denker in seiner Klause liess kaum den Sonnenstrahl durch die engen Oeffnungen seines Fensters fallen. Er wollte durch nichts gestört werden, wenn er „seine Kreise zog." Ihn kümmerte das Leben und Treiben der Welt sehr wenig. Ebenso kümmerte sich die Welt, der grosse Haufe, um den Mann, der bis tief in die Nacht beim Scheine der Lampe über Dinge sann und forschte, die eben dem grossen Haufen ganz fremd waren. In unserem Jahrhundert haben sich die Wissenschaft und das praktische Leben mit einander vermält und aus ihnen gingen hervor, die Riesengeschlechter der Dampfwagen und Dampfschiffe etc. Die Wissenschaft strebt dem praktischen Leben zu dienen und mit ihrem Lichte dringt sie bis in die unbedeutendsten Räume, selbst Keller und Küche fügen sich willig ihrem Gesetze. Humboldt, Liebig, Schleiden, Molleschott etc. haben die Strahlen ihres Geistes auch auf den unbedeutendsten Handwerker fallen lassen.

An der Schwelle dieses Jahrhunderts, am 15. März 1800, wurde Herr Joseph Wertheimer geboren und er ist seiner Zeit treu geblieben. Sein Wahlspruch war das Wort unserer alten Weisen: „Gut ist es die Wissenschaft in Verbindung mit dem praktischen Leben zu betreiben, denn die Spannung in der ihn das zweifache Streben erhält, verhindert ihn vor Fehltritten." Von der Jugend auf zum Kaufmanne bestimmt, hatte er stets ein wissenschaftliches Streben. Mit vielem Fleisse betrieb er das Studium lebender Sprachen und weihete sich in den Geist der hervorragenden Schriftsteller ein. Eben so pflegte er mit grosser Liebe das Gebiet der pädagogischen Literatur und stets beseelte ihn der Trieb gemeinnützig Wohlthätiges zu schaffen.

Derselbe wirkt in der hiesigen Gemeinde seit dem Jahre 1834. Nach dem Ableben des frühern Aktuars J. Veith, dessen Bruder der berühmte Prediger ist, übernahm Herr Wertheimer diese Stelle und bekleidete sie bis zum Jahre 1838. Den dafür bestimmten Gehalt verwendete er, wie bereits bemerkt, zu wohlthägen Zwecken. Seit dem Jahre 1835 ist derselbe ununterbrochen Vertreter der hiesigen Gemeinde. Mit einem Herzen voll Wärme, für Juden und Judenthum, betheiligt er sich aufs lebhafteste für alles jüdische Interesse. Er ist einer der beredetsten Anwälte für

die Rechte seines Volkes in Wort und Schrift. Sein Werk: „Die
Juden in Oesterreich" ist immer noch die vorzüglichste Quelle, die
kein Geschichtsforscher, der über Oesterreich und insbesondere
über Juden in Oesterreich schreibt, übergehen kann. Wir müssen
den Muth würdigen, der dazu gehörte, in jener Zeit, 1842, ein
Werk zu veröffentlichen, das in diesem Sinne geschrieben ist. Als
die kais. Verordnung vom 3. October 1853 in Betreff der Besitz-
fähigkeit erschien, war es wieder Wertheimer, der in einer
Brochure: „die Stellung der Juden in Oesterreich" die Rechte seines Volkes vertheidigte und den Behörden Anhaltspunkte darbot.
In jüngster Zeit, als durch das sogenannte Augustministerium im
Jahre 1859 die Hoffnung vorhanden war, dass die Verhältnisse der
Juden geregelt werden, verfasste Herr W. in kurzen mar-
kigen Zügen ein Promemoria, welches als Manuscript gedruckt den
Behörden übergeben wurde, das gewiss nicht ohne Eindruck auf
die Leser blieb.

Seit dem Jahre 5615 nach jüdischer Zeitrechnung (1854 —
1855), gibt derselbe ein Jahrbuch für Israeliten heraus, um in
dieser Weise weit hin mit dem Volke zu sprechen, dem er in Liebe
und Treue anhängt *).

So sehr er aber auch seinen Blick stets auf das allgemeine
Wohl gerichtet hat, so steht ihm doch Wien am nächsten. Es gibt
keine Frage in der Gemeinde, bei der er sich nicht auf das Nachdrücklichste und Wärmste betheiligt. In sein Ressort zunächst
fällt die Religionsschule; aber er wendet allen Institutionen der
Gemeinde gleiche Sorgfalt zu und überdiess ist es stets sein Bestreben, das Bestehende zu heben und zu fördern und Segenrei-
ches zu schaffen. Von ihm ging der Antrag aus, um die schwa-
chen Institutionen der Gemeinde zu kräftigen, diejenigen Namen
beim Seelengedächtnisse zu nennen, die sich durch milde Stiftungen auszeichneten oder für die wohlthätigen Stiftungen gemacht
wurden. Als dann die Gemeinde heranwuchs und die Institutionen

---

*) Se. Majestät der Kaiser würdigte dieses Streben, indem er Herrn
Wertheimer die goldene Medaille für Kunst und Wissenschaften
zustellen liess.

bereits Fuss gefasst hatten, wenn auch noch nicht gesichert waren, war er es wieder, der den Antrag stellte, dass diese Ehre nur denjenigen zu Theil werde, die durch persönliches Verdienst, um den Staat oder um die Gemeinde sich ihrer würdig gemacht haben.

So wie er Gründer des Handwerkvereines in der hiesigen Gemeinde war, nach welchem sich ähnliche Vereine in der Monarchie bildeten, so war er der Gründer der Kinderbewahranstalten in Deutschland und insbesondere in seinem Vaterlande Oesterreich.

Er gab die Anregung zu diesen, indem er: *On infants-school by Wilderspin*, London 1824, übersetzte und diese Schrift durch Anmerkungen bereichert im Jahre 1826 herausgab. Dieses Werk erlebte 1828 eine zweite Auflage. Das königl. preuss. Ministerium der geistlichen, Medicinal- und Unterrichtsangelegenheiten empfahl dasselbe öffentlich zum Ankaufe auf Rechnung der Schulkassen. So wirkte das Buch fördernd in Preussen, in der Schweiz, ja selbst in Italien und Spanien. Im Jahre 1828 wurde bereits eine Kinderbewahranstalt in Pesth errichtet. Erst im Jahre 1830 wurde die erste Kinderbewahranstalt in Wien gegründet (Rennweg). Dieser widmete er den Ertrag des herausgegebenen Buches. Mit ehrenden Worten erkannte es auch der unter der Leitung Sr. Emin. des hochw. Hrn. Cardinal-Erzbischofes stehende Hauptverein für die Kinderbewahranstalten Wiens, in seiner Relation im Jahre 1855, dass es Herr Joseph Wertheimer gewesen, welcher die erste Anregung gegeben, diese Wohlthätigkeitsanstalten in Wien einheimisch zu machen. Nachdem er noch im Jahre 1832 „Therese, ein Handbuch für Mütter und Kinderwärterinnen" herausgab, gründete er im Jahre 1843 die jüdische Kinderbewahranstalt. Sie wurde am 8. Februar, dem Geburtstage Ihrer Majestät der Kaiserin Mutter, die die Schutzfrau der Kinderbewahranstalten in Wien ist, eröffnet.

In Betreff der sonstigen literarischen Productionen Wertheimers müssen wir, ausser den vielen zerstreut erschienenen Gedichten, den humanitären und nationalökonomischen Aufsätzen, seiner dramatischen Beiträge: „Der Bucklige" nach Sheridan Knowles, zuerst auf dem k. k. Hofburgtheater 11. Novbr. 1833 aufgeführt; „Eheliches Leben", Lustspiel in 4 Akten nach dem Englischen des Buckstom; — „Der Mantelsack", Lustspiel in 1 Akt nach G i l b e r t; — „Der Hirtensohn", Drama in Versen. (Wien 1838) gedenken. „Der Bucklige" wurde häufig im hiesigen k. k. Hofburgtheater aufgeführt. Auch der „Hirtensohn" kam im Burgtheater zur Darstellung; nachher in Stuttgart. Seit dem Jahre 1848 redigirt derselbe ein litographirtes Journal „der Geschäftsbericht", das in der Kaufmannswelt einen vorzüglichen Ruf geniesst und fast unentbehrlich ist.

Die isr. Gemeinde Wiens hat in besonders feierlicher Weise die Verdienste W's anerkannt. Am 5. December 1859 wurde demselben in Gegenwart eines ausgezeichneten Zuschauerkreises, eine Adresse mit 400 Unterschriften der Elite der Gemeinde, in der kurz zuvor erbauten Kinderbewahranstalt überreicht. Zugleich wurde sein lebensgrosses Porträt, zum ewigen Andenken von dem Comité dieser Feier der Anstalt gespendet. — In letzter Zeit hat Seine Majestät der Kaiser demselben wegen der hervorragenden humanitären Verdienste das Ritterkreuz des Eranz Josephs-Ordens verliehen.

Nun zur Anstalt selbst, an welcher Herr M. L e i d e s d o r f als Lehrer fungirt. Diese zählte im Jahre 1859 124 Kinder. Das Einkommen der Anstalt besteht aus den jährlichen Beiträgen, 2538 fl. 12½ kr. im Jahre 1859 und sonstigen Spenden. Dazu kommt noch, dass alljährlich am Faschingdonnerstag *(jeudi gras)* in den k. k. Redoutensälen zu Gunsten dieser Anstalt und der Anstalt für erwachsene Blinde unter dem Protectorate Sr. kais. Hoheit des Erzherzog F r a n z K a r l ein Ball abgehalten wird. Die Ausgaben des Vereines betrugen im letzten Jahre 5028 fl. 85 kr.

Das Jahr 1856 brachte diesem heilsamen Institute ein herrliches Angebinde. Seit langer Zeit stellte sich bereits die Nothwendigkeit heraus, ein eigenes Haus, das dem Institute angemessen ist, zu bauen. Seit Jahren bereits hatten die Behörden die Einwilligung dazu gegeben, jedoch fehlte das Geld. In diesem Jahre haben die edlen Frauen Vorsteherinnen die Mühe nicht gescheut und persönlich um milde Gaben gebeten, und Israel bewährte aufs Neue seinen alten Ruhm. Die Subscription betrug beiläufig 30000 fl. Bald gelang es einen Baugrund in der Leopoldstadt zu erwerben und am 15. Mai 1859 wurde das äusserst zweckmässige sehr hübsche Gebäude *) eröffnet.

Die wackeren Vorsteherinen dieses Vereines sind die Frauen: Marie Schnapper, Sophie Todesco, Henriette Wertheimer, Emilie Schnapper, Nannette Goldschmidt, Louise Beyfuss und Elise Herz, geb. Edl. v. Lämmel.

Die Stiftungen für dieselbe sind von:

Frau Therese Mayer-Weikersheim	fl. 1.000
Herrn Jonas Ritt. v. Königswarter	„ 1.000
„ A. M. Freih. v. Rothschild	„ 2.500 **).

---

*) Dasselbe trägt an der Aussenseite mit goldenen Lettern die Inschrift: Aus dem Munde der Kinder und Säuglinge ertönt Dein Preis. Auch die Wände der Schulsäle wurden mit Bibelsprüchen hebräisch und deutsch auf Anordnung und Kosten des Herrn Joseph Wertheimer geziert.

**) Wir müssen bei dieser Gelegenheit einer andern Kinderbewahranstalt erwähnen. Frau Elise Herz, geb. Edl. v. Lämmel hat zum Andenken an ihren sel. Vater, Herrn Simon Edl. v. Lämmel 50.000 fl. in 4½% Metallique deponirt. Die Interessen dieses Capitals sind dazu bestimmt, eine Kinderbewahranstalt in Jerusalem zu errichten und zu erhalten. In diese Kinderbewahranstalt, zunächst für jüdische Kinder, soll auch eine beschränkte Anzahl christlicher und muhamedanischer Kinder angenommen werden. Die Kinder sollen in derselben den nöthigen Unterricht geniessen, Kost und Kleidungsstücke erhalten. Die jeweiligen Vertreter Wiens, denen das Geld übergeben wurde, sind die Curatoren dieser Anstalt, die unter dem Schutze Sr. Majestät des Kaisers, der König von Jerusalem ist, steht. Herr Dr. Frankl, der der edlen Stifterin berathend zur Seite gestanden war, übernahm auch die Ausführung. Er zog nach Jerusalem und bereits ist das Werk in's Leben gerufen und die Schule in Wirksamkeit, der wir im Interesse der Civilisation und Bildung, wie im Interesse des Glaubens das beste Gedeihen wünschen.

Für den Fall aber, dass eines Tages das Institut aufgelöst würde, fällt das Geld zu gleichen Theilen den Gemeinden in Wien und Prag zu.

Die Interessen dieses Capitals 2250 fl. jährlich (für jede Gemeinde 1125 fl.) sind bestimmt als Stipendien à 70 fl. für a) 4 Juristen, b) 4 Mediciner, c) 4 Techniker, d) 4 bildende Künstler,

Das Siechenhaus.

Trotzdem man gar oft daran dachte, ein Siechenhaus zu gründen und das Spital ursprünglich dafür bestimmt war, so fehlten doch die Mittel dazu. Im Jahre 1844 bestimmte der sel. Herr Sigmund Edl. v. W e r t h e i m s t e i n zum Andenken an seine verstorbene Frau A n n a 7000 fl. zum Baue eines Siechenhauses neben dem isr. Spitale. Das Haus war jahrelang erbaut, ohne dass es seinem Zwecke entsprach. In neuester Zeit erst wurden zwei Sieche aufgenommen, die auf Kosten der Gemeinde verpflegt werden.

Die Stiftungen für diese Anstalt sind von

Herrn Karl und Herrmann J a c q u e . . .	3.000 fl.
„ Heinrich Edl. v. W e r t h e i m s t e i n .	3.000 „

Verein für Krankenpflege und Versorgung handlungsangehöriger Israeliten (Commisverein).

Dieser Verein wurde gegründet, um „sich gegenseitig in Noth und Krankheit hilfreich beizustehen, und den diesem Stande angehörigen dienenden Individuen im Falle der Hilflosigkeit nach Massgabe der Mittel eine Aushilfe zur Versorgung zu bieten".

Die Wirksamkeit des Vereines theilt sich:

1) in Pflege und Unterstützung erkrankter Mitglieder;
2) in Versorgung der ohne ihre eigene Schuld dienstunfähig gewordenen Mitglieder.

Ferner heisst es in den Statuten:

„Die Versorgung von, ohne ihr Verschulden dienstunfähig gewordenen Mitgliedern, wird laut Beschluss der Generalversammlung vom Februar 1846, erst mit dem Jahre 1857 beginnen".

---

e) 4 Rabbinatscandidaten, f) 4 Lehramtscandidaten, g) 4 Lehramtscandidatinen, h) 2 Synagogensänger und für die beiden Sekretäre der Gemeinden zu Prag und Wien.

Zusammen sind es 32 Stipendien à 70 fl.; der Rest der Interessen von 10 fl. ist für die Kanzleispesen der beiden Gemeinden.

„Die Versorgungen nach den Bestimmungen, die der Verein in seiner Generalversammlung vom Jahre 1856 treffen wird, in welcher zugleich ein jährliches Normale für die zu beziehenden Pensionen festzusetzen ist, haben die dazu qualificirten Mitglieder in dem Masse zu geniessen, als die Zinsen des Versorgungsfondes die Mittel dazu bieten".

Im Jahre 1859 betrugen die Einnahmen der jährlichen Beiträge von 434 Mitgliedern 2785 fl. 65 kr.; ausserdem noch besondere Beiträge. Die Ausgaben waren 1096 fl. 81 kr., und zwar bei 3 Krankheitsfällen 154 fl. 6 kr., Pensionen an zwei Vereinsmitglieder 504 fl. — Der Vermögensstand ist, vom Glücke begünstigt, 56544 fl. in Staatspapieren.

Alljährlich wird eine Gedächtnissfeier im Bethause für die verstorbenen Vereinsmitglieder gehalten.

Vorsitzender des Vereines ist Herr Friedr. B o s c h a n, Secretär Herr Ad. L a n d e s m a n n; die Herren: J. B u n z l, K. M a y e r und K. S c h l e s i n g e r sind Krankenväter; Herr S. W i e n e r, Cassier; Herr M. W i n t e r n i t z, Buchhalter und Herr B. Z w e y b r ü c k, Controllor.

Hoffen wir, dass für die grosse Anzahl der Handlungsangehörigen, wenn sie in Noth und Elend sind, gesorgt werden und der Kaufmann, dem das Glück nicht günstig war, da einen Rettungsanker finden wird.

Das allgemeine österr.-israel. Taubstummen-Institut.

Wir können uns über dieses Institut um so kürzer fassen, da seine Leistungen allgemein anerkannt und gewürdigt werden. Herr H. K o l i s c h *) gründete diese Anstalt im Jahre 1845 zu N i k o l s b u r g in Mähren und hatte das Glück, einen der tüchtigsten Männer dieses Faches als Lehrdirektor, Herrn Joel D e u t s c h, zu gewinnen. Dieser führte mit bestem Erfolge die T o n s p r a c h e bei den Taubstummen ein. Derjenige, der die Anstalt nicht kennt,

*) Se. Majestät würdigte das Verdienst des Herrn K o l i s c h, und verlieh demselben das goldene Verdienstkreuz.

dürfte vielleicht verwundert fragen, ob es denn auch möglich sei, bei Taubstummen eine Tonsprache einzuführen, und doch ist es so. Die Zeichen- und Geberdensprache ist aus dem Institute verbannt, und es ist so den Zöglingen die Möglichkeit gegeben, sich mit andern vollsinnigen Menschen auf leichte Weise zu verständigen. Im Jahre 1852 übersiedelte die Anstalt nach Meidling nächst Wien, um besser den selbstgestellten Anforderungen zu entsprechen, und den ausgebildeten Zöglingen, die zumeist Handwerker werden, mehr Gelegenheit zur Erlernung von Handwerken zu geben. Die Anstalt hat auch dadurch gewonnen, dass nächst Herrn Kolisch ein Vorstand gewählt wurde, bestehend aus den Herren: Fried. Boschan, H. Götsch, M. L. Kanitz, Dr. Ig. Edler v. Hofmannsthal, J. N. Mannheimer, E. Wertheim. Auch 3 Frauen sind im Vorstande, die Damen: Fanny v. Hofmannsthal, Julie Schlesinger und Maria Schnapper, die mit treuem Blicke die Anstalt überwachen.

Das Institut zählte im Schuljahre 1858—9 52 Zöglinge: (34 Knaben und 18 Mädchen *). Viele taubstumme Kinder mussten früher wegen Mangel an Raum und jetzt wegen Mangel an Mitteln zurückgewiesen werden. Es drängt sich dabei der Wunsch auf, es möge diesem Vereine recht bald gegönnt sein, seinen Wirkungskreis zu erweitern, und dass auch denjenigen, die aus dem Institute scheiden, die Möglichkeit geboten werde, ihre Kräfte zu verwenden. Im Jahre 1858—9 betrugen die jährlichen Einnahmen 5472 fl.

---

*) Gegenstände des Unterrichtes sind: Lautes Sprechen (Tonsprache), Lesen, sowohl in allen Gattungen deutscher, als auch hebräischer Typen. Schreiben, sowohl deutsch als hebräisch. Religion und biblische Geschichte, Rechnen, Grammatik und schriftliche Aufsätze. Naturgeschichte, Naturlehre, Kenntnisse der Gewerbe und der Oekonomie; Kenntnisse der vaterländischen Geographie und eine gemeinfassliche Darstellung der vaterländischen Geschichte und Zeichnen. Ausserdem erhalten die Mädchen einen ihrer eigentlichen Bestimmung angemessenen Unterricht in weiblichen Handarbeiten, und Anleitung zur Führung und Verwaltung eines geordneten Hauswesens.

80 kr., Schenkungen 4811 fl. 12 kr. Die Ausgaben aber waren 15191 fl. 10 kr. Der Fond ist jetzt 4618 fl. 25 kr.

Das Institut erhält auch einen jährlichen Beitrag vom mähr.-israel. Landesmassafonde 1000 fl. mit der Verpflichtung, fünf arme israel. taubstumme Kinder aus Mähren, und von dem ungarischen Fonde 4000 fl. mit der Verpflichtung, zwanzig taubstumme israel. Kinder aus Ungarn unentgeldlich aufzunehmen.

Das Jahr 1856 brachte auch diesem Institute eine herrliche Gabe. Der Vorstand der Anstalt ging damit um, ein Anlehen aufzunehmen, das zu 5% verzinset werden sollte, um ein eigenes Haus innerhalb den Linien Wiens bauen zu können. Hervorragende Gemeindemitglieder wurden zu einer Sitzung eingeladen und eine Subscription eröffnet, diese brachte beiläufig 40.000 fl. als Geschenk.

Das hohe Unterrichtsministerium hat die Wirksamkeit dieser Anstalt in dem Masse gewürdigt, dass es gestattete, in der ganzen Monarchie eine Subscription für dieselbe zu eröffnen.

Der Bau des sehr vortheilhaft angelegten Institutes, um welchen Herr Kanitz sich besondere Verdienste erworben hat, wurde am 17. Oktober 1858 eingeweiht.

In letzter Zeit haben sich Gesundheitsrücksichten halber die Herren Kolisch und Kanitz vom Vorstande zum allgemeinen Bedauern zurückgezogen, und an ihre Stelle traten die Herren: Moriz Ritter v. Königswarter und J. Hieldburghäusser.

Se. Majestät der Kaiser verlieh dem vielverdienten Direktor das goldene Verdienstkreuz *).

---

*) Im letzten Schuljahre 1859—60 hielt Herr Direktor Deutsch mit Bewilligung der Unterrichtsbehörden den israelitischen Studirenden der Pädagogik Vorlesungen über die Unterrichtsmethode für Taubstumme.

Für den Fall, dass die Ansicht durchgriffe, nur den in Niederösterreich gebornen Lehramtscandidaten den Zutritt zum Studium der Präparandie hier zu gewähren; so müsste Herr Deutsch aus Mangel an Zuhörern, (denn wie viele in N. Oe. geborne Israeliten widmen sich dem Lehrerstande?) seine Wirksamkeit in dieser Richtung aufgeben.

Theresien-Kreuzer-Verein.

Mit der Zunahme der israel. Bevölkerung und dem Wachsthume der Armuth erfasste die sel. Frau Theresia M a y e r - W e i-k e r s h e i m den Gedanken, die Kinder der Armen der körperlichen und geistigen Verwahrlosung zu entreissen. Es sollte diesen Kindern ermöglicht werden die Schulen zu besuchen, indem man für sie das Schulgeld und die Requisiten bezahlt, und die Mädchen sollten nach vollendetem Schulunterrichte in Handarbeiten ausgebildet werden. Indem jedes Mitglied täglich einen Kreuzer CM. zahlte, jährlich 6 fl., (daher der Name Kreuzer-Verein) sollten die pekuniären Mittel zu diesem Zwecke herbeigeschafft werden. Die Frauen, die jetzt diesem Vereine vorstehen, sind: Ant. B o s c h a n, Reg. B r a n d e i s, Julie S c h l e s i n g e r, Em. P f e i f e r, M. S c h n a p-per, Henriette W e r t h e i m e r und Regine W e r t h e i m b e r. Sie üben mit vieler Liebe die Pflicht der Barmherzigkeit. An C h a n u k a wird den Schützlingen auch ein Fest gegeben, wobei man sie für die Winterzeit mit Kleidern versorgt.

In der letzten Zeit nahm der Verein durch besonders eingeleitete Sammlung einen neuen Aufschwung, und das jährliche Einkommen durch Beiträge war im Jahre 1859 2909 fl. 2 kr· Ausserdem aber fliessen besondere Summen für die Vertheilung an Chanuka ein. Im Jahre 1860 betrug diese Summa in Barem 1147 fl. 30 kr., abgesehen von Stoffen etc., die reichlich gespendet

---

Wir würden diese Massregel auch aus einem andern Grunde sehr bedauern. Aus sämmtlichen Kronländern waren, wie bereits angeführt wurde, 20 Lehramtscandidaten im verflossenen Schuljahre hier. Es ist bekannt, mit welcher Noth diese jungen Leute zu kämpfen haben. Wenn sie nichtsdestoweniger nicht vor den Entbehrungen, die ihnen bevorstehen, zurückschrecken: so stärkt sie der Gedanke, dass sie in der Residenz, im Knotenpunkte der Bildung, wo ihnen Bibliotheken und Museen etc. zur Belehrung offen stehen. am Besten für ihre geistige Vervollkommnung sorgen können.

Im Interesse des Jugendunterrichtes wäre es sehr zu bedauern, wenn man den angehenden wissbegierigen Lehrern, die ihrem Stande und Berufe Opfer zu bringen bereit sind, die Quellen des Wissens verkümmern wollte.

wurden. An diesem Chanukafeste wurden 175 Knaben und 135 Mädchen betheiligt.

Die edle Begründerin hat dem Vereine ein Stiftungskapital von 1000 fl. zurückgelassen, Herr Baron A. M. von Rothschild schenkte demselben 500 fl., und Herr S. A. Freih. von Rothschild ebenfalls 500 fl.; ferner besitzt der Verein eine Stiftung, welche den Namen der hochgeachteten Vorsteherin trägt; Julie Schlesinger-Stiftung mit 500 fl. und von Herrn Dr. Ig. Edl. v. Hofmannsthal eine Stiftung mit 100 fl. — Die Ausgaben des Vereines betrugen 4453 fl. 97 kr. 350 Kinder wurden von demselben unterstützt.

Wir können den Wunsch nicht unterdrücken, es möge die Theilnahme für diesen Verein stets wachsen. Der Zweck des Vereins, den Kindern das nothwendigste Wissen zu geben, ist gewiss ein vorzüglicher. Es wird da den Kindern nicht bloss ein Almosen gereicht, sondern es wird der Grund gelegt, um die Kinder zu Menschen heranzubilden. Bei der Masse Hilfsbedürftiger ist es auch wünschenswerth, dass die Zahl der Mitglieder immer mehr wachse. In neuester Zeit hat die hohe niederösterr. Statthalterei diesen Verein genehmiget *).

Zu den Institutionen, die in neuerer Zeit entstanden sind gehört auch die Unterstützung der isr.

Sträflinge im Strafhause und im Criminale.

Seit dem Jahre 1848 bestand für dieselben an jedem Sabbat und Festtage ein Vormittagsgottesdienst nach dem Tempelritus verbunden mit einer Exhorte. Gewiss haben diese Unglück-

---

*) Bei dieser Gelegenheit sei auch einer Stiftung erwähnt, die Herr Leop. Ditm. Königsberger machte. Er bestimmte beiläufig 200.000 fl. zur Begründung und Erhaltung eines Lehr- und Erziehungsinstitutes für Mädchen, und zwar sollen arme Mädchen unentgeldliche Aufnahme und Versorgung finden, und überdiess beim Austritte aus der Anstalt 250 fl. CM. erhalten. Hoffentlich wird der obschwebende Process bald geschlichtet und die Stiftung ehestens in's Leben treten.

lichen es zumeist nothwendig, die Lehren der Religion zu vernehmen und den Trost derselben zu empfangen. Dieselben sind auch
an diesen Tagen von der Arbeit befreit. Mit Bewilligung der Behörden erhalten dieselben am Pessachfeste und am Neujahrs- und
Versöhnungstage Speisen nach jüdischem Ritus, und durch besonders eingeleitete Sammlungen ist es möglich denselben eine Geld-
unterstützung zukommen zu lassen, wenn sie den Ort des Elends
verlassen. Seitdem das niederösterr. Provinzialstrafhaus im Jahre
1856 aufgehoben wurde, besteht zeitweilig ein Gottesdienst blos im
Criminale.

Nach wie vor aber unterstützt die hiesige Gemeinde die
Sträflinge, die sich zu Stein etc. befinden, und wird jetzt auch dafür Sorge getragen, dass in Stein, wo für die jüdischen Sträflinge
eine besondere Betstube errichtet ist, von Zeit zu Zeit religiöse
Vorträge gehalten werden *).

Wir schliessen die Reihe der Vereine mit dem Gesangsvereine

Z i o n,

begründet im Jahre 1859 vom Prediger Herrn Dr. Adolf Jellinek,
welcher auch Vorstand des Vereines ist **).

Er bezweckt die möglichst vollendete Ausbildung des Män-
ner- und gemischten Chores, durch Studium und Aufführung

---

*) Wir müssen hier eine Lichtseite der österreichischen Regierung
hervorheben. Während in Preussen und in manchen andern
deutschen Staaten noch jetzt petitionirt wird, dass den isr.
Sträflingen an Sabbaten und Festtagen die Arbeit erlassen werde,
bestimmt ein Regierungserlass in Oesterreich vom Jahre 1789, dass
jüdische Sträflinge am Sabbate von der Arbeit zu befreien sind,
und wenn sie krank sind, soll ihnen Koscherkost gereicht werden.
Die Koscherkost-Verpflegung in den Strafhäusern in Nieder-
und Ober-Oesterreich geschieht auf Kosten der Wiener Gemeinde.
**) Um die Gründung dieses Vereines machten sich verdient die Her-
ren: Alb. Samek, Jos. Alschech, Sal. Wilhelm, J. W. Gut-
mann und A. Strauss.

geigneter, vorzugsweise religiöser wie auch weltlicher Choral-Compositionen, unter thunlichster Zuwendung seiner Thätigkeit und der Erträgnisse von Aufführungen zur Förderung und Unterstützung von religiösen und Humanitäts-Institutionen. Der Verein besteht aus ausübenden, unterstützenden und Ehrenmitgliedern.

Als ausübendes Mitglied kann jede Person männlichen oder weiblichen Geschlechtes eintreten, welche vom Chormeister als genügend musikalisch gebildet befunden wird. — Es steht jedoch dem leitenden Comité frei, ·die Aufnahme eines Eintrittsbewerbers zu verweigern, ohne zur Angabe der diessfälligen Gründe verpflichtet zu sein.

Die unterstützenden Mitglieder fördern die Zwecke des Vreines durch Entrichtung eines Gründungs- und eines Jahres-Beitrages.

Der Vorstand ernennt auch würdige, verdienstvolle Personen zu Ehrenmitgliedern.

Die ausübenden Mitglieder des Vereines zahlen jährlich 4 fl., und die unterstützenden 6 fl.

Erstere erhalten Gesangsunterricht, und zwar fungirt als Chormeister Herr Julius Sulzer.

Dieser Verein verfolgt mannigfache Zwecke. Seine Hauptaufgabe ist es, den synagogalen Gesang zu fördern. Dieses ist um so nothwendiger, da die meisten Gesänge im Tempel künstlerisch abgefasst sind, wodurch dem Publikum selten die Mitwirkung gestattet ist. Wir müssen es bei dieser Gelegenheit wiederholentlich aussprechen, auf die Gefahr hin, den Zuruf: *sutor ne ultra crepidam* zu vernehmen, der Regenerator des Synagogen-Gesanges, Herr Ober-Cantor S. Sulzer, würde seine Verdienste dadurch vergrössern, wenn er mehrere populär gehaltene religiöse Gesänge componiren wollte, bei welchen das Publikum sich betheiligen könnte.

Allerdings wird zur vollständigen Mitwirkung des Publikums auch eine Orgel nothwendig sein, und ist es nicht unsere Aufgabe diese Frage, welche bereits von Coriphäen talmudischer Gelehrsamkeit gelöst wurde, hier zu erörtern.

Der noch junge Verein hat bereits öfters bei feierlichen Gelegenheiten im neuen Tempel als verstärkter Chor mitgewirkt. Es ist freilich fraglich, ob es nicht besser wäre, wenn, wie solches in Hamburg von Seite eines ähnlichen Vereines geschieht, die Mitglieder des „Zion" gemischt unter dem Publikum stünden, nnd dieses gewissermassen dirigiren möchten.

Der „Zion" hat aber nicht blos den Ernst und das frommbeschauliche Leben zum Zwecke, er will auch die Heiterkeit und den Frohsinn fördern. Er veranstaltete daher auch Liedertafeln, die sich vieler Theilnahme erfreuten. Nach wie vor aber wird er seine Hauptaufmerksamkeit dem synagogalen Gesange zuwenden müssen, da es an sonstigen Gesangsvereinen in Wien nicht fehlt, und die Juden von dem Gebiete nie ausgeschlossen waren.

Die Ueberschüsse des Einkommens wurden wohlthätigen Zwecken gewidmet.

Die Seilerstiftung, der Verein für hilfsbedürftige Hörer der Rechte, der Verein für hilfsbedürftige Hörer der Medicin und die israelitische Kinderbewahranstalt erhielten je 50 fl., zusammen 200 fl. ö. W.

Ausserdem empfingen hilfsbedürftige Vereinsmitglieder eine Unterstützung von 24 fl. bei Gelegenheit des Osterfestes zum Ankaufe von Osterbrod.

Der Verein zählt jetzt 198 unterstützende und 70 ausübende Mitglieder.

Möge es dem Vereine gelingen, den synagogalen Gesang zu heben und möge er dazu beitragen, „dass die Stimme des Jubels und der Freude auf Gassen und Strassen gehört werde".

Nachwort.

„Jede Waffe, die gegen dich geschmiedet wird, misslingt; jede Zunge, die gegen
dich spricht, wirst du verdammen. Dieses
ist der Antheil der Diener Gottes; von
mir erhalten sie ihre Rechtfertigung,
spricht Gott".

Jesaia 54. 17.

Der freundliche Leser, der uns bis hieher begleitete, möge uns
noch einen Augenblick folgen. Eine schwere Zeit für Juden und
Judenthum ist vorübergegangen; werfen wir nun, wo ein Umschwung zum Besseren eingetreten ist, einen Blick in die Zukunft.
Was unsere Stellung nach Aussen betrifft, so vertrauen wir
auf den Geist, der in den Zeiten waltet. Was auch die Zukunft
bringen mag, das Trübste und Drückendste ist vorüber und die
vollkommene Gleichberechtigung und Gleichstellung kann nur eine
Frage der Zeit sein.

Wir müssen es der Einsicht der leitenden Staatsmänner überlassen, wann sie die geistige Kraft des Juden, die von Niemanden
in Abrede gestellt wird, als berechtigt anerkennen werden, dem
Vaterlande als Lehrer oder als Beamte zu dienen. Das neu sich
verjüngende Oesterreich wird nicht mit eigener Hand seine geistigen
Quellen verstopfen wollen.

Lange Jahre dauerte der Kampf, bevor man den Juden gestattete, mit diesem oder jenem Producte Handel zu treiben. Es
modern in den Archiven die Processe, die diese Angelegenheit betreffen. Man lächelt wehmüthig, wenn man diese ellenlangen
Verhandlungen liest, über die jetzt kein Zweifel obwaltet. Ebenso
hielt man es zu jener Zeit als Eingriff in das Privatrecht, wenn
man den Gelüsten einer löblichen Zunft nahe treten wollte. Jetzt
ist die Arbeit freigegeben, und das Zunftwesen hat sich überlebt

und ist lächerlich geworden. Die materielle Frage ist also gelöst. Man wird hoffentlich nicht auf halbem Wege stehen bleiben und die Inconsequenz begehen, die geistigen Kräfte abzusperren und einzudämmen, während man die materiellen freigegeben hat. Es besteht übrigens bekanntlich kein Gesetz, welches die Juden ausschliesst, Professoren oder Beamte zu werden, und kommen ausnahmsweise Ernennungen vor.

Es ist unnöthig hinzuzufügen, dass bei den auftauchenden Fragen über die politische und sociale Stellung der Juden der Vorstand der Wiener Gemeinde es als seine Pflicht erachtet, für die Glaubensgenossen in der Monarchie das Wort zu ergreifen, und Anwalt des Rechtes zu sein. Wir verweisen auf die Thätigkeit des Vorstandes in dieser Beziehung in dem letzten Jahrzehnte, wo die Judenfrage mannigfache Phasen hatte; wir erinnern aber auch an seine rastlose Thätigkeit zur Zeit als der Judeneid abgeschafft werden sollte (S. 82). Der Vorstand folgt darin alten Traditionen. Im Jahre 1528 haben die Vorsteher der Wiener Juden für die aus Pressburg vertriebenen Juden eine Fürbitte beim Kaiser gethan. Als im Jahre 1529 Juden in Bösing wegen einer lügenhaften Beschuldigung, als hätten sie ein Christenkind getödtet (S. unser: Ein Bild aus dem Mittelalter), verbrannt wurden, drohete dasselbe Geschick den Juden in Marchegg, und da waren es wieder die Vorsteher der Wiener Juden, welche für die unglücklichen Brüder das Wort nahmen. Wir haben anderweitig gezeigt, dass sie sich auch der Juden in Hannau annahmen (S. unser: Ferdinand II. und die Juden, Wien, B r a u m ü l l e r S. 10). Der jetzige Vorstand der Wiener israelitischen Cultusgemeinde steht seinen Vorgängern nicht nach.

Unter Leitung und Führung des Vorstandes und der Männer, die er an die Spitze der religiösen und geistigen Angelegenheiten gestellt hat, ist die Gemeinde moralisch und phisisch erstarkt, und man rechnet es sich zur Ehre, Mitglied dieser Gemeinde zu sein.

Beim Beginne des Zeitraumes, von dem diese Geschichte erzählt, war die hiesige Gemeinde sehr klein. Sie zählte, wie bereits angeführt, 118 Tolerirte; jetzt ist sie zu einer der zahlreichsten und ansehnlichsten in Europa geworden.

Im Jahre 1859 waren 1260 Mitglieder und 400, welche einen jährlichen Beitrag leisteten, und die Seelenzahl war beiläufig 17.000. In welchem Masse die zahlreichen und grossartigen Institutionen, die während dieses Zeitraumes in's Leben gerufen wurden, segensreich wirkten, bedarf hier keiner weitern Auseinandersetzung.

Streben wir jetzt unablässig, dass es nach Innen immer lichter werde.

Vor Allem ist es nothwendig, dass die Zügel der Leitung und Verwaltung der Gemeinde in einer Hand liegen. Es steht dem Vorstande im weitesten Sinne das Recht zu, sämmtliche Angelegenheiten der Gemeinde zu regeln und zu ordnen. Er mache von seinem Rechte, dem ganzen Umfange nach, Gebrauch.

Die Gemeinde wächst, sie nimmt von Jahr zu Jahr zu *). Mit dem Wachsthum der Gemeinde werden auch die Meinungen und Ansichten mannigfacher und das, was jetzt da und dort noch vereinzelt steht, wird sich zur Partei heranbilden.

Darum glauben wir, dass die sich nennende orthodoxe Partei, die für jetzt in zwei Fractionen — polnische und deutsche — getheilt ist, von Seite des Vorstandes geleitet werde.

Wir haben wiederholentlich Gelegenheit gehabt nachzuweisen, dass in Wien Reform und Orthodoxie nicht so weit von einander getrennt und geschieden sind, wie anderswo. Hier machen sich reformatorische und orthodoxe Ansichten blos auf liturgischem Gebiete geltend. Wir müssen, um Missverständnissen, die manchmal vorsätzlich genährt werden, vorzubeugen, nochmals

---

*) Trotz des neuerbauten Tempels ist es jetzt nach wie vor an den hohen Feiertagen nothwendig, besondere Bethaus-Localitäten zu adoptiren. (Der alte Tempel in der Stadt fasst 1500 Personen, der neue in der Leopoldstadt 4000 ; die jüdische Bevölkerung Wien's beträgt aber fast das Vierfache dieser Zahlen.)

Es drängt sich dabei unwillkührlich der Wunsch auf, dass der Vorstand die zeitweiligen Filialbethäuser unter seine Obhut nehme, um die Privatspeculation, die öfters nicht von den reinsten Absichten geleitet wird, unmöglich zu machen.

Krämer, die einen Tanzsaal zum Gotteshause machen, um einen Gewinn zu erzielen, die sollen von heiligen Unternehmungen ferne bleiben. „Es soll Niemand ein Krämer sein im Hause Gottes", ist die Verkündigung des Propheten Zacharia. (14. 21.)

13 *

hervorheben: Die sogenannte Reformpartei will keines der Gesetze, welche im Judenthume begründet sind, aufheben; die orthodoxe Partei — welche sich unrechtmässiger Weise so nennt, um Namen und Titel zu haben und mancher aus derselben um da und dort Einfluss zu erlangen — wird wieder zugeben, dass weder D a v i d und S a l o m o n noch H i l l e l und S c h a m a i irgend einen P i n t , J o z e r etc. „gesagt" haben.

Es wäre daher nur ein kleiner Schritt zu machen und die Gemeinde könnte nach Aussen und Innen e i n i g sein. Der Fortschritt, wie ihn die Stamm- und Muttergemeinde wünscht, ist nicht in der Weise ausgreifend, selbst wenn er gemacht wird, um eine Spaltung hervorzubringen; denn um Cardinal- und Hauptsätze handelt es sich bei diesen frommen Wünschen nicht. Ignoriren kann man sie jedoch anderseits auch nicht.

Die massenhaften fremden Elemente haben diese Wünsche bisher nicht zum Durchbruche gelangen lassen; todt aber sind sie nicht. — Dem drohenden Parteikampfe muss vorgebeugt werden.

Wenn der Vorstand gewähren liesse, dass jeder organisire, wie es ihm beliebt, welche Musterkarte von Cultusformen gäbe es dann? Es soll jedes Haus in seinem häuslichen Leben ein Tempel Gottes sein; wenn aber in jedem Hause ein anderer Gott oder Götze verehrt wird — das ist wahrlich nicht die Zeit des Heiles.

Um Missdeutungen vorzubeugen, bemerken wir noch: Es liegt nicht in unserer Absicht befürworten zu wollen, dass der Vorstand die r e l i g i ö s e n Angelegenheiten dieser Fraction leite und ordne.

Wir möchten nicht die Glaubensfreiheit, die wir wünschen, für die wir stets kämpfen und streiten, gerade für unsere Glaubensgenossen, die nicht mit uns in Glaubenssachen gleicher Ansicht sind, verkümmert wissen.

Die Gemeindestatuten, welche wir vollständig (S. 93) mittheilten, lassen allerdings die Frage offen, ob den geistlichen Leitern und Führern eine Stimme in religiösen Angelegenheiten zustehe. Man hat dadurch selbst die unbedeutendsten Keime hierarchischer Gelüste unmöglich gemacht. Anderseits aber ist kein bestimmter Paragraph für die Wirksamkeit und die Rechte der geistlichen Leiter der Gemeinde ausgesprochen, weil man nicht im Entferntesten daran dachte, diese schmälern zu wollen. Es besteht der Usus, dass in rein religiösen Fragen, die nicht mit der Administration in Verbindung stehen, die Stimme der geistigen und geistlichen Functionäre allein entscheidend ist. In demselben Masse wird es auch den geistlichen Functionären der sich nennenden orthodoxen Fraction frei stehen, die rein religiösen Angelegenheiten zu leiten. Sollte der Fall eintreten, dass die eingeräumte Macht zu Missbrauch führt, was nicht vorauszusetzen ist, dann müsste sie allerdings beschränkt werden. Wir erinnern daran, dass der fromme König Hiskia anordnete, die kupferne Schlange, welche Moses anfertigen liess, zu zertrümmern, weil sie Gegenstand des Aberglaubens wurde *).

Die Zeit, die an uns vorübergegangen ist, hat auch auf religiösem Gebiete Vieles gebracht und manche heilsame Erfahrung wird der Zukunft sehr nützlich sein.

Es gibt gewisse Dinge, deren Realisirung vor 3 und 4 Jahrzehnten einen ausserordentlichen Kampf erfordert hätte, die jetzt von Niemanden bestritten werden. Das deutsche Wort hat sich eingebürgert in den Gotteshäusern Israels, selbst diejenigen, die auf der Zinne der orthodoxen Partei stehen und nicht müde werden gegen Reformen und Reformer zu sprechen und zu schreiben, predigen und lehren in deutscher Sprache. Bald werden auch deutsche Gebete und Gesänge heimisch sein.

Keiner von ihnen behauptet ernstlich, dass die Selichoth etc. ein integrirender Theil des Gottesdienstes sind. Sie haben einen culturhistorischen Werth. Viele derselben werden verschwinden und vergehen, während die Dichtungen eines Juda Halevi, Salomo Gabriol etc. so lange dauern werden, als Poesie einen Werth für die Menschen haben wird.

*) Wie sehr es übrigens dem Vorstande darum zu thun ist, die religiösen Bedürfnisse der Gemeinde zu befriedigen, geht daraus hervor, dass in jüngster Zeit zwei Dajanim, Rabbinatsbeisitzer, angestellt wurden, (die Herren: Ruben Baruch, Chacham der sephardischen Gemeinde hier und S. Spitzer), welche dem Rabbiner zur Seite stehen, und über rituelle und ceremonielle Fragen entscheiden.

Wollten wir übrigens nach dem Gesetzescodex „S c h u l c h a n
A r u c h" diejenigen, die am Sabbat Geschäfte betreiben, nicht zum
Eide zulassen etc., da müssten wir einen grossen Theil der ehren-
haftesten Männer vom Eide ausschliessen, und selbst solche, die sich
manchmal als die Stimmführer und Tonangeber der orthodoxen
Partei geberden.

Diese Verhältnisse werden sich klären. Ein Zustand, wo das
Leben unzählige Male des Tages den Lehren in's Gesicht schlägt,
kann unmöglich von Dauer sein. Niemand, der sich nicht vorsätzlich die Augen verbindet, wird diese Verhältnisse und Zustände in
Abrede stellen. Die nächste Umgebung, die eigenen Kinder und
Verwandten müssten ihn bald eines andern belehren. Wir preisen
diese Zustände nicht als die glücklichen, und zwar um so weniger,
weil Leichtsinn und Leichtfertigkeit mit im Spiele sind. Wegläug-
nen aber können und wollen wir sie nicht, und zwar um so weniger, weil eben Leichtsinn und Leichtfertigkeit sich damit recht-
fertigen, dass A l l e s Theorie sei und im praktischen Leben keinen
Werth habe, und darum selbst das Heilige profaniren.

Dem gegenüber muss etwas geschehen. Es darf der Zerfallen-
heit in solcher Weise nicht Thüre und Thor geöffnet werden. Es
muss insbesondere der J u g e n d ein Anhaltspunkt für das religiöse
Leben geboten werden.

Es darf der Religionsschule allein nicht die Verantwortung
für die religiöse Bildung und Erziehung aufgebürdet werden ; das
H a u s m u s s m i t w i r k e n.

Viele Eltern geben sich in dieser Beziehung einer Täuschung
hin, vor der wir auf's Nachdrücklichste warnen müssen. Es gibt
Väter und Mütter in Israel, die längst alles ceremonielle Leben
abgestreift haben, nichts desto weniger ein warmes glühendes Herz für
Juden und Judenthum besitzen. Sie glauben, dass ihre Kinder ohne
alle religiöse Erziehung ebenfalls ein warmes Herz für den Glauben ihrer Väter haben werden. Doch vergessen, die so sprechen,
daran, dass in ihnen noch viele Reminiscenzen leben, bewusst oder
unbewusst, von der Erziehung, die sie im Vaterhause genossen
haben. Welchen Anhaltspunkt aber wird die jetzige Jugend haben?

Wir wollen nicht in die Wüste predigen und sagen: „Werdet
ceremoniell" — unterdrücken aber können wir das Wort nicht:

haltet das, was sittlichen Werth hat, haltet z. B. den Freitag-Abend in der Familienweihe, wie die Väter einen Freitag-Abend gefeiert haben. In einer Zeit, wo das Gasthausleben, die Zerstreuungs- und Vergnügungssucht mit jedem Tage wachsen, wäre ein solcher Abend, wo sämmtliche Familienglieder Einkehr bei sich selbst halten, gewiss von den wohlthätigsten Folgen.

Lasset den Kindern kein Moment entgehen, das sie mit der Geschichte ihres Volkes in Verbindung bringt, feiert in voller Freude, wie ehedem Simchat Thora, lasset Purim und Chanuka nicht aus dem Gedächtnisse entschwinden. Was wir aber als unerlässliche Bedingung aufstellen, ist: machet die Kinder im Gottesbause heimisch.

Wir führen aus einem Protokolle der Vertreter vom 30. Juli 1821 Folgendes an:

„Werden so wie in den ausländischen neuen liturgischen Anstalten zur Erweckung der andächtigen Stimmung und Einführung eines regelmässigen Gesanges mit einer Orgel, zuweilen mit anderer Musik begleitet, auch manche religiöse Functionen feierlicher, als bisher eingeleitet werden".

„Ohne die vorerwähnten Predigten werden noch ausser der Zeit des gewöhnlichen Gottesdienstes an zu bestimmenden Tagen für die Jugend besondere religiöse und moralische Belehrungen im Bethause stattfinden, wobei der Prediger ausser dem Religionslehrer mitzuwirken hat".

Was vor vierzig Jahren als rathsam erschien, tritt heute als gebieterische Nothwendigkeit auf. Es muss für einen Gottesdienst, an dem die Jugend sich betheiliget, gesorgt werden.

Es ist notorisch, dass jetzt der grösste Theil der jüdischen Jugend heranwächst und kaum „drei Mal des Jahres", nach dem Gebote der Schrift, vor Gott erscheint; das ist ein sehr beklagenswerther Zustand. (Vor einiger Zeit wurde ein Antrag in dieser Beziehung gestellt.)

In der Religionsschule müssen die Schüler, welche dieselbe zehn oder zwölf Jahre besuchen, die Bibel im Urtexte erlernen.

Wir wollen keinen herben Ausdruck gebrauchen, aber es ist gewiss nicht recht, dass den Protestanten die Bibel viel geläufiger

200

ist, als uns, die wir zunächst das Buch der Bücher als Erbschaft erhalten haben.

Das Programm muss nach dieser Richtung hin Rechnung tragen. Wir würden keineswegs eine Ueberbürdung der Schüler befürworten wollen, aber man ist berechtigt, im Interesse der religiösen Erkenntniss und Erleuchtung ein kleines Opfer an Zeit zu verlangen. Es war sonst der Ruhm einer jüdischen Gemeinde, dass aus derselben viele Lehrer und Rabbiner hervorgingen. Will die Wiener Gemeinde ganz darauf verzichten, dass jemals in derselben Religionslehrer, Prediger, Rabbiner oder Cantoren sich heranbilden oder aus derselben hervorgehen? Mit einem Worte, Wien muss auch daran denken, etwas für jüdische Wissenschaft zu thun und ihr eine Stätte begründen *).

Was die Wohlthätigkeits-Institute betrifft, werden die Lücken, die sich etwa noch vorfinden, ausgefüllt werden. In diesen Instituten liegt die Schwerkraft des alten wie des neuen Israels. Wie auch die Ansichten über Gott und Religion sich ändern mögen, so verschiedenartig auch die Gottesverehrung unter den Juden war und ist, da treffen alle Richtungen zusammen.

Hoffen wir, dass die Verhältnisse der Gemeinde einer gedeihlichen Entwicklung zugeführt werden. Es stehen Männer an der Spitze, die auf den verschiedenartigen Gebieten des Lebens sich erprobt und bewährt haben, auf die wir mit Stolz hinweisen. Sie werden das höchste Kleinod der Gemeinde, die Einheit und Einigkeit wahren, und die Mission, die ihnen anvertraut ist, zu Ende führen, zur Ehre Gottes, zur Ehre ihres Namens, der nie vergehen mag aus ihrem Volke.

*) Die Männer, welche die Schulsection bilden, die in neuester Zeit durch eine sehr hervorragende bedeutende Kraft, durch Herrn J. Kuranda verstärkt worden ist, bürgen dafür, dass sie das Erspriessliche und Segenreiche fördern werden.

Anhang.

Während des Druckes dieser Schrift erhielt ich einige Notizen über die israelitisch-türkische Gemeinde, für welche ich dem Herrn Vicedirektor der k. k. Polizei-Direktion in Wien, Freih. v. Debén und dem Chacham der türkischen Gemeinde, Herrn Ruben Baruch zu Danke verpflichtet bin. Ich bringe sie hier zur Kenntnissnahme des Lesers und füge das, was mir aus anderweitigen Quellen bekannt ist, hinzu.

Ein Tractat zwischen Oesterreich und der Pforte*) sichert den Unterthanen des einen Staates den freien Aufenthalt in dem andern Staate zu. Es konnten daher die türkischen Israeliten ungestört ihren Aufenthalt hier nehmen.

Gelegenheitlich sei es bemerkt, durch diesen Tractat entstand eine eigenthümliche Anomalie. Während es den österreichischen

---

*) S. L. Neumann Recueil des Traités et conventions conclus par l'Autriche, Tome I, S. 1.

Traité de comerce et de navigation entre Charles VI etc. et le Sultan Achmet Chan etc conclu a Passarovitz le 17 Juillet 1718.

Art I. Fra i sudditi d'ambi gli Imperi, del Romano cioè e dell' Ottomano fu stabilito il libero ed universale commercio sui fiumi per mare e per terra di modo che sotto la denominazione di sudditi di sua Maestà Imperial-Regia cattolica si comprendano i Tedeschi Ungheresi, Italiani, Belgi di qualunque stirpe o religione etc.

Und im Schlussfriedenstractate, geschlossen zu Belgrad 18. September 1739, heisst es:

Art. XI. I mercanti d'ambi le Parti eserciterano liberamente sicuramente e pacificamente il comercio negli stati dei due Imperi.

Juden verboten war, in der Residenzstadt des Kaiserstaates zu wohnen, (ausser wenn sie Toleranz oder Regierungsschutz hatten; Begünstigungen, die bekanntlich nur sehr wenigen zu Theil wurden), konnten die türkischen Juden frei und ungehindert hier wohnen und ihre Geschäfte betreiben.

Um die Möglichkeit zu haben, sich dieses Vorrechtes zu erfreuen, zogen österreichische Juden nach der Türkei oder den annexirten Provinzen, verschafften sich daselbst einen Pass als türkische Unterthanen und kehrten wieder nach Wien zurück. Nun durften sie als türkische Unterthanen unangefochten in Wien leben. Die Behörden suchten diese Umgehung des Gesetzes zu hindern. Ein Hofdekret vom 7. September 1837 bestimmt die „Massregeln zur Hintanhaltung der Umtriebe, welche sich die nach der Türkei ausgewanderten, und nach Erlangung der dortigen Unterthanschaft wieder nach Wien und den übrigen k. k. Staaten zurückkehrenden Israeliten". Es wird denselben der Aufenthalt in Wien verweigert und die Auswanderer verlieren das Recht, sich wieder in den k. k. Staaten etabliren zu dürfen. Doch zur Sache.

Die hier lebenden türkischen Juden sind fast sämmtlich Kaufleute. Sie werden officiell, da sie Ausländer sind und als solche behandelt werden, nicht als Gemeinde, sondern als Genossenschaft betrachtet. Anfänglich lebten sie hier, ohne dass sie ein Band nach Innen verbunden hätte.

An den hohen Festtagen versammelten sich die hier anwesenden Familien da oder dort, um bei einem Minjan (zehn erwachsene männliche Personen) ihre Andacht zu verrichten. Herr Mose Lopez Pereira d'Aguilar *) hat im Jahre 1745 die heiligen Geräthe — K'le Kodesch — und sonstige Utensilien gespendet, welche für ein jüdisches Bethaus nothwendig sind — und seitdem mietheten die türkischen Juden eine besonders bestimmte Lokalität. wo sie Gott verehrten und anbeteten. Wir

---

*) Derselbe spendete auch die heiligen Geräthschaften der Synagoge zu Temesvar, wo sich ebenfalls eine sephardische Gemeinde befindet, und zwar mit der Bedingung, dass, wenn diese Gemeinde sich auflösen sollte, diese Spenden und Gaben der sephardischen Gemeinde in Wien zufallen.

haben es nicht nöthig, zu bemerken, dass der sephardische Ritus eingeführt ist und bis auf den heutigen Tag Geltung hat. Sie haben die reine hebräische Aussprache beibehalten, und hielten sich ferne von den Afterpoesien der deutsch-polnischen Schule, die jedes poetische Gefühl verletzen und das Gebet manchmal zur Blasphemie machen. Hingegen ist die Liturgie zahlreicher durch die wahrhaft poetischen Ergüsse Juda Halewi's, Salomo Gabirol's, Abraham Ibn Esra's — vertreten. Merkwürdig genug bewahren die Abkömmlinge der aus Spanien und Portugal vertriebenen Juden noch heute eine besondere Vorliebe für ihre ehemalige Muttersprache, die spanische, und auf fremdem Boden wird sie noch jetzt, wenn auch nicht stets in voller Reinheit gepflegt.

Im Jahre 1778 wurden unter der Regierung der Kaiserin Maria Theresia folgende „Punkten" für die türkisch-jüdische Synagoge aufgestellt:

„Punkten", die der in Sachen aufgestellte k. k. Commissarius der gesammten allhier sich befindlichen Judenschaft, um die allhiesige türkisch-jüdische Synagoge in gute Ordnung zu bringen und in selber zu erhalten, ex offo aufgesetzt. vorgetragen und von der ganzen Gemeinde einstimmig sind angenommen worden:

1) Vor Allem sollen alle der Synagoge ausständige Schulden einkassirt werden.

2) Sollen über die neuen Einnahmen und Ausgaben der Synagoge ein ordentliches Buch oder Protokoll gehalten, das alte, weilen es mangelhaft und unrichtig geführt worden, dem hiezu aufgestellten k. k. Commissari ad cassandum übergeben werden.

3) Solle die Gemeinde alljährlich einen Vorsteher in Gegenwart des gedachten k. k. Commissärs wählen, und dem entweder neu erwählten oder confirmirten Vorsteher allen gebührenden Respekt erweisen; dieser Würde werden alle sich nennenden Sephardim ausser deren Bedienten fähig sein.

Jedoch

4) Solle die Gemeinde jederzeit einen des Lesens und Schreibens Kundigen zum Vorsteher ernennen, wenn aber wider alles Vermuthen einer des Lesens und Schreibens Unkundiger.

sollte gewählt werden, so solle ihm von der Gemeinde ein *ad latus* zur Führung der *Controllerii* des Buches zugegeben werden.

5) Solle der Vorsteher der Gemeinde die Rechnung alljährlich in Gegenwart des öfter gedachten k. k. Commissärs anbefohlener Massen legen, auch bei Veränderung desselben dem neu aufgestellten Vorsteher ebenfalls in Gegenwart des kurz gedachten Commissärs alle der Synagoge zugehörigen Geräthschaften (welche alle spezifizirt werden sollen), übergeben.

6) Solle weder dem Vorsteher noch Jemand anderem aus der Gemeinde erlaubt sein, das Mindeste ausser dem Vorsteher die täglichen Nothwendigkeiten ohne Vorwisssen der ganzen Gemeinde.

7) Solle der Vorsteher einem Jeden alle halbe Jahr die Rechnung über die erkauften Funktionen machen, und die derowegen ausständigen Schulden in erst gedachten Termin einkassiren; sollte aber Jemand vor diesem halben Jahre verreisen oder auf Jemanden ein Verdacht der Flucht fallen, so solle der Vorsteher das ausständige Quantum auch vor diesem halben Jahre einzukassiren befugt sein.

8) Solle der Vorsteher keinem sich anmeldenden Armen oder sonst einem Rabbiner aus der Synagogen-Cassa ohne Vorwissen der ganzen Gemeinde etwas zu geben, befugt sein.

9) Die Stunde des Gebets anbetreffend, solle der Vorsteher mit Einverständniss der ganzen Gemeinde alle Vierteljahr die Stunde des Gebets bestimmen, und diese bestimmte Stunde auch alle Vierteljahr dem hiezu öfters gedachten aufgestellten k. k. Commissari, um damit derselbe anbefohlenermassen zur unbestimmten Zeit die Synagoge visitiren und darauf halten könne, andeuten.

10) Solle der Schulsinger eine halbe Stunde vor der bestimmten Morgen-, Abend- und Nachtgebetszeit die Synagoge eröffnen, alles zum Gebete zubereiten und das Gebet zur bestimmten Zeit, nicht früher oder später, ohne Rücksicht auf die später ankommenden oder gar ausbleibenden zu warten, anstimmen und ununterbrochen fortsetzen.

Sodann

11) Solle kurz gedachter Schulsinger dem Vorsteher alle Sonntag oder bei Ausgang des Sabbats die eingegangenen Opfergelder, damit selbe ordentlich protokollirt werden können, getreulich anzeigen, auch alle übrigen seine Schuldigkeiten emsig und fleissig bei Verlust seines Dienstes beobachten.

Dahingegen

12) Solle ihrem Schuldiener auch jederzeit sein gebührender Respekt von der Gemeinde gegeben werden.

13) Auch seine von obgedachter Gemeinde einstimmig bestimmte Besoldung wöchentlich zu drei ein halben Gulden abgerechnet werden, jedoch steht ihr Gemeinde bevor, allenfalls diese, obgedachtem Schulsinger bestimmte Besoldung bei Abnahme oder Abgang der vorräthigen Cassa zu niedern oder auch bei Zuwachs zu vermehren, ingleichen nach Mehrheit der Stimmen einen andern Schulsinger nach vorhergehend einmonatlicher Kündigung des Alten aufzunehmen. Endlich

14) Wird der türkischen Judenschaft besonders eingebunden, auf die Synagoge keine fremden Schulden bei ansonst auf sich ladender schärfster Verantwortung, ja auch Gestalt der Sachen nach bei Verlust der Synagoge zu machen.

Diese „Punkten" oder Statuten — andere besitzt die türkische Gemeinde nicht — bestehen jetzt noch grösstentheils in voller Kraft; hauptsächlich gilt es, dass bei jeder wichtigen oder unwichtigen Angelegenheit sämmtliche Gemeindemitglieder, die einen Beitrag leisten, zu einer Berathung versammelt werden, wobei die Majorität entscheidet. Vorsteher etc., die im Namen und im Auftrage der Gemeinde dieselbe vertreten, hat die türkisch-israelitische Gemeinde nicht, blos zwei Bethausvorsteher, welche auf drei Jahre gewählt werden (jetzt die Herren Isak Schalum und A. d'Israeli).

Die türkisch-israelitische Gemeinde in Wien zählt jetzt 79 Familien und hat in runder Summa 500 Seelen. Mit Ausnahme eines Antheiles am Gottesacker — da sie einen Beitrag leistete, als derselbe durch neuerlichen Ankauf vergrössert wurde (S. 105) — besitzt sie kein liegendes Eigenthum. Das Bethaus ist eine gemiethete Lokalität und ebenso die Religionsschule.

Als Chacham – Rabbiner — fungirt der bereits wiederholentlich erwähnte Herr Ruben Baruch, welcher auch die
Functionen eines Vorbeters hat. Derselbe ertheilte auch früher den
Religionsunterricht, jetzt ist als Lehrer Herr Moses Papu bestellt. Der Religionsunterricht beschränkt sich blos auf den Unterricht der Bibel im Urtexte. Die Schule wurde im Jahre 1859 von
25 Knaben besucht.

Nur wenige derselben empfangen deutschen Unterricht, und
das Unterrichtswesen überhaupt ist leider in sehr argem Zustande.
Die mannigfachen Anstalten zur Bildung, welche die Residenz besitzt, werden von der türkisch-israelitischen Jugend nicht oder nur
höchst selten benutzt. Der Mädchenunterricht ist noch kümmer-
licher bestellt, diese erhalten auch nicht einen geregelten Religionsunterricht.

Geburts-, Trauungs- und Sterbebücher werden bei der türkisch-israelitischen Gemeinde nicht geführt. Die neugebornen Knaben,
an welchen der ehrwürdige Chacham die Beschneidung vornimmt,
werden von demselben in ein sogenanntes „Mohelbuch" eingetragen,
sonst besteht keine Controlle.

Im Jahre 1846 führte die k. k. Polizei-Direktion Trauungs-
bücher ein. Nach vollzogener Trauung von Seite des Chacham
erschien dieser und die Beistände bei der Polizei-Direktion und da
wurde der Trauungsact aufgenommen. Im Jahre 1858 hörte dieses
auf, da die türkischen Israeliten Anstand nahmen, sich dieser amtlichen Procedur zu unterziehen, die bei ihren deutschen Glaubens-
brüdern nicht geübt wird *).

Die türkischen Israeliten haben eine Chevra Kadischa
und Gemiluth Chassadim (fromme Bruderschaft für Werke
der Wohlthätigkeit), eine Kupath Anije hair (Armenbüchse),
zur Betheiligung für Arme. Die Einnahmen bestehen aus freiwilli-
gen Gaben.

In Verbindung mit der Chevra Kadischa ist die Chevra
derochazim. Es besteht nämlich der fromme Gebrauch bei den

---

*) Die türkisch-israelitischen Trauungen werden nicht in der Synagoge,
sondern im Hause vorgenommen; auch werden manche Ceremonien
geübt, die bei den deutschen nicht vorkommen.

hiesigen türkischen Israeliten, dass die angesehensten Männer und Frauen die Liebespflicht üben, den Verstorbenen, ob reich oder arm, hochgestellt oder niedrig, (und zwar die Männer bei männlichen und die Frauen bei weiblichen Leichen) zu waschen (die Tahara zu versorgen) und ihm die Todtenkleider anzulegen. Diese Männer und Frauen (letztere werden gewöhnlich Naschim Zadkanioth — fromme Frauen — genannt), beten auch mit dem Sterbenden und halten Wacht an seinem Bette, Gebete zum Himmel sendend.

Jetzt geht eben diese Gemeinde damit um, Grund und Boden anzukaufen und auf demselben ein Gotteshaus in Verbindung mit einer Schule zu erbauen. Mögen diese Anstalten und die Gemeinde mit ihnen wachsen und gedeihen.

Berichtigungen.

Seite	19	von oben	Zeile	4	statt	Freiherrn	lies	Grafen
,,	28	,, ,,	,,	2	,,	würde	,,	wurde
,,	63	von unten	,,	8	,,	Triumpf	,,	Triumph
,,	68	,, ,,	,,	5	,,	zu sagen	,,	welches lautet
,,	144	,, ,,	,,	1	,,	עלינום	,,	עלינו

Officin J. M. v. Hirschfeld